행정철학의 이해

이병철 지음

UUP

행정철학의 이해

- 2013년 12월 23일 초판 인쇄
- 2013년 12월 30일 초판 발행
- 지은이 이병철
- 펴낸이 이철
- 펴낸곳 UUP. (울산대학교출판부) 680-749 울산광역시 남구 대학로 93(무거동) 울산대학교출판부
- 전화 (052)259-2488 팩스 (052)277-3011 ▪ 홈페이지 http://uup.ulsan.ac.kr
- 출판등록 제370-1996-000001호(1996.3.13)
- ₩ 13,000

ISBN 978.89.7868.331.9 (93100)

머리말

요즈음 지구온난화가 진행되면서 많은 기상이변 등이 속출하고 있다. 북극해의 빙하가 녹아내리고 있고 이로 인해 북극곰의 서식지가 파괴되고 있으며 해수면이 점차 상승하여 투발루(Tuvalu)라는 섬나라는 점차 해수면 아래로 가라앉아 조만간 지구상에서 사라질 위기에 처해있다. 화석연료의 무절제한 남용은 이러한 지구온난화 위기를 더욱 심화시킬 뿐만 아니라 도심 스모그(smog)를 악화시켜 사람들의 건강을 위협하기도 한다.

점차 위기의식을 느낀 사람들은 이러한 지구환경이나 생태계의 파괴를 멈추어야 한다는 생각에서 환경규제를 강화시켜 나가야 한다는데 뜻을 같이하고 이를 위한 행동에 나서고 있다. 그리고 이러한 움직임에 대해 공감을 하는 많은 나라들이 국가적 차원에서 환경보존을 위해 환경규제를 정책화하여 실천해 나가는 노력들을 보여주고 있다. 그러나 하나 뿐인 지구를 지키자는 생각과 노력에 공감을 하긴 하지만, 세상일이라는 것이 그리 녹녹하지만은 않다는데 어려움이 있는 것 같다.

하나의 흔한 예로 환경을 보존하기 위해 환경규제를 강화하다보면 기업의 생산을 비롯한 경제활동 등이 위축이 될 여지가 발생하게 된다는 점이다. 경제적 생산 활동을 통해 기업들이 존재하고 성장해 나가는 것인데 환경에 대한 엄격한 규제를 하다보면 직·간접적으로 기업 등의 경제활동을 저해하게 된다는 우려가 바로 이것이다.

이러한 경우 환경보존을 우선시해야 할 것인가 그렇지 않으면 민생과 밀접하게 연관 된 기업의 경제활동을 보장해 주어야 할 것인가라는 두 개의 서로 다른 가치가 갈등을 일으키게 되는 것이다. 즉 생산 활동인 경제활동에 더 우선권을 두고 이쪽 방향으로 정책의 무게 중심을 주어야 하는지, 그렇지 않으면 경제활동이 위축되더라도 환경보존 쪽에 더 우선권을 두고 정책의 무게 중심을 주어야 하는가 하는 양자택일(兩者擇一)의 상황에 처하게 되는 것이다.

양쪽의 주장이나 논리가 맞고 틀리지 않는다면 쉽게 이 갈등을 풀기는 어려울 것이다. 요즈음 사회적 핵심화두가 되고 있는 성장이 우선이냐 또는 분배가 우선이냐 하는 문제처럼, 그리고 복지를 한다고 하면 선택적으로 할 것이냐 아니면 보편적으로 할 것이냐 하는 문제처럼, 기업의 경제활동을 우선시 할 것인지 그렇지 않으면 환경보존을 우선으로 할 것인지 하는 문제는 앞으로도 쉽게 해결이 날 것 같지는 않다.

이와 같이 행정의 가치나 이념을 둘러싼 논쟁이나 생각의 차이에서 기인되는 여러 가지 복잡다기한 문제들을 풀기 위해선 심오한 철학적 사고나 논리가 필요로 되는 것이다. 사실 우리 주변에는 너무나 크고 작은 가치적 갈등의 문제, 이념적 갈등의 문제, 그리고 이해관계가 얽힌 복잡한 문제들이 많이 존재하고 있다. 그렇다고 해서 이러한 문제들이 풀기 어렵다는 이유로 해서 회피를 하는 것만이 능사는 아닐 듯 싶다. 어렵겠지만 이러한 문제들을 정면으로 맞부딪쳐서 풀어나가야만, 사람들에게 행복을 가져다 줄 수 있는 행정서비스를 올바르게 제공할 수 있고, 이런 과정을 통해 많은 사람들이 보다 나은 삶을 향유할 수 있게 되기 때문이다.

바로 이러한 노력을 하는데 있어 철학적 사고나 논리 그리고 이러한 것을 아우르는 이론이나 관련 방법론들이 커다란 도움을 줄 수 있는 것이다. 크리스토퍼 하치킨슨(Christopher Hodgkinson)이 '철학적 아이디어가 행정 관료들에게 보다 나은 문제해결능력을 제고 시켜 준다.'고 주장하는 것도 이와 맥을 같이 하는 것이다. 주지하다시피 철학자들은 일반 보통사람들이 생각할 수 없는 생각의 깊이를 가지고 있다. 철학자들의 관념의 세계는 일반인보다 훨씬 깊고 넓다. 따라서 일반 사람들이 생각해 낼 수 없는 것을 철학자들은 생각해낼 수 있다. 이들의 생각을 빌려온다면 행정 관료들이 생각해 낼 수 없는 문제까지 간파해 낼 수 있고 이에 대한 처방전까지 얻어낼 수 도 있을 것이다. 바로 이러한 생각에 입각하여 이 책을 쓰게 되었다.

이 책의 구성과 내용을 살펴보자면 우선 서문에서는 철학의 행정적 활용에 대해 서술을 하였으며, 제2장에서는 행정 철학이 과연 무엇인가 하는 것을 보다 쉽게 이해하고 설명하려고 하였다. 제3장에서는 행정 철학을 논의해야 하는 이유에 대해 살펴보고자 하였으며, 제4장에서는 행정가치의 본질을 이해하고 설명하려고 하였다. 제5장에서는 시장과 시장의 실패 그리고 정부의 개입과 정부실패는 무엇인지 등에 대해 살펴보고 시장과 정부 간 조화의 접점을 찾는 노력을 하였다. 제6장에서는 최소국가의 교리와 그 한계를 살펴보고자 하였으며, 제7장에서는 시장이 가지는 민주성과 효율성을 극대화할 수 있도록 정부 관료제를 활용할 수 있는 방안들이 있다면 양 극단론에서 벗어나 이를 지혜롭게 활용할 수 있는 방안에 대해서 살펴보고, 제8장에서는 토머스 프리드먼(Thomas L. Friedman)과 장하준의 시각을 빌려 지구촌을 휩쓸고 있는 세계화의 물결이 인류를 위한 축복인지 그렇지 않으면 덫인지를 살펴보려고 하였다. 그리고 마지막으로 제9장에서는 행정혁신과 관련된 여러 철학적 논쟁들에 대해 살펴보고자 하였다.

이상의 주제와 서술내용을 좀 더 구체화 하여 설명을 하면 다음과 같다.

제1장 서문에서는 이 책 전체를 아우르는 생각으로 철학의 행정적 활용에 대해 서술을 하였다. 지혜로운 철학적 사고나 이와 관련된 여러 철학적 이론들과 방법론들이 행정이나 정책의 복잡다기한 가치 간 갈등이나 충돌의 문제를 풀어 가는데 좋은 가이드라인 그리고 기반이 되어 줄 수 있다는 점을 강조한 것이다. 그리고 어떤 것이 옳은 행정이고 정책이며 어떤 것이 국민의 편에 선 정의에 입각한 행정이며 정책인가 하는데 대해 고민을 하였다. 그리고 이를 통해 얻어진 우리 시대의 행정 철학적 명제들로 시의성과 적실성을 지니는 정책적 처방전까지 제시해 나가야 한다는 점을 강조하였다.

제2장에서는 행정 철학이 과연 무엇인가 하는 것을 보다 쉽게 이해하고 설명할 수 있게 하기 위해 몇 가지 행정 철학과 연관지울 수 있는 핵심이슈 들을 선별하여 제시하고자 하였다. 우선 행정의 본질인 공공성과 공동체 그리고 행정학에서 행정철학의 존재가 미미하고 부족했던 점에 대해 논의를 하고자 하였다.

이것을 행정 철학과 연관지울 수 있는 핵심이슈로 선별하여 제시하는 이유는 행정에서 공공성과 공동체라는 개념을 제거시켜버린다면 그것은 더 이상 행정이 될 수 없다는 점을 분명히 각인시키고, 행정 철학은 공공성을 증진시키고 공동체의 번영을 이루는 다양한 가치적 문제를 다루고 이를 해결해 나가는 것을 제일의 과제로 여기고 있다는 점을 분명히 하기 위함이다.

다음으로 행정학에서 행정 철학에 대한 관심이 미약하고 부족했던 이유를 제시함으로써 앞으로 행정 철학의 관심을 제고하는데 있어 좀 더 보강을 해야 할 부분이 어떤 것인가 하는 점을 분명히 하고자 하였다. 이어서 행정 철학의 개념적 의미를 보다 명료화시키기 위해 여러 학자들의 행정 철학에 대한 개념적 정의를 요약 정리해 보고자 하였다.

그리고 행정 철학에서 논의해야 할 제도적 바탕이자 근간이 되는 민주적 다원주의에 대한 내용과 개념 그리고 특징들에 대해 설명을 하여 미국적 행정제도의 이념적인 기반을 소개하고, 이러한 것이 현금에 와서 한계를 가지는 이유에 대해 살펴보고자 하였다. 이어서 작금에 이루어진 과도한 행정국가(administrative state) 화에 따른 여러 철학적 논란들에 대해 살펴보고 이를 통제하기 위한 철학적 논의들을 살펴보고자 하였다.

제3장에서는 행정 철학을 논의해야 하는 이유에 대해 살펴보고자 하였다. 그리고 관련 학자들이나 공직자 그리고 이에 관심을 가지고 있는 지식인들과 국민, 그리고 시민들 사이에서 행정 철학에 대한 논의가 활발하게 이루어져야 할 것이란 점을 분명히 하였다. 그리고 이러한 과정을 통해 축적된 철학적 이론과 방법론 그리고 철학적 사유와 혜안들은 가치판단을 필요로 하는 행정현안들을 해결해 나가는데 있어 중요한 시금석이 되어줄 것이고 또한 문제해결을 위한 등불이 되어줄 수

있을 것이기에 행정 철학에 대한 논의가 보다 활발히 이루어져야 하는 이유로서 보여주려 하였다.

제4장에서는 행정가치의 본질을 이해하고 설명하기 위해 우선 가치와 사실의 관계에 대해 논의를 한 다음, 행정에서 가치가 가지는 철학적 의미에 대해 살펴보고자 하였다. 그 다음에 행정 가치에는 어떠한 것들이 있으며, 이들 가치를 대표하는 민주성과 능률성의 반목의 역사는 어떠하였는지, 그리고 가치의 다원성과 복잡성에 대해 살펴보고자 하였다. 그런 후, 이러한 다원적이고 복잡한 행정가치 간의 갈등은 어떻게 발생하고 이를 어떻게 해결하는지를 살펴보고자 하였다. 그리고 이어서 공직자가 가지고 있는 공직에 대한 가치관에 대해 살펴보고, 이러한 논의 속에서 행정 가치와 연관된 행정 철학 적 함의를 이해시키려고 하였다.

제5장에서는 시장이란 무엇이며, 여기에서 발생하는 시장의 실패는 무엇이고, 시장의 실패가 발생할 때 나타나는 정부의 개입은 무엇이며, 이러한 개입이 실패를 할 경우 나타나게 되는 정부 실패 등에 대해 살펴보고자 하였다. 그런 다음, 시장의 한계는 어디까지이며, 정부개입과 관련하여 개입이 가지는 논거는 무엇이고 나아가 어디까지 시장에 개입하는 것이 가장 정당하고 타당할 것인가 하는 이슈 등에 대해 살펴보려고 하였다.

제6장에서는 최소국가의 교리와 그 한계를 살펴 본 후, 제한된 정부관에 대한 변화의 시각을 고찰코자 하였다. 그런 다음 미국에서 최소정부를 위한 노력에서 나타난 한계를 살펴 본 후, 방임적 세계질서는 더 이상 설자리가 있는지 없는 지에 대해 살펴보고자 하였다. 그런 후에 정부관에 있어 토머스 홉스

(Thomas Hobbes) 식 시각의 한계와 시장의 자유를 위한 윤리적 주장은 무엇인지에 대해서도 알아보고자 하였다.

제7장에서는 정부의 개입이 시장의 흐름과 깊은 연관성을 가지며 이루어져야 한다는 점을 강조하고자 하였다. 정부가 시장에 개입하는 것이 궁극적으로는 시민이나 국민을 위한 길이라는 확신이 설 수 있을 때 그 정당성은 의미를 가질 수 있다는 점도 분명히 하고자 하였다. 만약 그렇지 않다면 정부개입의 정당성은 물거품과 같은 것이 될 것이고 그에 따른 반작용이 일어나 오히려 정부실패의 결과를 초래할 수도 있을 것이란 점도 제시코자 하였다. 이러한 맥락에서 시장과 정부는 어떻게 보면 동전의 양면이며, 모양만 다를 뿐 본질은 같다는 의미로 이해를 하고 상생을 할 수 있는 방안에 대해서도 논의를 해보고자 하였다.

이러한 맥락에서 비상과 같은 독약도 어떻게 처방을 잘하느냐에 따라 좋은 약이 될 수 있듯이 시장이 가지는 민주성과 효율성을 극대화할 수 있도록 정부 관료제를 활용할 수 있는 방안들이 있다면 양 극단론에서 벗어나 이를 지혜롭게 활용할 수 있는 방안에 대해서도 논의를 해보고자 하였다. 또한 이것이 시장에 대한 정부개입의 합당한 명분이며 정당성을 확보하기 위한 가장 좋은 묘책이란 점을 보여주려고 노력하였다.

제8장에서는 지구촌을 휩쓸고 있는 세계화의 물결이 인류를 위한 축복인지 그렇지 않으면 덫인지를 살펴보기 위해, 세계화를 지지하는 프리드먼의 논리와 철학적 이념을 살펴보고, 이에 대해 비판적인 시각을 견지하는 장하준의 논리와 철학적 이념을 살펴보고자 하였다.

이를 위해 우선 창조적 파괴로 표현되는 무한경쟁과 혁신 그리고 새로운 이념적 패러다임으로의 세계화의 대두에 대해 살펴 본 후, 세계화에 앞장 선 미국과 그렇게 하지 못한 일본의 사례를 살펴보고자 하였다. 그런 이후에 세계화를 가능케 한 정보화에 대해 고찰을 하고, 논쟁의 쟁점이 되고 있는 신자유주의의 무역 자유화와 국영기업 민영화에 대한 세계화지지 세력과 이에 비판적인 입장을 견지하고 있는 세력 간의 진실 공방을 살펴보고자 하였다.

그런 다음 세계화와 전자투자가 집단의 양면성을 살펴보고, 이어서 세계화와 특허와 관련된 문제들을 사례 중심으로 살펴본 다음, 소용돌이치는 세계화와 한국경제에 대한 소회를 피력해 보고자 하였다.

제9장에서는 행정혁신과 관련된 여러 철학적 논쟁들에 대해 살펴보고자 하였다. 이를 위해 우선 외국과 한국 정부의 행정혁신 노력을 살펴본 후 왜 혁신이 필요한가에 대한 논쟁을 살펴보고 그런 다음 혁신의 범위와 속도에 대한 논쟁을 살펴보고자 하였다. 그런 후 정부혁신을 찾는 대안으로 시장에의 의존에 대한 논쟁을 살펴보고 마지막으로 미래를 위한 바람직한 혁신의 방향에 대한 논쟁에 대해 고찰해 보고자 하였다.

이 책에서는 이러한 철학적 사유와 관련된 이슈들과 이러한 연구들의 결과를 설명하고 현 시대에 행정이 부닥치고 있는 현안들에 대한 철학적 고민들을 살펴보고 이에 대한 나름대로의 사유의 결과들을 제시하고자 하였다.

이 사회가 안고 있는 가치의 혼돈, 정신적 아노미(Anomie)에 따르는 심리적 공황이 사회적 현상으로 대두되는 작금에 모든 국민에게 영향을 미치는 행정의 나아가야 할 올바른 방향을 고민하고 나름대로 철학적 지표를 제시해 주고자 하였다는데서 본 저서의 의미를 찾을 수 있지 않을까 생각해 본다.

그러나 본 저서의 내용이 저자의 이러한 생각과 의도를 얼마만큼 제대로 담고 있는지에 대해서는 독자들이 판단할 몫이라 사료된다. 만약 부족함이 있다면 많은 지도와 편달을 부탁드리는 바이다.

이 저서의 집필과 출간에 직간접적으로 많은 도움을 주신 여러분들과 좋은 책을 만들기 위해 여러모로 노력을 아끼지 않으신 울산대학교 출판부 관계인 여러분들에게 진심으로 감사의 말씀을 드린다.

2013년 12월

울산대학교 문수캠퍼스 연구실에서

이병철

목 차

제1장

서문(Preface)

많은 사람들이 사회적 합의를 도출하는 과정에서 의견이 수렴이 되지 않을 때 머릿수로 정하자는 방법을 많이 제의를 한다. 이른바 다수결의 원칙(majority rule)[1]을 적용하자는 것이다. 이것은 또한 절차적 민주주의를 실현하는 방법으로도 많이 사용이 되고 있다. 서로 다른 의견을 조율하고 수렴하려고 하지만 그것이 여의치 않을 때 어떻게든 결정을 반드시 해야만 한다면 다수결의 원칙을 통해 의견을 수렴한 것으로 결정을 해버리는 것이다. 그래서 많은 사람들은 심지어 초등학생까지

---

1) 다수결의 원칙은 집단적 의사결정에서 만장일치의 합의가 이루어지지 않을 경우 소수를 제외한 다수가 선호하는 대안을 집단 전체의 의사로 채택하는 방식으로 현대 민주주의의 기본 원리 가운데 하나이다. 그러나 이 원칙에도 문제점은 있다. 케네스 애로(Kenneth Arrow)가 말하는 투표의 역설(paradox of voting)이 그 하나이고 다른 하나는 다수결 제도에는 1인 1표 방식이 적용이 되므로, 투표자가 선호하는 선호의 강도(preference intensity)를 나타내지 못한다는 점이다. Kenneth Arrow, *Social Choice and Individual Values*, 2nd ed. (New Haven, Conn. : Yale University Press, 1963). ; 김항규, 『행정철학』 (서울 : 대영문화사, 2009), 121-122쪽.

의견이 서로 갈라지고 수렴이 어려울 때 머릿수로 결정을 하는 이 방식을 선호하는 것이다.

그런데 이 다수결의 원칙 안에는 아주 심오한 철학적 함의가 숨어있다. 이를 쉽게 표현을 하자면 한 사람이라도 더 행복한 집단이 또는 조직이 그리고 사회가 더 나은 집단, 조직 그리고 사회라는 믿음이 내면에 깔려 있다는 것이다. 바로 이러한 생각을 한 사람은 제러미 벤담(Jeremy Bentham)[2]이나 존 스튜어트 밀(John Stuart Mill)[3]등이 있다. 이들을 공리주의(utilitarianism) 학파를 구성하는 대표적인 철학자들로 지칭을 한다.

이들은 '최대다수의 최대행복'을 보다 나은 사회의 최고의 선(summum bonum)으로 여긴다. 10명이 행복한 것보다는 100명이 행복한 사회가 더욱 행복한 사회라는 것이다. 바로 이러한 철학적 사고와 논리에 기반을 둔 것이 다수결의 원칙인 것이다. 100명 중 A라는 대안을 좋아해서 선택을 한 사람이 60명이고 B라는 대안을 선호해서 선택을 한 사람이 40명이라면 당연히 20명이 더 행복해 질 수 있는 A라는 대안을 선택하는 것이 보다 나은 사회 그리고 행복한 사회를 위해서는 올바른 선택이 된다는 것이다.

---

2) 18세기 영국의 변호사 및 정치철학자로 공리주의 철학을 이론적으로 체계화했다. 도덕의 최고원칙은 사회의 행복을 위해서 일반적 복리를 극대화하는 것이고, 전체적으로 쾌락이 고통보다 더 많도록 만드는 것이라고 했다. 벤담은 모든 쾌락을 강도, 지속성, 확실성과 불확실성, 그리고 신속성과 원격성이라는 네 가지 측면에 따라 수치를 부여하여 계산을 할 수 있고, 이를 통해 쾌락의 양을 측정, 비교할 수 있다고 보았다. 그래서 그의 이론은 양적 공리주의라고 불린다. 마이클 샌델 지음·김선욱 감수·이목 옮김, 『마이클 샌델의 하버드 명강의』(서울 : 김영사, 2011), 31쪽.

3) 19세기 영국의 철학자이자 경제학자로 쾌락에는 질적인 차이가 존재한다는 생각을 바탕으로 벤담의 양적 공리주의를 비판하고 질적 공리주의 이론을 구체화 하였다. 『앞의 책』, 72쪽.

이와 같이 행정의 가치나 이념을 둘러싼 논쟁이나 생각의 차이에서 기인되는 여러 가지 문제들을 풀기 위해선 철학적 사고나 논리가 필요로 되는 것이다. 우리 주변에는 너무나 크고 작은 가치적 갈등의 문제, 이념적 갈등의 문제, 이해관계가 얽힌 복잡한 문제들이 많이 존재하고 있다. 어렵겠지만 이러한 문제들을 풀어나가야만, 사람들에게 행복을 가져다 줄 수 있는 행정서비스를 제공할 수 있고, 이런 과정을 통해 많은 사람들이 보다 나은 삶을 향유할 수 있게 되는 것이다.

요즈음 지구환경의 급격한 변화 등으로 인해 환경문제가 커다란 사회적 문제로 자주 제기되고 있다. 환경오염이 점차로 심해지는 이유도 있지만, 경제수준과 교육수준이 높아지고 더불어 시민의식이 높아지면서 환경에 대한 마인드 역시 높아지고 있기 때문이다. 환경오염이나 환경파괴는 결국 그로 인해 초래되는 모든 비용을 시민들이 부담을 해야 된다는 인식이 빠르게 확산되고 있으며, 그래서 환경보존을 위한 노력이 절대적으로 필요하다는 생각들을 가지고 있는 것이다.

그런데 문제는 환경을 보존하기 위해 환경규제를 강화하다 보면 기업의 경제활동 등이 위축이 될 여지가 발생하게 된다는 것이다. 경제적 생산 활동을 통해 기업들이 성장해 나가는 것인데 지나치게 환경에 대한 엄격한 규제를 하다보면 직·간접적으로 기업 등의 경제활동을 저해하게 된다는 것이다.

이러한 경우 환경보존을 우선시해야 할 것인가 그렇지 않으면 기업의 경제활동을 보장해 주어야 할 것인가라는 두 개의 서로 다른 가치가 갈등을 일으키게 되는 것이다. 생산 활동인 경제활동에 더 우선권을 두고 이쪽 방향으로 정책의 무게 중심을 주어야 하는지, 그렇지 않으면 경제활동이 위축되더라도 환경보존 쪽에 더 우선권을 두고 정책의 무게 중심을 주어야 하는가 하는 양자택일(兩者擇一)의 상황에 처하게 되는 것이다.

양쪽의 주장이나 논리가 모두 맞고 틀리지 않는다면 쉽게 이 갈등을 풀기는 어려울 것이다. 요즈음 사회적 핵심화두가 되고 있는 성장이 우선이냐 또는 분배가 우선이냐 하는 문제처럼 기업의 경제활동을 우선시 할 것인지 그렇지 않으면 환경보존을 우선으로 할 것인지 하는 문제는 앞으로도 쉽게 해결이 날 것 같지는 않다. 그러나 이럴 경우 철학적 사고는 문제 해결에 도움이 될 수 있을 것이다.

기업의 경제활동은 행정가치적 측면에서 살펴보자면 자유, 능률성이나 효과성 그리고 생산성에 무게중심을 두는 것이고, 환경보존은 민주성, 평등성, 그리고 형평성에 무게 중심을 두는 것이다. 언뜻 보기에는 행정가치가 서로 다르게 보인다. 그러나 이렇게 서로 다르게 보이는 행정가치 들도 얼마든지 조화롭게 서로 접목될 수 있다고 하는 데에 철학적 사고의 묘미가 존재하는 것이다. 사실 환경보존을 위한 규제는 기업의 경제활동을 위축시키고 제약시키는 일면이 없는 것은 아니지만, 중·장기적으로 볼 땐 오히려 기업의 경제활동을 증진시키는 효과도 분명히 있는 것이다.

환경규제를 통한 환경의 보존으로 인하여 기업은 환경오염이나 환경파괴로 인해 기업이 지불해야 할 비용을 절감할 수 있다는 또 다른 편익을 얻게 된다는 것이다. 따라서 제대로 된 환경규제에 따른 환경보존은 기업의 생산성 높은 경제활동을 보장해 줄 수도 있는 것이다.

그리고 이와 같이 조화롭게 접목이 되면 자유와 더불어 능률성과 효과성 그리고 생산성에 더하여 민주성, 평등성, 형평성까지 얻어 낼 수 있는 것이다. 쉬운 말로 표현하자면 두 마리의 토끼를 다 잡을 수 있는 것이다.

결국 자유경쟁을 전제로 하는 능률성과 효과성 그리고 생산성으로 표현되는 자유시장의 원리와 형평과 평등을 기조로 하는 환경규제라는 정부개입의 원리가 충돌함이 없이 서로 어우러져서 조화의 상생(相生)이라는 철학적 명제를 충족시키는 것이다. 그리고 때로는 서로 갈등을 일으키는 일면도 없지 않지만, 그것이 서로 조화를 이룰 땐 상생의 시너지 효과를 낼 수 있다는 생각을 자연스레 도출해 냄으로써 행정이 직면한 난제에 대한 문제해결의 귀중한 열쇠를 제공해 줄 수 있는 것이다.

정책이나 행정에 있어 부닥치게 되는 이러한 가치 갈등의 문제는 현실세계에선 너무나 많다. 한 가지 예로 이 땅을 크게 달구고 있는 부동산 정책의 문제에서도 이를 찾아 볼 수 있다. 요즈음 부동산 버블(bubble) 문제 등과 더불어 부동산 침체에 따른 문제가 크게 사회적 이슈가 되고 있다. 그리고 이러한 부동산 거품과 침체가 국가경제의 기상도를 흐리게 만들고 있어 문제가 더욱 심각하게 되고 있다.

한때 우리 사회를 크게 들뜨게 만들고 달구었던 부동산 가격의 급등이 가져오는 사회적인 파장 못지않게, 부동산 침체에 따른 어려움 역시 만만치 않다. 과거 천정부지로 치솟는 부동산 가격의 급등은 양극화를 낳는 커다란 원인 중의 하나였다. 부동산을 가지고 있는 계층과 그렇지 못한 계층 간으로 나뉘어져 반목하는 사회적 양극화의 분열상을 초래했을 뿐만 아니라, 불로소득이 창궐하여 국민간의 소득 간 격차가 나타나고 분배정의에 어긋나는 여러 가지 문제들이 발생을 한 것이다.

이로 인해 부동산 급등으로 한 몫을 잡은 측과 그렇지 못한

측간의 갈등 역시 만만치를 않았고, 이에 따른 사회분열은 경제성장의 과실을 가져다 준 편익을 손상시키기에 충분한 것이었다. 그리고 부동산 정책의 향배에 따라 웃는 측과 우는 측이 발생이 되고 이러한 정책이 가져오는 후폭풍 역시 만만치를 않았다.

그래서 이를 해결하려는 후속적인 정책이 나오는데 대부분 단기적이고 미봉적이며 땜질식 처방이어서 또 다른 문제를 낳게 되는 것이다. 이러한 악순환이 거듭되어 온 것이 바로 부동산 정책이었다. 최근에 제기되고 있는 부동산 거품의 와해론, 그리고 바닥이 어딘지 모르게 떨어지고 있는 부동산 경기의 침체도 부동산 경기과열이 가져다 준 악순환의 산물이라고 볼 수 있다. 이제 그 악순환의 고리를 끊어야 된다는 국민의 목소리가 점차 높아지고 있다.

이러한 와중에 충돌하는 두 가지 정책방향이 격한 대립각을 세우고 있는데 하나는 부동산 규제 정책이고 또 다른 하나는 부동산 규제완화내지는 해지 정책이다. 부동산 규제 정책은 과거처럼 부동산의 규제를 지속해야 한다는 것이고 부동산 규제완화 또는 해지 정책은 과거와는 상황이 반대방향으로 급변하였으니 규제를 완화하거나 풀어나가는 방향으로 정책의 전환을 이루어나가야 문제해결이 가능하다는 시각이다.

과거의 부동산 정책들이 대부분 투기수준에 버금가는 부동산 활황에 기인된 부동산 가격의 급등을 억제하려는 쪽에 정책의 초점을 맞추고 있었다면, 이제의 정책들은 부동산 가격의 하락을 억제하고 오히려 가라앉는 거래 등을 활성화하여 가격을 지지하는 쪽으로 정책의 초점을 맞추어 침체되는 경기를 살려내는 방향으로 나아가야 한다는 주장이 제기되고 있는 것이다.

지금까지 시행된 부동산 규제정책의 기본적 가치는 평등과 형평성에 기반을 둔 부의 분배에 기반을 두고 있었다고 볼 수 있다. 이에 반해 규제완화나 해지를 주장하는 측의 기본적 가치는 자유시장의 원리에 맡겨두자는 것이다. 정부가 임의적으로 또는 자의적으로 정책을 통해 시장에 개입하는 것이 득보다 오히려 실이 많다는 것이다. 그리고 이들은 이러한 정부개입이 원칙적으로 국민의 본질적 가치인 자유를 침해하는 행위로 보고 있다. 평등이나 형평도 중요한 것이지만 헌법상으로 보장되어져 있는 인간이 가지는 기본적 권리인 자유의 본질까지 침해해서는 안 된다는 것이다.

더욱이 이들의 주장에 따르게 되면, 정부의 개입에는 여러 가지 독소적인 요소들이 의도적으로나 또는 본의 아니게 작용을 한다는 것이다. 독소적인 요소로는 정치적 이해관계, 정부 공직자들의 부조리와 부정부패, 정보의 폐쇄성, 지연, 혈연 등 정실적인 요소로 뭉쳐진 정부 내외의 집단 이기주의 등을 거론하고 있고, 본의 아니게 작용을 하는 요소들로는 정부의 전문성 부족과 이에 따른 정책형성 및 집행 그리고 평가에 있어서의 무능 등을 열거하고 있다.

이러한 여러 이유들로 인해 정부가 섣불리 자유 시장에 개입을 하여 시장 질서를 오히려 교란시켜 놓음으로써 결과적으로 국민의 본질적 자유를 침해 할 뿐만 아니라, 정책의 실패로 인해 평등과 형평을 더욱 왜곡시키고 있다는 것이 이들의 주장이다. 자유와 평등 간의 가치 갈등 문제 이것이 어떻게 보면 부동산을 둘러싼 정책 가치간의 근본적인 문제일 수도 있는 것이다.

사실 현재에도 부동산에 대한 엄격한 규제가 옳은 것인지 또는 규제를 완화하거나 필요하다면 해지를 해야 하는 것이 옳은 것인지에 대한 논쟁은 계속되고 있다. 규제를 해야 한다는 입장을 낳게 만든 가치와 규제를 완화하거나 또는 풀어야 한다는 입장을 낳게 만든 다른 가치가 서로 충돌을 일으키고 있는 것이다.

이러한 양대 가치의 수렴을 낳을 수 있는 지혜로운 철학적 사고와 그 결과가 다른 어느 때보다 필요한 시기라고 말 할 수 있다.

잠시 앞에서 언급이 되었지만 지역 이기주의 또는 집단 이기주의로 널리 알려진 님비(nimby)[4]와 핌피(pimfy)[5] 현상에 기인된 가치적 갈등도 부동산 관련 논쟁에 버금가는 만만치 않은 문제들이다. 자기한테 이로우면 옳은 것이고 그렇지 않으면 옳지 못한 것이라는 가치 기준은 결코 공정하지도 정의로운 것도 아니다.

그러나 집단의 힘을 이용하여 안하무인(眼下無人)격으로 자신의 지역을 이롭게 하는 일에 몰입되어져 있는 현재의 세태는 분명 문제가 아닐 수 없다. 또 표를 의식하는 일부 정치인들이 이에 가세를 해서 지역이기주의나 집단 이기주의를 부추기고 이를 통한 반사적 이익을 꾀하려고 하는 꼼수 행태가 사실이라면 이는 잘못되어도 한참 잘못된 문제라고 할 수 있는

4) 혐오시설 등을 유치하는데 대해 반대를 하는 집단 또는 지역이기주의 성향을 표현하는 용어이다. '내 뒷마당에는 절대로 안돼!'(not in my back yard)라는 영어 단어들의 앞자리 글자를 합성한 용어이다.

5) 선호시설 등을 유치하는데 대해 찬성을 하는 집단 또는 지역이기주의 성향을 표현하는 용어이다. '내 앞마당에 제발 부탁해요!'(please in my front yard)라는 영어 단어들의 앞자리 글자를 합성한 용어이다.

것이다.

이렇게 집단 및 지역 이기주의를 낳게 만드는 주된 원인인 외부효과(externality)[6]를 일으키는 주된 주체는 정책이다. 정책이 특정 지역이나 집단에게 시혜를 베푸는 것이라면 시혜의 대상이 되는 지역이나 집단은 이를 흔쾌히 환영하고 받아들이려 할 것이다. 그러나 이럴 경우 시혜에서 배제된 지역이나 집단이 있을 수밖에 없는 데 이런 지역이나 집단은 소외에 따른 불이익을 감내해야 되기에 그러한 정책에 대해 반기를 들 수밖에 없는 구조적 모순이 존재하게 되는 것이다.

한 술 더 떠서 정책이 특정 지역이나 집단에게 시혜를 베푸는 것이 아니고 오히려 피해를 입히는 거나 비용을 요구하는 것이라면, 피해를 입거나 비용을 지불해야 하는 대상이 되는 지역이나 집단은 이러한 정책을 흔쾌히 환영하고 받아들이기 어려울 것이다.

이와 같이 외부경제성을 둘러싼 갈등은 본의 아니게 비용을 지불해야 하는 손해를 보는 입장이거나 또는 이에 반해 본의 아니게 편익을 얻게 되는 입장이 되기에 비용과 편익이라는 두 가지 가치 간의 갈등은 쉽게 풀 수 있는 문제가 아니다. 정책에 의해 누군가는 이익을 보게 되고 어느 누군가는 손해나 피해를 보아야 한다면 이러한 정책을 둘러싼 갈등은 필연적일 수밖에 없는 것이다.

긍정적 외부경제성과 부정적 외부경제성 간의 충돌로 빚어

---

6) 1890년 알프레드 마셜(Alfred Marshall)이 외부성 또는 외부효과라는 개념을 처음으로 사용을 하였다. 외부효과라는 말은 이웃에 좋은 영향을 끼쳐 그들에게 편익을 발생시켰느냐 혹은 나쁜 영향을 끼쳐 비용을 발생시켰느냐 하는 것이 따라 외부경제효과 혹은 외부불경제효과로 나뉘진다. 김재한 · 김대진 · 김종욱 · 안도경 · 윤홍근 · 이성규 · 한정훈, 『공공선택』 (서울 : 박영사, 2012), 31쪽.

지는 이러한 가치 갈등 역시 문제해결을 원한다면 가치간의 조율과 중재 그리고 이에 따른 타협이 가능해야 할 것이다.

이러한 관점에서 볼 때 지혜로운 철학적 사고나 이와 관련된 여러 철학적 이론들과 방법론들은 앞서 언급한 행정이나 정책의 복잡다기한 가치 간 갈등이나 충돌의 문제를 풀어 가는데 좋은 가이드라인 그리고 기반이 되어 줄 수 있는 것이다. 오스트리아의 시인 휴고 폰 호프만스탈(Hugo von Hofmannsthal)은 "철학은 그 시대의 '판관'이어야 한다. 철학이 시대정신의 '표현자'가 되면 문제가 있는 것이다."[7]라고 하였는데, 이는 여러 가치 들 간의 충돌과 갈등이 있을 때 이를 최종적으로 해결해 줄 수 있는 것은 오직 철학뿐이라는 것을 강조한 것으로 생각할 수 있다.

독일의 유명한 철학자였던 임마누엘 칸트(Immanuel Kant)[8]는 '누구도 철학을 가르칠 수 없으며 기껏해야 철학적 사색을 할 수 있을 뿐'[9]이라고 말을 하였는데 이 말이 함축하고 있는 의미는 철학은 자신이 부닥친 문제에 대하여 자신과의 대화를 통하여 스스로 해결해 나가야 하는 것이라고 생각 할 수 있다.

철학은 이런 의미에서 볼 때 어떤 특정한 권위에 의한 가이드라인이 정해져 있는 것이 아니며 상황에 따라 그리고 자신

---

7) 칼 포퍼(Karl Popper) 지음 · 허형은 옮김, 『삶은 문제해결의 연속이다』(All Life is Problem Solving) (서울 : 도서출판 부글북스, 2006), 21쪽.

8) 독일의 철학자인 임마누엘 칸트는 서유럽 근세철학의 전통을 자신의 비판적 관념론 철학으로 집대성 하였다. 전통적 형이상학을 비판하며 형이상학이 가능할 수 있는 근거를 마련하기 위해 이성의 능력에 대한 비판 작업을 수행하였다. 마이클 샌델 지음 · 김선욱 감수 · 이목 옮김, 『마이클 샌델의 하버드 명강의』 (서울 : 김영사, 2011), 187쪽.

9) 칼 포퍼(Karl Popper) 지음 · 허형은 옮김, 『앞의 책』, 28쪽.

이 가지고 있는 가치관이나 신념에 따라 스스로 해결하고 결정하는 지극히 독립적이고 자아적인 성격을 띠는 것으로 이해를 할 수 있는 것이다.

그러기에 철학이 가지는 시대적 정신과 독립성 그리고 끊임없이 사색하고 고뇌하여 얻으려고 하는 구도자의 자세가 시대의 판관으로의 위상을 가지게 만드는 것이 아닌가 하는 생각을 조심스럽게 해 볼 수 있는 것이다.

영국의 수학자이며 철학자이고 나아가 정치학자였던 버트란드 러셀(Bertrand Russell)[10]은 철학이란 신학과 과학의 중간에 위치한다고 생각하였다. 이를 쉽게 풀어 표현을 하자면 영적인 세계와 속세의 물적인 세계의 중간에 위치하고 있으며 철학은 과학과 마찬가지로 인간의 이성에 호소하고 권위에 호소하지 않으며, 명확한 지식의 과학과 이를 초월한 신학 사이의 중간 지대에 있으면서 과학과 신학이 해결하지 못한 부분에 대해 사색하며 그 해답을 내 놓고자 하는 것이 철학이라는 것이다.

"철학은 신학과 마찬가지로 명확한 지식으로 단정을 내릴 수 없던 여러 가지 문제에 대한 사색으로 이루어지는 것이지만 과학과 마찬가지로 인간의 이성에 호소하고 권위(전통적인 것이든 계시적인 것이든)에 호소하지 않는다. 명확한 지식은 다 과학에 속하고, 명확한 지식을 초월한 모든 주장(dogma)은 신학에 속하는 것이다. 그러나 신학과 과학과의 사이에는 양쪽에서 공격의

---

10) 버트란드 러셀은 철학의 역사적 발전을 세 단계로 나누어 보고 있다. 첫 번째 단계는 기원전 6세기부터 고대 로마제국이 몰락할 때까지이고 두 번째 단계는 11세기부터 14세기에 이르는 시기이며 세 번째 단계는 17세기부터 오늘에 이르는 시기까지이다. 버트란드 러셀 지음·최민홍 옮김, 『서양철학사 : 상』(서울 : 집문당, 1980), 3쪽.

대상이 될 수 있는 중간지대가 있는데 이 지대가 바로 철학에 속한다. 사색하는 사람에게 제일 흥미 있는 문제는 과학으로서는 해결이 되지 않는 분야이다. 그리고 이 문제들에 대한 신학자들의 자신 있는 대답은 이미 지나간 세기들에서 볼 수 있는 바와 같이 우리에게 확신을 주지 못하게 되었다."[11]

요즈음 과연 무엇이 정의이며 이것을 어떻게 현실 사회문제에 적용을 시킬 것인가 하는데 대해 많은 사회적 관심들이 쏟아지고 있다. 최근에 마이클 샌델(Michael J. Sandel) 등이 출판한 정의와 관련된 서적들[12]이 사회적으로 이슈화되고 베스트셀러가 되는 것도 그러한 이유 때문이다.

또한 이제 세계는 하나의 지구촌(global village)이 되어가고 있다. 유럽연합(EU) 등이 이 분야에서 선발주자가 되긴 하였지만 국경의 의미도 이제 의미가 점차로 퇴색되어 가는 듯 싶다. 이제 정치, 경제, 사회, 문화의 모든 문제들이 국내라는 공간적, 법률적 한계를 벗어나 세계화되어가고 있다. 특히 경제통상과 관련된 문제들, 국내 경제성장과 관련된 문제들, 소득과 부의 분배에 관련된 문제들, 다문화에 관한 문제 등 다채로운 부문과 영역들이 세계화라는 새로운 거대한 틀 속에서 새롭게 정의되고 운영이 되는 새로운 패러다임의 시대를 맞이하고 있다.

그렇다면 과연 세계화라는 시대적 조류는 인류에게 득이 되

---

11) 『앞의 책』, 1쪽.

12) 마이클 샌델 지음 · 이창신 옮김, 『정의란 무엇인가』 (서울 : 김영사, 2010). ; 마이클 샌델 지음 · 김선욱 감수 · 이목 옮김, 『마이클 샌델의 하버드 명강의』 (서울 : 김영사, 2011). ; 마이클 샌델 지음·김선욱 감수 · 안기순 옮김, 『돈으로 살 수 없는 것들 : 무엇이 가치를 결정하는가』 (서울 : 와이즈베리, 2012). ; 마이클 샌델 지음 · 안진환 · 이수경 옮김, 『왜 도덕인가?』 (서울 : 한국경제신문, 2010).

는 것인가 그렇지 않으면 일부 세력이나 국가에게는 득이 되고 그 나머지에게는 실이 되는 것인가? 이와 관련된 논쟁이 '세계화는 축복인가 그렇지 않으면 덫인가?'라는 주제로 널리 회자되고 있다. 많은 이해관계자들이 세계화에 따른 자신의 이해득실을 저울질하며 자신에게 유리한 논리와 실리를 추구하는데 혈안이 되고 있다. 이러한 양쪽의 논리와 실리를 균형 잡히게 바라보면서 이러한 양쪽의 내면에 흐르는 철학적 사고를 조화시킬 수 있는 방안을 살펴보는 것도 흥미로운 일이라 할 수 있다.

앞서 간단히 살펴보았지만 행정이나 정책문제들에는 야누스의 두 얼굴처럼 양면성이 있다. 특히 가치의 영역에서는 이러한 성격이 더욱 도드라지게 된다. 과연 어떤 것이 옳은 행정이고 정책이며 어떤 것이 국민의 편에 선 성의에 입각한 행정이며 정책인가 하는데 대해서 역사적으로 많은 관련 학자들에 의해 논쟁이 이루어져 왔다.

이러한 논쟁들을 체계적인 준거 틀에 따라 정리를 하고 현 시대적 상황과 가장 부합되는 우리 시대의 행정 철학적 명제가 무엇인가를 규명해 보고자 하는 것은 현실적 문제해결을 위한 정책적 처방전을 제시한다는 측면에서나 학문적 차원에서 시의성과 적실성을 충족시키는 일이라 사료가 된다.

또한 행정은 국민에게 봉사하는 것을 가장 중요한 소임으로 하는 것이므로 이것을 행 할 의사가 없는 자는 공직에 들어서면 안 될 것이다. 행정을 통해 국민에게 봉사하려고 하는 공직에 대한 신념과 사명감이 없다면 공직은 최악의 경우 사유화될 수 있는 것이다. 따라서 행정을 관장하는 공직자들에게 올바른 공직 관을 제시해 주기 위한 많은 이론과 방법론들이 연구되고 제시되어왔으며 그들의 철학적 사명에 대한 많은 연구들도 이루어져 왔다.

이 책에서는 이러한 많은 철학적 사유와 관련된 연구들의 결과를 설명하고 현 시대에 행정이 부닥치고 있는 현안들에 대한 철학적 고민들을 살펴보고 이에 대한 나름대로의 사유의 결과를 제시하고자 하였다.

이 사회가 안고 있는 가치의 혼돈, 정신적 아노미(anomie)에 따르는 심리적 공황이 사회적 현상으로 대두되는 작금에 모든 국민에게 영향을 미치는 행정의 나아가야 할 올바른 방향을 제시하는 철학적 지표를 제시해 주는 본 저서는 이러한 세태와 연관 지어 볼 때 그 유용성과 활용도가 높을 것으로 사료가 된다.

제2장

행정 철학이란 무엇인가?

철학(Philosophy)을 일반사람들은 매우 어려운 학문으로 이해를 한다. 특별한 재능이 있거나 또는 머리가 좋은 사람들만이 할 수 있는 학문으로 알고 있다. 사실 정말 그런지도 모른다. 그러나 일반적으로 이야기를 하자면 철학이란 머리가 좋고 재능이 많은 특별난 사람만 하는 학문은 아니다. 평범한 소시민들 그 자체의 삶도 철학일 뿐만 아니라, 먼 시골의 촌부들의 삶 역시 그 자체가 철학의 소재가 될 수도 있고 또 그들의 삶 속에 철학 그자체가 녹아있기도 하다. 우리가 흔히 만나는 보통사람들 역시 얼마든지 철학의 유희와 묘미에 빠져들 수도 있는 것이다.

철학이란 사람들이 살아가는 삶의 본질을 꿰뚫어 보고자 하는 인간의 욕망에서부터 배태 내어 나타났다고 이야기 할 수도 있다. 그런 의미로 본다면 인간의 삶 자체가 바로 철학의 소재이며 철학 그 자체이기도 하다. 철학이 무엇인가라는 물음에 대한 답으로 오래전부터 전해져 내려오는 유명한 말이 있다. “철학이 바로 철학이다.”라는 아주 지극히 간명한 말이다. 너무나 간명하기에 일반사람들은 오히려 철학이 더 아리송해진다.

정말로 철학이란 무엇일까? 이에 대한 대답으로 철학이 무엇인가에 대해 여러 가지로 이야기를 할 수 있겠지만 그것을 전부 설파한다는 것은 불가능할 뿐만 아니라 그렇게 할 필요도 없는 것이다. 공통적인 내용을 담고 있는 개념들을 제시함으로써 철학이 어떤 것이라는 것을 충분히 이해시킬 수 있기 때문이다.

이러한 맥락에서 몇 가지로 추려서 이야기를 하자면 대충 이런 것이 아닌가 싶다. 철학이란 인간의 삶속에 녹아있는 여러 가지 생각들을 보다 깊이 있게 살펴보는 것이 아닐까?

욕심을 부려 좀 더 그 영역을 넓혀 이야기를 하자면 인간 그 자체만으로 국한시키지 않고 그 인간이 몸담고 있는 집단, 조직 그리고 사회 더 나아가서는 국가, 좀 더 욕심을 부려 그 영역을 한껏 부풀려 보면 세계 그리고 우주까지 미치는 그리고 그 속에 녹아 있는 많은 관련 이야기들과 생각들을 보다 깊게 관조하고 살펴보는 것이 아닌가 싶다.

그런 의미에서 하나의 예를 들자면 철학은 삶의 희망을 이야기하는 것인지도 모른다. 사람으로 하여금 자기에게 주어진 삶을 살아가게 하는 희망인지도 모른다는 이야기이다. 네덜란드의 철학자인 스피노자(Baruch Spinoza)[1]는 이렇게 이야기를 했다. “내일 이 지구의 종말이 온다고 해도 나는 오늘 사과나무 한그루를 심겠다.” 어떻게 보면 매우 미련하고 아둔한 말이

---

1) 질 들뢰즈 지음 · 박기순 옮김, 『스피노자의 철학』 (서울 : 민음사, 2012).

다. 좀 더 과학적 합리성에 입각해서 보자면 받아들이기 어렵고 이해가 될 수 없는 이야기이다. 내일 지구의 종말이 와서 모든 것이 사라지고 의미를 잃게 되는데 오늘 한그루의 사과나무를 심겠다고 하니 말이다.

그러나 그는 비록 지금 지구의 종말이 온다 해도 내일을 위해 사과나무를 심겠다고 하는 것이다. 바로 이것은 절망과 좌절로 가득 찬 삶의 고뇌를 뛰어넘는 인간의 의지를 형상화 시킨 말로, 비록 절망과 좌절의 순간이 온다 해도 이 삶의 본질적 의미의 자아실현을 위해 희망의 끈을 결코 놓치지는 않겠다는 결연한 의지의 표현으로 다가오게 만드는 것이다.

덴마크의 유명한 철학자인 쇠렌 키르케고르(Soren Kierkegaard)도 1849년에 발표된 『죽음에 이르는 병』(The Sickness Unto Death)이라는 책[2]에서 절망을 죽음에 이르는 병이라 이야기하였다. 그에겐 절망을 느끼는 순간 그 사람의 삶은 더 이상 이 지구상에 존재해야 할 의미를 상실하게 되는 것으로 이해를 했던 것이다. 그렇게 생각하는 그에게 절망이란 죽음과 다를 바 없었을 것이다. 서로 말은 같지 않지만 스피노자나 키르케고르는 같은 생각에 입각하여 절망과 좌절이 아닌 삶의 희망을 보고자 했던 것이다.

독일 출신으로 미국의 사회심리 학자이자 정신 분석 학자였던 에리히 프롬(Erich Fromm)은 『건강한 사회』(The Sane Society)[3]라

---

2) 키에르케고오르 지음·김형석 옮김, 『죽음에 이르는 병』 (서울 : 삼중당, 1976). ; Soren Kierkegaard(author), Howard V. Hong & Edna H. Hong (eds.), *The Sickness Unto Death : A Christian Psychological Exposition For Upbuilding And Awakening*, Kierkegaard's Writings, Vol.19 (Princeton, New Jersey : Princeton University Press, 1983).

3) Erich Fromm, *The Sane Society*, Reprint Edition (Fawcett Books, 1965). ; Erich

는 저작에서 19세기에는 신이 죽었지만 20세기에는 인간이 죽었다고 이야기를 하였다. 독일의 철학자인 프리드리히 니체(Friedrich Nietzsche)도 프롬과 같이 신이 죽었다고 이야기를 하였지만[4] 지금에 이르러서는 프롬의 말에 따르자면 인간도 죽은 게 된다. 왜 프롬은 인간이 죽었다고 말을 하였을까? 이것은 인간 그 자체의 죽음이라는 의미보다는 인간성의 상실을 비유하여 이렇게 표현을 한 것이라 사료된다.

20세기의 새로운 변모는 인간성을 병들게 하고 이것이 인간의 삶의 전체적 변화를 어둠 쪽으로 강요했는지도 모르는 일이다. 세계 1차 대전, 세계 2차 대전, 이때 보여준 엄청난 살육과 분노와 증오, 이를 대변하는 나치의 광기 등은 인간의 얼굴을 하고 저지르기엔 너무나 인간의 진면목과 어울리지 않는 살인적 폭거였고 광풍이었던 것이다.

그리고 그 이후에 나타난 산업사회의 어두운 그림자는 인간을 다시 한 번 더 인간이 만든 타락한 약육강식의 장으로 밀어 넣었던 것이다. 처절하고 참혹한 전쟁은 아니었지만 인간은 삶 그 자체와 그 과정 속에서 이 곳 저 곳에서 허우적거리고 나자빠지고 나뒹구는 신세가 되었던 것이다.

이러한 와중 속에 미국의 사회학자 데이비드 리스먼(David Riesman)이 자신의 저서 속에서 절규했던 군중 속의 고독(lonely crowd)[5]을 뼈저리게 느끼면서 많은 사람들이 또 한 번의 심각

Fromm, *The Sane Society* (New York : An Owl Book, Henry Holt and Company, LLC, 1990).

4) 프리드리히 빌헬름 니체, M. 하이데거 지음 · 강윤철 옮김, 『니체의 신은 죽었다』 (서울 : 스타북스, 2011). ; 프리드리히 니체 지음·강윤식 옮김, 『신은 죽었다』 (서울 : 휘닉스, 2004).

5) David Riesman, Nathan Glazer and Reuel Denney, *The Lonely Crowd : A Study of*

한 좌절과 절망을 경험하는 것이다.

이러한 인간 군상의 처절한 삶을 목격한 에리히 프롬이 20세기를 산업혁명 이후의 산업화에 의해 축복을 받은 세상이라기보다는 오히려 인간의 삶과 그 본질을 떠 받쳐주는 인간성이 메마르고 상실된 사회[6]로 본 것이다. 그는 이러한 현실을 보다 솔직히 드러내 보이기 위해 인간의 죽음이란 극단적 용어를 사용하여 인간성의 상실을 리얼하게 증언하고 있는 것은 아닌지 모르겠다.

어쨌든 삶의 본질을 희망이란 시각에서 보고 이를 생각으로 정리한 철학자들의 예를 통해 살펴보았듯이 철학은 인간의 삶 속에 녹아있는 여러 존재와 과정의 본질들을 다양한 시각과 관념을 통해 생각들로 정리해 나가는 것이 아닌가 싶다. 그리고 이러한 시각과 관념도 보다 다양화되면서도 일반성을 띄도록 다듬어져 나갔고, 생각들을 정리하는 것도 보편성을 띄는 방식으로 이해되고 설명되어져 나갔던 것이다.

"아는 것이 힘"이라는 중요한 명제를 우리에게 던져 주었던 영국의 철학자이며 사상가인 프랜시스 베이컨(Francis Bacon)은 철학과 사회현상 연구에서 미세한 요인을 경험적으로 철저히 관찰 분석하여 점차 일반화 된 이론에 이르는 귀납적 방법(inductive method)[7]을 제시하였다.

---

the Changing American Character, Revised edition, Yale Nota Bene Book (New Haven, Connecticut : Yale University Press, 2001).

6) 이러한 사회상은 아서 밀러(Arthur Miller)의 『세일즈맨의 죽음』에서도 잘 표현이 되어있다. Arthur Miller, *Death of a Salesman* (New York : Penguin Books, 1976). ; 그리고 미국의 작가 존 스타인벡(John Steinbeck)의 『분노의 포도』에서도 그 일면을 이해 할 수 있다. John Steinbeck, *The Grapes of Wrath*, 75th Anniversary Edition (London & New York : Viking Adult ; Penguin Books, 1939 & 2014).

그리고 프랑스의 수학자이며 철학자였던 르네 데카르트(Rene Descartes)[8]는 수학 논리로 사물, 현상, 그리고 그 실체를 분석하여 정리하는 연역적 방법(deductive method)을 선호하였다. 그가 말한 "나는 생각한다. 그래서 나는 존재한다."(cogito, ergo sum)는 유명한 말은 바로 이러한 그의 생각의 본질과 논리를 잘 표현하고 있는 말이기도 하다.

물론 동일한 하나의 현상이지만 이러한 시각과 접근의 차이는 분명 생각의 차이를 가지게 만들고 이러한 서로 다른 접근을 통해 인간의 현상에 대한 보다 정확하고 확실한 이해를 할 수 있었고 이에 입각한 과학적 설명(scientific explanation)[9]을 가능케 하였던 것이다. 그리고 이러한 방법들을 통해 과학은 철학의 영역에 한발자국씩 다가설 수 있었던 것이다.

또한 스피노자(Baruch Spinoza)는 신과 자연은 인간의 마음과 존재이며, 자생적 존재(self-creating)로 끝없는 인과관계 선상에서 규명을 해야 할 대상이라고 봄으로써 지금까지 신과 자연을 종교적 차원이나 초월적인 위치에서만 바라보던 것을 실증성이 전제되는 과학의 세계로 초대를 하기도 하였다.[10]

이렇게 해서 현상에 대한 실증성을 밝히기 위한 노력들은 이

---

7) 이 방법은 고대 그리스의 철학자 아리스토텔레스가 창안한 연역법적 논리학에 대항하는 것이다.

8) 근대철학의 아버지로 불리는 르네 데카르트의 형이상학적 사색은 방법적 회의(懷疑)에서 출발을 하고 있다.

9) Carl G. Hempel, *Philosophy of Natural Science* (Englewood Cliffs, New Jersey : PrenticeHall, Inc., 1966). ; Carl G. Hempel, *Aspects of Scientific Explanation and Other Essays in the Philosophy of Science*, First Edition (New York : Free Press, 1965).

10) 최평길, 『국가정보학』 (서울 : 박영사, 2012), 316쪽.

러한 철학자들의 노력에 힘입어 나름대로의 자리를 정립하게 되었고, 이러한 과학적 이성에 문을 여는 탐구적 활동들은 뒤를 잇는 많은 철학자들이나 과학자들에 의해 만개되어 나갔다.

이러한 실증주의에 대한 노력들은 다른 학문분야보다 늦게 학문적 개화를 이룬 행정학에 있어서도 예외는 아니었다. 행정현상에 대한 분석적이고 실증적인 접근은 행정현상을 보다 정밀하고 구체적이며 미시적으로 접근하고 이를 통해 검증[11]을 하는 여과의 과정을 일상화시키는 계기를 마련해 주었다.

이러한 여러 노력들에 힘입어 행정학도 사실(fact)과 가치(value)의 구분에 대한 논의가 활기차게 이루어졌고 행정현상에 대한 연구는 사실로 국한시켜야 한다는 입장과 가치를 전제로 하여 구성될 수밖에 없는 행정의 본질상 그러한 접근은 용납될 수 없다는 입장 간에 첨예한 대립을 경험하기도 하였다.

바로 이러한 논쟁의 중심에는 사실을 중시하고 가치의 중립성(value-free)을 강조하는 허버트 사이몬(Herbert A. Simon)과 가치를 중시하는 드와이트 왈도(Dwight Waldo)가 있었다.

오스트리아에서 창립되고 활동을 했던 비엔나 서클(vienna circle)의 일원으로 논리실증주의(logical positivism)를 창시하고

---

11) 기존 이론의 비판, 비판을 기저로 한 검증 차원의 가설 설정, 가설을 검증하기 위한 관련 요인의 개념화와 변수 설정, 변수에 따른 자료수집, 부호화 된 자료 분석과 검증과정을 거쳐 일반화 된 이론(generalized theory)을 도출하게 된다. 여기에서 일반화 된 실증이론이란 정확한 설명력(explanatory power)과 예측력(predictive power) 그리고 문제해결을 제시해 주는 통제력(prescriptive power)을 가지게 된다. Alfred J. Ayer (ed), *Logical Positivism* (New York : The Free Press, 1959), pp.61-81. ; Carl G. Hempel, *Aspects of Scientific Explanation and Other Essays in the Philosophy of Science* (New York : Free Press, 1965). ; Abraham Kaplan, *The Conduct of Inquiry : Methodology for Behavioral Science*, 4th Printing (New Brunswick, New Jersey : Transaction Publishers, 2004). ; 최평길, 『국가정보학』 (서울 : 박영사, 2012), 318쪽.

이를 개화시킨 모리츠 슐리크(Moritz Schlick)나 루돌프 카납(Rudolf Carnap)의 영향을 받아 사실만을 연구 분석의 대상으로 삼아야 한다고 주장한 사이몬이나 가치를 뺀 행정현상에 대한 연구는 그야말로 허구에 불과하다는 입장을 고집한 왈도 나 모두 행정현상에 대한 이해나 설명을 위한 나름대로의 시각과 관점에 입각한 접근이었다고 이해할 수 있는 것이다.

어쨌든 행정학이 행정현상을 보다 정확하게 이해하고 설명하기 위해서는 과학철학(philosophy of science)에 대한 이해는 필수가 되었고 이보다 더 관념적인 철학의 깊은 사유를 통한 혜안까지 필요로 하게 되었다.

앞에서도 잠시 언급을 하였듯이 가치와 사실을 둘러싼 지속적이고 힘겨운 논쟁, 그리고 행정현상의 어디까지를 분석 대상으로 삼아야 할 것인가를 둘러싼 논쟁을 차지하고라도 분명한 것은 행정현상을 사실만으로 이해하고 설명할 수 있다는 입장이나 가치만으로 이해하고 설명할 수 있다는 양 극단적인 생각은 현실에 부합되지 않는다는 점이다.

행정현상이 지니고 있는 두 가지 속성 즉 사실과 가치는 어떠한 시각에서 보던지 엄연히 존재하는 것이며 아무리 실증성을 강조한다고 해도 그 또한 가치의 개입 없이는 완벽한 이해와 설명으로 끝맺음을 할 수는 없는 것이다.

그러기에 행정현상을 가치의 측면으로 이해하고 설명하려는 입장이 존재할 수 밖에 없고 그러한 접근을 보다 정교하고 세련되게 만들고 가능하다면 일반성과 보편성을 가질 수 있도록 구성을 하고 그 핵심적 본질을 알아내려고 하는 노력은 나름대로 의미를 가질 수 있게 되는 것이다.

바로 그러한 노력이 행정현상에 대한 철학적 사유라고 말

할 수 있을 것이다. 그리고 그러한 깊은 사유의 결과를 체계적으로 연구하고 이러한 결과를 축적해 나가는 학문을 행정 철학이라고 일컬을 수 있을 것이다.

여기에서는 이러한 사고의 연장선상에서 행정 철학이 과연 무엇인가 하는 것을 보다 쉽게 이해하고 설명할 수 있게 하기 위해 몇 가지 행정 철학과 연관지울 수 있는 핵심이슈 들을 선별하여 제시하고자 하였다. 우선 행정의 본질인 공공성과 공동체 그리고 행정학에서 행정 철학이 존재하지 않음에 대해 논의를 하고자 하였다.

이것을 행정 철학과 연관지울 수 있는 핵심이슈로 선별하여 제시하는 이유는 행정에서 공공성과 공동체라는 개념을 제거시켜버린다면 그것은 더 이상 행정이 될 수 없다는 점을 분명히 각인시키고, 행정 철학은 공공성을 증진시키고 공동체의 번영을 이루는 다양한 가치적 문제를 다루고 이를 해결해 나가는 것을 제일의 과제로 여기고 있다는 점을 분명히 하기 위함이다.

다음으로 행정학에서 행정 철학에 대한 관심이 미약하고 부족했던 이유를 제시함으로써 앞으로 행정 철학의 관심을 제고하는데 있어 좀 더 보강을 해야 할 부분이 어떤 것인가 하는 점을 분명히 하고자 하였다.

이어서 행정 철학의 개념적 의미를 보다 명료화시키기 위해 리처드 페이지(Richard S. Page) 등 여러 학자들의 행정 철학에 대한 개념적 정의를 요약 정리해 보고자 한다. 행정 철학을 이해하는데 많은 도움을 줄 수 있을 것이다.

다음으로 행정 철학에서 논의해야 할 제도적 바탕이자 근간이 되는 민주적 다원주의에 대한 내용과 개념 그리고 특징들에 대해 설명을 하여 미국적 행정제도의 이념적인 기반을 소개하고, 이러한 것이 현금에 와서 한계를 가지는 이유에 대해 살펴보고자 하였으며, 이어서 작금에 이루어진 과도한 행정국가(administrative state) 화에 따른 여러 철학적 논란들에 대해 살펴보고 이를 통제하기 위한 철학적 논의들을 살펴보고자 하였다.

1. 행정의 본질인 공공성과 공동체 그리고 행정 철학의 부재

이종수는 개인적 이익을 추구하는 민간부문과는 달리, 공공문제를 다루는 행정에서는 공공성(publicness) 또는 공익성이 핵심 개념을 이룬다고 보았다. 여기에서 공공성의 속성 개념에는, 이기적 관심 또는 개인적 이익(self-interest)으로부터 자기 자신을 넘어 타인의 이익을 이해하는 성숙(maturity)의 개념에 더해 공동(common)과 배려(care with)의 의미가 부가되어 있다. 국가 사회라는 공동체를 함께 이루고 유지하기 위해서는 개인적 이익을 넘어 타인의 이익까지 이해하고 배려하는 구성원들의 관계가 중요한 의미를 지닌다는 것이다.[12)]

조지 프레데릭슨(H. George Frederickson)은 공공(public)의 의미가 어원적으로 두 출처에 뿌리를 두고 있다고 한다. 그 하나는 그리스어 'pubes'로, 성숙(maturity)을 뜻한다고 한다. 이 단어의 속에는 이기적 관심 또는 개인적 이익으로부터 자기 자신을 넘어 타인의 이익을 이해하는 것도 포함이 된다.[13)]

다른 하나는 그리스어 'koinon'으로, 여기에서 영어의 공동

---

12) 이종수, 『한국 행정의 이해』 (서울 : 도서출판 대영문화사, 2013), 22-23쪽과 37-38쪽.

13) H. George Frederickson, *Finding the Public in Public Administration* (Kansas : Department of Public Administration, University of Kansas, 1989), pp.2-3. ; 이종수, 『한국 행정의 이해』 (서울 : 도서출판 대영문화사, 2013), 38쪽에서 재인용.

(common)이라는 어휘가 파생이 되었다. 그리고 'koinon'은 또 다른 그리스어 'kommois'에서 파생되었으며, 이것은 배려(care with)의 의미를 지닌다고 한다. 공동과 배려는 둘 다 관계(relationship)의 중요성을 나타내는 것이다.[14]

따라서 성숙, 공동과 배려라는 이러한 어원적 의미를 되새겨 공공이라는 개념을 살펴보면 타인과 함께 일한다는 것을 의미할 뿐만 아니라, 타인을 돌본다는 의미까지 덧붙여져 훨씬 강한 뜻을 지니게 된다.[15]

이종수는 공공성의 개념에 접근하는 기본적 관점을 공동체중심주의와 개인중심주의의 두 가지로 나누어 보고 있다. 첫 번째 관점은 형이상학적 전체주의의 입장에서 정부를 하나의 유기체적 실체로 보는 관점이며, 두 번째 관점은 방법론적 개체주의의 입장에서 정부를 정치적 과정에 참여하는 개인들의 집합체로 파악하는 관점이다.[16]

고대 그리스의 철학자인 아리스토텔레스(Aristoteles)와 독일 철학자 칼 마르크스(Karl Marx)의 전통을 따르는 공동체중심주의자들은 형이상학적 전체주의의 입장에서 공공성의 개념을 파악한다. 즉 공동체중심주의자들은 사회 구성원 개개인의 개별성보다는 개인을 둘러싸고 있는 사회적 환경이나 역사적 환경을 더 중시하고 그 결과 개인을 공동체의 문화와 역사의 산물로 파악하고 있다.[17]

---

14) H. George Frederickson, *Finding the Public in Public Administration* (Kansas : Department of Public Administration, University of Kansas, 1989), pp.2-3. ; 이종수, 『한국 행정의 이해』 (서울 : 도서출판 대영문화사, 2013), 38쪽에서 재인용.

15) H. George Frederickson, *op. cit.*, pp.2-3. ; 이종수, 『앞의 책』, 38쪽에서 재인용.

16) 이종수, 『앞의 책』, 39-40쪽.

이에 반해 개인들의 사적 이익이 모여 공적 이익, 즉 공공성이 형성되는 것으로 본 영국의 철학자 존 로크(John Locke)는 공공성의 개념을 인간이 태어날 때부터 자연적으로 갖는 천부의 권리를 의미하는 천부불가양(天賦不可讓)의 자연적 권리(natural right)를 보호하는 것이라 주장하였다. 즉 존 로크에게서 공공성의 중심적인 속성 개념은 공동체 혹은 전체가 아닌 개인의 개별성이다.

아담 스미스(Adam Smith) 역시 1776년에 출간한 자신의 저서 『국부론』(Wealth of Nation)에서 자본주의 체제에서는 개인의 사적 이익의 추구가 공동체의 선, 즉 공익을 실현하고 나아가 증대하게 되는 것이라고 주장하였다.[18)]

> "푸줏간 주인, 양조장 주인, 빵 굽는 사람들의 호의 때문에 우리가 오늘 저녁을 먹을 수 있는 것이 아니라, 그들이 자신의 이익을 위해 일하기 때문인 것이다. 각 개인은 공공의 이익을 증진시킬 의도도 없고, 그가 얼마나 공익을 증진시키고 있는지도 모른다. 각 개인은 자신들의 사적 이익만을 추구하고 있고, 이 과정에서 그들이 의도하지 않은 어떤 목적을 달성하기 위해 다른 많은 경우에서처럼 보이지 않는 손에 의해 인도되고 있다. 그렇지만 각 개인이 그 목적 달성을 의도하지 않았다고 해서 사회적으로 불리한 것은 아니다. 각 개인은 자신들이 의도적으로 사회적 공익을 증진시키려고 하는 경우보다, 자신들의 사적 이익을 추구하는 과정에서 사회적 공익을 효과적으로 증진시키는 경우가 많다."[19)]

---

17) 『앞의 책』, 39-40쪽.

18) 『앞의 책』, 39-40쪽.

근대 유럽에서 형성된 이러한 개인 중심의 공공성 개념은 자유주의의 이념으로 정착되어 오늘날까지 이어지고 있다.[20)]

그러나 모든 개인은 결국 공동체의 구성원으로 존재하고 개인의 자유도 상호의존적인 공동체의 틀을 벗어나서 주장될 수는 없으며, 공동체 또한 구성원들의 일정한 기여와 헌신이 없이는 유지될 수 없다는 점에서, 이 두 관점은 정도의 차이는 있을지언정 상호배타적인 것으로 이해되어서는 아니 될 것이라고 이종수는 보고 있다.[21)]

이렇듯 공공성, 또는 공동체와 같은 개념들이 사회를 구성하고 국가를 구성하며 이것이 고대행정이나 근대행정 그리고 현대행정에 이르기 까지 차지하는 비중이 매우 크다는 점을 많은 사람들이 이해를 하고 이것을 일반적으로 받아들이고 있지만 월터 리프먼(Walter Lippmann)은 이와 대조적인 뉘앙스를 풍기는 아주 역설적인 주장을 하였다.[22)]

그는 다소 극단적인 표현으로 들릴지 모르지만 공공(public)이라는 개념은 이미 사라졌다고 이야기를 하고 있는 것이다. 그 이유로 그는 공적 철학의 부재를 들고 있다. 개인적 권리의 지나친 강조는 개인의 의사결정에서 공적 책임의 부재를 자연스럽게 낳았다고 주장을 하는 것이다. 이 말이 의미하는 바는 개인들이 자신들을 위해 의사결정을 할 때 개인들의 권리를

---

19) 맨큐(N. Gregory Mankiw) 지음 · 김경환 · 김종석 옮김, 『맨큐의 경제학』 (서울 : 교보문고, 2007), 13쪽.

20) 이종수, 『앞의 책』, 39-40쪽.

21) 『앞의 책』, 22-23쪽과 40쪽.

22) H. George Frederickson, *The Spirit of Public Administration* (San Francisco, CA : Jossey-Bass Publishers, 1997), p.23.

너무나 강조하다보니 공적 책임에 대해서는 염두에도 두지 않고 결정을 내린다는 것이다. 이와 같은 공적 철학의 부재 하에서는 대부분의 인간행동이 공적 행동에 따른 책임감을 찾을 수 없게 만들고 이러한 행동은 극단적으로 개인화될 수 있다고도 주장을 하였다.[23)]

리처드 세네트(Richard Sennett) 역시 월터 리프먼의 견해에 동의를 하면서 더 이상 인식할 수 있는 공적 영역이 남아있지 않다는 말까지 하고 있다.[24)]

만약 이러한 주장들이 사실이라면 이제 행정의 근간을 이루어온 공공성이나 공동체에 대한 믿음은 사정없이 허물어질 수밖에 없는 것이다. 서로와의 관계성 속에서 자리를 잡고 있는 행정은 이러한 상호 믿음과 신념이 무너지면서 더 이상의 정체성을 가지기 힘들게 되었기 때문이다.

그러나 그렇다고 해서 실망할 필요는 없을 것으로 사료가 된다. 왜냐하면 월터 리프먼의 진단 과 문제 제기 속에 어떻게 보면 해답이 있다고 볼 수 있기 때문이다. 그는 공적 철학의 부재가 공공이라는 행정의 정체성을 잃게 만든 원인이라고 보고 있으므로 행정의 정체성을 다시 되찾아 가지기 위해선 공적 철학을 다시 일으켜 세우면 될 것이다.

그렇다고 하더라도 과연 공적 철학을 다시 부활시키는 문제가 말처럼 쉬운 것은 아닐 것이다. 행정 철학을 연구하는 학자들을 비롯해서 이 분야에 대해 관심을 가지는 많은 시민들이 서로 협심을 하여 공적 철학의 부활을 위한 노력에 일로 매진

---

23) *Ibid.*, p.23.

24) Richard Sennett, *The Fall of Public Man* (New York : W. W. Norton & Company, Inc., 1976). ; H. George Frederickson, *op. cit.*, p.23에서 재인용.

을 하여야만 할 것이다.

2. 행정학에서 행정 철학에 대한 관심이 미약했던 이유

김항규는 행정학에서 행정 철학에 대한 관심이 미약했던 이유를 몇 가지 제시하고 있다.[25)]

이를 살펴보면 우선, "행정학의 방법론적 측면에서 소위 과학주의를 행정학의 기본적인 방법론적 틀로 삼아 행정학의 연구 목적을 경험적인 행정현상에 내재하는 법칙성 내지 이론의 발견을 통해 행정현상을 설명하고 예측하는데 있다고 보아온데 있다는 것이다."[26)] 그래서 방법론적 측면에서 가치와 사실을 분리하고 가치중립성(value free) 원칙에 입각하여 사실만을 강조함으로써 가치의 영역에 대한 관심 소홀을 가져오게 하였다는 것이다.

다음으로, "제도적 차원에서 보면 전통적인 3권 분립제도 하에서는 행정은 정치부문에서 결정된 정책을 집행하는 것이라고 보는 정치·행정이원론 적 사고가 지배적이었다는 것이다. 이러한 사고에 의하면 행정의 목표는 정치에서 주어지는 것이며, 따라서 행정은 주어진 목표를 능률적으로 집행하면 족하다는 것이다. 그 결과 행정학은 어떤 목표와 가치가 추구되어야 하는 것인지 등에 관한 행정 철학 적 차원에 대한 문제를 강조하기보다는, 주어진 목표 가치를 능률적으로 달성키 위한 수단으로서의 기술적 분석을 강조하는 경험지향 적·도구 적 합리주의에 빠지게 되었다"[27)]는 것이다.

---

25) 김항규, 『행정철학』 (서울 : 대영문화사, 1998), 20-21쪽.

26) 『앞의 책』, 20쪽.

그리고 또 다른 하나의 이유로는 “우리나라의 경우 특히 1960년대와 1970년대를 거치면서 국토의 분단에 따른 남북의 대치로 인한 안보제일주의와 급속한 경제성장을 위한 경제 성장 제일주의가 중시되면서 행정의 효과성 내지 능률성만을 지나치게 강조해왔고, 행정이 추구하여야 하는 다른 가치들에 대한 관심이 부족”[28]하였기 때문이라는 것이다.

김항규는 이러한 이유들로 인해 행정 철학이 행정학에서 차지하는 중요성에도 불구하고 그 자리에 맞는 격을 제대로 인정을 받지도 못하고 제대로 된 관심역시 받지 못했다고 보면서 이제는 이러한 잘못된 시각에서 벗어나 행정이 올바르게 정립되고 또 연구되기 위해선 과학과 기술을 뛰어 넘은 철학으로 체계가 지어져야 한다고 보았다.

> “행정학에 관한 지식은 인간을 도구로 삼지 말고 목적으로 삼아야 할 것이며, 따라서 바람직한 행정학의 방향은 행정 기술과 과학의 차원을 넘어 궁극적으로는 인간의 존엄성 확보라는 목적에 도움이 되는 행정 철학 적 방향이 중요하게 된다고 보고 있는 것이다.”[29]

3. 행정학자들이 보는 행정 철학의 개념적 의미

리처드 페이지(Richard S. Page)는 이데올로기와 철학을 구분지어서 철학의 개념에 대한 정의를 내리고 있다. 그는 이데올

27) 『앞의 책』, 20-21쪽.

28) 『앞의 책』, 21쪽.

29) 『앞의 책』, 22-23쪽.

로기와 철학을 비교하면서 양자가 모두 분석양식과 가치체계를 내포하고 있고 신념과 가치체계를 다루고 있다는 점에서는 유사성을 지니고 있으나, 이데올로기가 자신만이 가지고 있는 빛깔 있는 렌즈를 통해 세계를 보는 것이라면, 철학은 정치색을 띤 행동과 관련된 가치를 다루기보다는 좀 더 일반적이고 보편적인 도덕적 가치(moral value)를 다룬다고 보았다.[30)]

그리고 마셜 디모크(Marshall E. Dimock)는 행정 철학을 더 나은 성과를 이룩하는데 목적을 두고 있는 일련의 신념(beliefs)과 실천(practice) 체계로 보고 있으며,[31)] 로빈스(S. T. Robbins)는 행정 철학을 행정에서 무엇이 중요하고 의미 있는 것인가를 평가하고 해석하는 것이라고 정의를 내리고 있다.[32)]

크리스토퍼 호치킨슨(Christopher Hodgkinson)은 행정을 행동 철학(philosophy in action)으로 정의하고 자신의 이와 관련된 생각들을 전개해 나갔다. 여기에서의 철학은 어떤 정의 체계나 하나의 세계관 또는 하나의 특별한 인식론이나 심리학을 의미하는 것이 아니고, 정확한 사고의 과정과 가치부여의 과정, 즉 합리성, 논리 그리고 가치를 의미한다고 정의하였다.[33)]

---

30) Richard S. Page, "The Ideological-Philosophical Setting of American Public Administration", in Dwight Waldo (ed.), *Public Administration in a Time of Turbulence* (Scranton : Chandler Publishing Co., 1971), pp.59-60. ; 김항규, 『앞의 책』, 24쪽에서 재인용.

31) Marshall E. Dimock, *A Philosophy of Administration* (New York : Harper & Row, 1965). ; 김항규, 『앞의 책』, 24쪽에서 재인용.

32) S. T. Robbins, *The Administrative Process* (Englewood Cliffs, New Jersey : Prentice-Hall, 1976), p.5. ; 김항규, 『앞의 책』, 24쪽에서 재인용.

33) Christopher Hodgkinson, *Towards a Philosophy of Administration* (New York : St. Martin's Press, 1978), p.3. ; 김항규, 『앞의 책』, 25쪽에서 재인용.

4. 다원주의와 행정국가 그리고 정부통제

월터 벌크(Walter L. Balk)는 미국 정치제도의 근간을 이루는 철학으로 민주적 다원주의를 내세우면서 이것이 가지고 있는 특징들을 몇 가지로 요약하고 있다.

첫째, 언론 및 표현 그리고 집회결사의 자유와 더불어 시민들의 참정권 확보 둘째, 입법, 사법, 행정 기능들 간의 3권 분립을 통한 견제와 균형(check and balances)의 체계 그리고 셋째, 상호 경쟁관계에 있는 정당들 간의 관계성에 기반을 두고 있는 선거제도 등을 열거하고 있다. 그러면서 그는 정부의 가장 주된 목적은 다양한 사회구성원들이나 집단 또는 조직들의 서로 다른 기대에 의해 분출되는 서로 다른 의견들이나 서로 다른 이해 당사자들 간에서 파생되는 차이점을 조화시키고 조정하는 것으로 규정을 하고 있다.[34)]

그러나 최근에 들어 이러한 다원적 정부체계에 대한 우려나 비판이 없는 것이 아니다.

이러한 것으로 첫째, 정책과정이나 행정과정에의 시민참여에서도 여러 가지 불공평 또는 불공정성이 발생하고 있다는 점이다. 이를 좀 더 쉽게 표현을 하여 설명을 하자면 시민단체 등 잘 조직이 되어 있는 집단의 경우나 그 곳에 몸을 담고 있는 구성원들은 그렇지 못한 시민들보다 훨씬 더 체계적이면서도 조직적으로 이러한 과정에 참여를 하여 자신들의 뜻을 관철시키기가 쉽다고 하는 것이다.[35)]

---

34) Walter L. Balk, *Managerial Reform and Professional Empowerment in the Public Service* (Westport, Connecticut : Quorum Books, 1996), p.35.

35) Walter L. Balk, “Pluralism, Corporate Capitalism and the State,” in David Held,

이에 반해 체계적이고 조직적으로 구성이 되어있지 못하고 그래서 이러한 과정에 실질적으로 참여를 못하고 배제되거나 소외되어있는 일반 시민들은 이들과 비교해 볼 때 시민참여에 있어서 명백한 불이익을 보게 된다는 것이다. 정책과정이나 행정과정에의 시민참여에서도 불공정 그리고 불공평의 문제가 대두되고 있는 것이다.[36)]

또한 사회경제적 권력의 차이 때문에 정책과정이나 행정과정에의 시민참여에서도 불공평 또는 불공정이 발생하고 있다는 점이다. 사회경제적 권력을 많이 쥐고 있는 시민들은 그렇지 못한 시민들보다 훨씬 정책과정이나 행정과정에 참여하기가 손쉽고, 이 과정에서 자신의 뜻에 맞는 영향력을 행사하기가 그렇지 못한 시민들보다 더 용이하다는 것이다. 결국 이러한 것이 불공정과 불공평의 문제를 만들어낸다는 것이다.[37)]

그리고 행정과 관련된 정보의 충분하지 못한 개방성도 이러한 과정에서 문제를 야기 시킬 수 있다는 것이다. 하나의 예를 들어 정부 스스로 관련 정보 등을 일부 계층에게 제한하거나 또는 일부 특권계층에게만 차별적으로 제공할 경우 이에 따른 불공정 또는 불공평 문제는 언제든 발생할 수 있다는 것이다. 차별과 제한이 없는 충분한 정보의 공개성은 그래서 민주정부에서는 매우 중요한 것으로 간주되는 것이다.[38)]

Models of Democracy (Cambridge, UK : Polity Press, 1987). ; Walter L. Balk, *Managerial Reform and Professional Empowerment in the Public Service* (Westport, Connecticut : London : Quorum Books, 1996), p.36.

36) *Ibid.*, p.36.

37) *Ibid.*, p.36.

38) *Ibid.*, p.36.

이에 덧붙여 실제로 시민의 참여를 통한 정부의 변화가 생각하는 것처럼 쉽고 용이한 것만은 아닌데 그 이유는 참여의 대상인 정부 또는 공직자와 참여의 주체인 시민 간에 참여에 대한 인식이 근본적으로 다르기 때문이라는 것이다.[39]

우선 시민의 관점에서는 시민참여를 공공서비스의 소비자로서 마땅히 누려야 하는 권익에 대한 보호 수단, 협의 권 확보를 통한 의견 반영 수단, 서비스 결정권 보유를 통한 영향력 행사 수단으로서 인식을 하고 있다.

이에 반해 정부의 관점은 적응적 흡수를 통한 정책의 정당성 확보 수단, 시민의 협조 확보를 통한 서비스의 효율성 제고 수단으로서만 인식을 할 뿐, 결정권의 공유 내지는 이양까지를 생각하지 않고 있기 때문에 참여에 대한 인식이 근본적으로 다르다고 보는 것이다.

이를 이해의 편의를 위해 아주 단순화시켜서 말을 하자면 시민들의 기대와는 달리 정부는 시민을 함께 더불어 가는 파트너로 생각하지도 않고 주체적인 시민으로 보지도 않으며 기껏해야 자신들이 베풀어주는 행정서비스를 시혜 받는 수동적인 고객 정도로 간주하고 있는 것이다.[40] 이러한 시민과 정부 간의 커다란 시각의 차이는 정책이나 행정의 참여과정에서 다양한 갈등이 야기되고 증폭될 가능성이 농후한 것이다.[41]

이러한 연유로 해서 한때는 복음처럼 여겨졌던 다원적이며 민주적인 행정국가(administrative state)에 대한 꿈이 점점 시들해지고 있는 것이다. 한때 많은 시민들은 정부를 못하는 것이

---

39) 김태룡 외, 『새 한국정부론』 (서울 : 대영문화사, 2014), 269쪽.

40) 『앞의 책』, 269쪽.

41) 『앞의 책』, 269쪽.

없을 법한, 다른 말로 하자면 모든 것을 다 할 수 있는 슈퍼맨(superman)으로 여겼다. 거대하고 비대화된 정부는 감히 넘볼 수 없는 공룡처럼 여겨졌고 이들은 행정국가라는 화려하게 장식된 타이틀 속에 안주하면서 국가적인 모든 일들에 개입하고 스스로 해결사 노릇을 자처해왔다.

이러한 과신과 움직임 속에서 정부에 대한 시민들의 기대와 믿음은 더욱 커져만 갔고 이에 비례하여 정부의 규모는 천정부지로 치솟아 올라가기 시작했던 것이다. 이를 폴 라이트(Paul Light)는 『비대해지는 정부』(Thickening Government)라는 책에서 프랭클린 루스벨트(Franklin Roosevelt) 대통령의 뉴딜 정책(New Deal policy)이 날개를 활짝 폈으며 이에 힘입어 연방부서들이 마천루보다 더 빠르고 높게 치솟아 올라갔다고 비유하면서 정부 비대에 대한 여섯 가지의 기본적인 의문을 제기하고 있다.[42)]

이러한 정부비대에 대해 비판적인 시각을 견지한 허버트 카프먼(Herbert Kaufman) 역시 '정부조직은 불멸인가?'라는 질문을 제기하면서 정부조직이 수동적이지 않고 매우 활동적이고 정력적이며 지속적이라고 지적을 하고 있다.[43)]

이러한 정부비대는 여러 가지 역기능을 자아내면서 병리적 현상을 노정시켰고 이를 타개하기 위해 정부통제라는 문제를 제기하게 되었다. 가속도를 내며 빠르게 비대해지는 정부의 속도를 감속시킬 필요가 강하게 제기되었던 것이다. 이때 이 문제에 대해 가장 깊은 관심과 강한 해결 의지를 보인 학자가

---

42) Paul C. Light, *Thickening Government : Federal Hierarchy and the Diffusion of Accountability* (Washington, D. C. : The Brookings Institution, 1995), p.1.

43) Herbert kaufman, *Are Government Organizations Immortal?* (Washington, D. C. : The Brookings Institution, 1976), pp.9-10.

바로 제럴드 케이든(Gerald E. Caiden)이었다.

그는 과연 거대하고 비대화 된 정부를 제대로 통제할 수 있을 것인지, 그리고 통제할 수 있다면 어떠한 통제들이 가장 효과적일 것인지, 또한 어떠한 새로운 통제들이 필요로 되는 것인지에 대해 명료한 해답을 제시하는 일이 행정에 있어 가장 커다란 도전이 될 것이라는 점을 분명히 하였다.[44)]

그러나 불행하게도 이러한 문제제기나 이에 따른 나름대로의 처방전은 제대로 잘 먹혀 들어간 것 같지는 않다. 모든 문제들을 국가가 전부 해결해 줄 수 있을 것이라는 막연한 기대가 낳은 행정국가화의 환상으로 인해 거대하고 비대화 된 정부는 점점 혼란스럽게 병약해져만 갔고, 중증 동맥경화증에 걸린 화석화 된 관료제는 과부하가 걸리며 본연의 기능과 역할을 수행하지 못하는 지경에 까지 이르게 되었다. 이로 인해 발생하는 비용은 하늘 높은지 모르고 치솟고, 여러 정부사업들은 실패를 맞이하였던 것이다.

정부에 대한 공공의 개념에 대한 인식이 시간이 거듭되면서 변화하기 시작하였다.

첫째, 행정국가가 반드시 필요하고 없어서는 안 되는 존재라는 생각이 더 이상 의미를 갖기 어렵게 되었으며, 항상 베푸는 자가 아니라는 생각을 가지게 되었다는 것이다. 둘째, 도덕적인 공직 부패와 같은 이슈들을 정치화하거나 범죄를 통제하는 것만으로는 이러한 문제들을 해결하는 대안이 될 수 없다는 생각을 가지게 되었다는 것이다. 셋째, 비대해지고 강력해진 행정부는 점점 거만해지고 권력을 남용하게 되었다는 생각을

44) Walter L. Balk, *Managerial Reform and Professional Empowerment in the Public Service* (Westport, Connecticut : London : Quorum Books, 1996), p.35.

가지게 되었다는 것이다.[45)]

넷째, 전문 직업성이 더 이상 문제해결능력을 보증할 수 없게 되었다는 생각을 가지게 되었고 다섯째, 시민들은 정부가 갖추어야 할 요건이 제대로 충족되었다고 생각하지 않게 되었고 여섯째, 시민의 종복으로서 행정 관료가 갖추어야 할 기본적인 소양에 대해 의심을 품을 만큼 시민들의 개인적 삶에 관료제가 과도하게 개입하거나 통제를 한다고 생각을 하여 이에 대해 크게 분노를 하게 되었다는 것이다.[46)]

이에 그치지 않고 행정국가로의 성장은 또한 다음과 같은 복잡한 문제들을 가져다주었다. 즉 시민들에 의해 선출되지도 않은 행정 관료들이 정치적으로 중요한 결정을 할뿐만 아니라 위임되지 않은 권력을 행사하게 된다는 것이다.

행정 관료들이 위임되지도 않은 정치적 결정을 하고 나름대로의 권력을 행사할 수 있는 것은 시민들에 의해 선출된 정치적 피임용자 즉 민선 정치인들의 명령에 따르는 것이 바로 시민들의 뜻에 복종하는 것이라는 전제에 입각하고 있기 때문이다.[47)]

그런데 만약 정치적으로 임용된 민선 정치인들이 그러한 행위나 이에 대한 적절한 통제를 제대로 하지 못할 경우 이러한 전제는 깨질 수밖에 없는 것이고, 이럴 경우 행정 관료의 행위는 민주적인 이념과는 배치가 되는 것이다. 따라서 이러한 우를

---

45) Gerald E. Caiden, "The Challenge to the Administrative State," in Frederick Lane (ed.), *Current Issues in Public Administration* (New York : St. Martin's, 1986), pp. 469-478. ; Walter L. Balk, *Managerial Reform and Professional Empowerment in the Public Service* (Westport, Connecticut : London : Quorum Books, 1996), p.36.

46) Gerald E. Caiden, *op. cit*, pp. 469-478. ; Walter L. Balk, *op. cit*, pp., p.36.

47) Kenneth J. Meier, *Politics and Bureaucracy* (Monterey, CA : Brooks/Cole, 1987). ; Walter L. Balk, *op. cit.*, p.37.

범하지 않기 위해서는 정치적으로 임명된 민선 정치인들의 이러한 의미에서의 역할은 매우 지대하다고 볼 수 있는 것이다.

또한 시민들은 다음과 같은 문제로 인해 분노하고 있다. 즉 정부가 너무나 정부운영에 있어 능률성과 효과성을 결여하고 있다는 것이다. 그리고 이러한 분노는 시민의 정부에 대한 불신으로까지 비화가 되고 있다.

로렌스 린(Laurence Lynn)은 이러한 예를 들어 이러한 문제의 본질을 잘 설명하고 있다. 즉 정책을 집행하기 위해 만든 정치적이고 사법적인 과정들이 결과적으로 집행권위를 훼손하고 관리자로 하여금 통제권을 분산시키게 만든다는 것이다. 고위행정 관료들이 지금 보다 나은 결과들을 원할 때 이들은 정부의 서로 다른 부나 계층의 권위나 자원들을 조정하기 위한 개별적인 관리노력을 하기는커녕 지금까지 해왔듯이 습관적으로 과정이나 조직 또는 테크닉을 대체하는 것으로 만족하려고 한다는 것이다.[48)]

오늘날 많은 행정실무자들인 행정 관료들은 이러한 여러 문제들에 봉착하여 이를 적절히 해결하는데 실패를 함으로써 의기소침하고 좌절하고 체념하게 된다는 것이다. 이들은 무언가 일이 잘못되어가고 있다는 것을 느끼면서도 이것이 왜 그렇게 되어 가는지에 대해 적절한 이유를 대지 못하고 있다는 것이다. 바로 이렇게 되는 까닭은 그릇된 방향으로 인도를 하는 행동의 프레임 때문이기도 할 것이다. 행정실무를 이끄는 보다 적절한 응용이론들을 필요로 하는 이유가 여기에 있는 것이다.[49)]

---

48) Laurence E. Lynn, Jr., *Managing the Public Interest* (New York : Basic Books, 1981), pp.4-9. ; Walter L. Balk, *op. cit.*, p.39.

49) Robert B. Denhardt, *Theories of Public Administration* (Monterey, CA : Brooks/

이러한 관점에서 빈센트 오스트롬(Vincent Ostrom)은 행정의 정체성을 찾기 위한 중요한 학문적 노력을 기울였다. 그의 관심은 부적절한 진문직업 적 이론프레임에서 비롯된 행정학의 지적 위기(intellectual crisis)를 극복하는 것이었다.

그가 보기로는 전통적인 행정이론은 관료구조를 정교화하고 개선시킴을 통해 공공재와 공공서비스를 제공하려는 것으로 이해를 하였다. 이럴 경우 관료제를 보다 중앙집권화하고 보다 크고 정교화 시키는 방향으로 나갈 수 있도록 강조할 수밖에 없게 되는 것이다. 그러나 오스트롬이 보기에는 이렇게 되면 관료제는 비탄력적이 되고 비용이 많이 들며 잘못된 방향으로 나갈 수 있게 되는 것이다. 그래서 오스트롬은 이러한 프레임과는 대조를 이루는 새로운 패러다임을 제시하는데 그것이 바로 '민주행정패러다임'(democratic administration paradigm)이다.[50]

그는 이 패러다임에서 하나의 단일적인 관료제적 행정이론을 배제하고 있지는 않지만 모든 정부에 통용될 수 있는 단 하나의 훌륭한 행정이론이 있을 수 있다는 주장에 대해서는 분명한 거부의사를 밝히고 있다. 그리고 이 패러다임에서는 행정조직의 다양성과 분권성 등을 인정할 뿐만 아니라 이를 고무하고 격려하고 있다.[51]

민주사회에서 활동하는 행정 관료는 더 이상 자신의 상관의 명령에 복종하는 종복도 아니고 결코 중립적 위치에서 안주 할 수도 없다는 시각도 있다.[52] 공직의 중립성 준수와 엄격한 상명

Cole, 1984), p.186. ; Walter L. Balk, *op. cit.*, p.40.

50) Walter L. Balk, *op. cit.*, p.43.

51) *Ibid.*, p.43.

52) Vincent Ostrom, *The Intellectual Crisis in Public Administration* (University, Alabama

하복의 공직질서를 어떻게 보면 부정하는 시각이기도 하다.

5. 정치와 행정의 관계

행정학의 아버지로 거론되는 우드로 윌슨(Woodrow Wilson)은 정치와 행정을 구별하였다. 그를 '정치행정이원론'(politics · administration dichotomy)의 시조로 보는 이유이기도 하다. 그는 정치적 중립성과 능률성을 지지하면서 이를 추구하고자 했던 것이다.[53] 그래서 정부에서 이루어지는 행정을 '경영의 영역'(a field of business)으로 이해하려고 했던 것이다.

공무원제도개혁은 공공서비스를 비 당파적으로 만들려는 엽관제(spoil system)의 타파와 같은 것이었고 다른 한편으로 보면 경영과 같이 일하는 방법을 개선시키려 했던 것이다. 윌슨에게 있어서는 행정의 문제가 정치적 문제는 아니었던 것이다.[54]

물론 정치행정이원론이 가지는 애매성이 없는 것은 아니었지만 엽관제의 잔재가 아직 가시지 않은 이 당시의 시대적 상황을 고려해 보면 정치행정이원론이 나올 수밖에 없는 이유를 알 수 있을 것이다.

사실 이 당시는 엽관제에 실의를 느낀 공무원 지망생이었던 찰스 기토(Charles J. Guiteau)에 의해 제임스 가아필드(James Garfield) 대통령이 암살된 것이 1881년이고 엽관제를 종식시키

: University of Alabama Press, 1973), pp.26-29 and 131. ; Walter L. Balk, *op. cit.*, p.43.

53) Frederick C. Mosher, *Democracy and the Public Service* (New York : Oxford, 1982), pp.74-82. ; Walter L. Balk, *op. cit.*, p.40.

54) Woodrow Wilson, "The Study of Administration," *Political Science Quarterly*, Vol.2 (June 1887), pp.197-222. ; Walter L. Balk, *op. cit.*, p.40.

기 위한 입법조치로 펜들턴 법(Pendleton Act)이 통과된 것이 1883년이니 엽관제의 영향력이 아직 가셔지지 않은 상황이었을 것이다.

이러한 시대적 상황에서 1887년에 정치행정이원론을 주장할 수밖에 없었던 것은 오염된 정치로부터 독립을 하여 새롭게 탄생하는 행정의 정체성을 찾고 이를 유지하기 위한 노력을 기울이는 과정에서는 어쩔 수 없는 선택이라고 생각 할 수도 있는 것이다.

그러나 모든 것은 이제 변하고 있다. 정치행정이원론은 배척되었다. 그리고 능률성은 더 이상 중심적 화두가 아니었다. 명령통일의 통합성, 중앙집권화 그리고 단순성의 원리들은 더 이상 설자리를 잃었다.

민주행정이론의 발전을 희망하게 된 것이다. 드와이트 왈도(Dwight Waldo)는 독특한 민주행정이론을 제시하였다.[55] 문제는 민주주의를 위한 열망과 권위의 요구를 조화롭게 접목시키는 일이다.

결국 이러한 문제는 가치의 문제와 조우할 수밖에 없게 되는 것이다. 능률성의 대명사였던 프레데릭 테일러(Frederick Taylor)의 과학적 관리법(scientific management)의 개념은 더 이상 행정의 영역에 영향을 끼칠 수 없게 되었다.[56] 행정행위에 내재된 정치적 가치의 문제를 설명할 수 없었기 때문이다. 이제는 철학에 대한 접근을 필요로 하게 만들었다.

---

55) Dwight Waldo, "Development of Theory of Democratic Administration," *The American Political Science Review*, Vol.46, No.8 (March 1952), pp.81-103. ; Walter L. Balk, *op. cit.*, p.41.

56) Walter L. Balk, *op. cit.*, p.41.

6. 마무리 글

행정 철학이 무엇인가라는 논의의 주제는 결코 가벼운 것이 아니다. 행정 철학이 내포하고 있는 다양한 시각뿐만 아니라 행정 철학이 가지고 있는 학문적 영역의 광범위성과 모호성 그리고 행정 철학이 본질적으로 가지고 있는 가치의 영역에서 빚어지는 심오한 사유의 영역 등을 고려한다면 이 주제가 결코 가벼운 것이 아니라는 점에 공감을 표할 수 있을 것이다.

그래서 여기에서는 행정 철학이 과연 무엇인가 하는 것을 보다 쉽게 이해하고 설명할 수 있게 하기 위해 몇 가지 행정 철학과 연관지울 수 있는 핵심이슈 들을 선별하여 제시하였다. 이러한 이슈들은 모두 행정 철학과 연관도 될 뿐만 아니라 행정 철학의 본질을 나름대로 잘 대변해 줄 수 있을 것으로 판단을 했기 때문이다.

우선 행정의 본질인 공공성과 공동체 그리고 행정학에서 행정 철학의 부재에 대해 논의를 하였다. 행정에서 공공성과 공동체라는 개념을 제거시켜버린다면 그것은 더 이상 행정이 될 수 없다는 점을 분명히 각인시켰다. 그리고 행정 철학은 공공성을 증진시키고 공동체의 번영을 이루는 다양한 가치적 문제를 다루고 이를 해결해 나가는 것을 제일의 과제로 여기고 있다는 점을 분명히 하려고 했다.

그리고 이러한 행정 철학의 방향성에서 제기되는 문제로 현재의 세속적 변화에 따라 행정의 본질로 이해되는 공공성과 공동체라는 개념이 본질과는 점차 유리되면서 퇴색이 되고 있다는 점도 거론을 하였다. 그것의 이유로 공적 철학 즉 행정 철학의 부재나 미흡을 제시하였다.

현재 세속적으로 팽배되어져 있는 개인적 권리의 지나친 강조는 개인의 의사결정에서 공적 책임의 부재를 자연스럽게 낳고 있다는 주장도 언급을 하였으며, 이와 같은 공적 철학의 부재 하에서는 대부분의 인간행동이 공적 행동에 따른 책임감을 찾을 수 없게 만들고 이러한 행동은 극단적으로 개인화될 수 있다는 주장 역시 제시를 하였다.

실제로 행정이 나름대로의 공공성을 회복하고 공동체의 공동번영을 가져 올 수 있는 실체로 역할을 수행하기 위해서는 공적 철학인 행정 철학의 부활이 이루어져야 한다는 당위적인 필요성도 반드시 해결해야 할 문제의식의 하나로 제기를 하였다.

다음으로 행정학에서 행정 철학에 대한 관심이 미약했던 이유를 제시함으로써 앞으로 행정 철학의 관심을 제고하는데 있어 좀 더 보상을 해야 할 부분이 어떤 것인가 하는 점을 분명히 하였다.

미약했던 이유로 방법론적 측면에서 가치와 사실을 분리하고 가치중립성 원칙에 입각하여 사실만을 강조함으로써 가치의 영역에 대한 관심 소홀을 가져오게 하였다는 것을 첫 번째 이유로 들었다.

그리고 행정학은 어떤 목표와 가치가 추구되어야 하는 것인지 등에 관한 행정 철학 적 차원에 대한 문제를 강조하기보다는, 주어진 목표 가치를 능률적으로 달성키 위한 수단으로서의 기술적 분석을 강조하는 경험지향 적 · 도구 적 합리주의에 빠지게 되었다는 것을 두 번째 이유로 제기하였다.

그리고 남북의 대치로 인한 안보제일주의와 급속한 경제성장을 위한 경제 성장 제일주의가 중시되면서 행정의 효과성 내지 능률성만을 지나치게 강조해왔고, 행정이 추구하여야 하는 다른 가치들에 대한 관심이 부족하였기 때문이라는 것을 세 번째 이유로 들었다.

이어서 행정 철학의 개념적 의미를 보다 명료화시키기 위해 리처드 페이지(Richard S. Page), 마셜 디모크(Marshall E. Dimock), 로빈스(S. T. Robbins), 그리고 크리스토퍼 호치킨슨(Christopher Hodgkinson) 등 여러 학자들의 행정 철학에 대한 개념적 정의를 요약 정리해 보았다.

사실 행정 철학이 무엇인가 하는데 대한 학자들의 개념정의는 어떻게 보면 행정학자들의 수만큼 많을지 모른다. 그러나 그것을 모두 소개한다는 것은 불가능할 뿐만 아니라 그렇게 할 필요도 없는 것이다. 몇 몇 대표적인 학자들의 개념정의를 통해 이들이 가지고 있는 공통적인 생각과 일반화시킬 수 있는 개념적 의미를 파악할 수 있기 때문이다.

이를 위해 몇 몇 학자들의 행정 철학의 개념정의를 제시하여 행정 철학이 어떤 학문이며 어떤 목적을 달성하려는 학문인지에 대해 이해의 지평을 넓히려고 하였다.

다음으로 우리가 행정 철학에서 논의해야 할 제도적 바탕이자 근간이 되는 민주적 다원주의에 대한 내용과 개념 그리고 특징들에 대해 설명을 하여 미국적 행정제도의 이념적인 기반을 소개하였고, 이러한 것이 현금에 와서 한계를 가지는 이유에 대해 살펴보았다.

이러한 한계로 정책과정이나 행정과정에의 시민참여에서도 불공평이나 불공정이 발생하고 있다는 점과, 사회경제적 권력의 차이 때문에 정책과정이나 행정과정에의 시민참여에서도 불공평이 발생하고 있다는 점, 그리고 정보의 충분하지 못한 개방성도 이러한 과정에서 문제를 야기 시킬 수 있다는 점을 제시하였다.

이에 덧붙여 실제로 시민의 참여를 통한 정부의 변화가 용이한 것만은 아닌데 그 이유는 참여의 대상인 정부 또는 공직자와 참여의 주체인 시민 간에 참여에 대한 인식이 근본적으로 다르기 때문이라는 점도 지적을 하였다.

이어서 작금에 이루어진 과도한 행정국가 화에 따른 여러 철학적 논란들에 대해 살펴보고 이를 통제하기 위한 철학적 논의들을 살펴보았다. 한때 많은 시민들은 정부를 모든 것을 다 할 수 있는 슈퍼맨으로 여겼으나 정부에 대한 공공의 개념에 대한 인식은 시간이 거듭되면서 변화를 해 왔고 그 결과 행정 국가화에 대한 환상이 깨지게 되었다는 점을 분명히 밝혔다.

그리고 행정 국가화에 힘입어 막강한 권력을 손에 쥔 행정 관료들이 정책 결정을 하고 나름대로의 권력을 행사할 수 있는 것은 시민들에 의해 선출된 정치적 피임용자, 즉 민선 정치인의 명령에 따르는 것이 바로 시민들의 뜻에 복종하는 것이라는 전제에 입각하고 있기 때문이었는데, 만약 정치적으로 임용된 자들이 그러한 행위를 제대로 하지 못할 경우 이러한 전제는 깨질 수밖에 없는 것이고 행정 관료의 행위는 민주적인 이념과는 배치가 된다는 점도 지적을 하였다.

더구나 정부가 너무나 정부운영에 있어 능률성과 효과성을 결여하고 있어서 시민들을 분노케 하고 있으며 이러한 분노는 시민의 정부에 대한 불신으로까지 비화가 되고 있다는 점도 지적을 하였다.

그리고 이렇게 되는 까닭은 행정의 나아갈 방향을 그릇되게 인도를 하는 행동의 프레임 때문이라는 점을 분명히 하고 그래서 윌슨의 정치행정이원론은 배척되었다는 점을 제시하였다. 그리고 이러한 행정학의 지적 위기를 극복하기 위해 오스트롬이 제시한 새로운 프레임인 민주행정패러다임이 제시되었다는 점도 제시를 하였다.

지금까지의 논의에 입각하여 행정 철학이 무엇인가라는 질문에 결론을 내려 보자면 행정현상을 가치의 측면으로 이해하고 설명하려는 입장이 존재할 수 밖에 없고 그러한 접근을 보다 정교하고 세련되게 만들고 가능하다면 일반성과 보편성을 가질 수 있도록 구성을 하고 그 핵심적 본질을 알아내려고 하는 노력은 나름대로 의미를 가질 수 있게 되는 것인데, 바로 그러한 노력이 행정현상에 대한 철학적 사유라고 말 할 수 있다는 것이다.

그리고 그러한 깊은 사유의 결과를 체계적으로 연구하고 이러한 결과를 축적해 나가는 학문을 행정 철학이라고 일컬을 수 있다는 것이다.

제3장

행정 철학 논의 이유

의사가 만약 돌팔이어서 피해를 보는 사람은 그가 돌보는 환자인 것이다. 이런 점에서 변호사도 마찬가지이다. 잘못된 변론을 하게 되면 그에게 의뢰한 소송인이 피해를 보게 된다.

공직자들은 우리의 주권을 위임받은 사람들이다. 우리를 대표해서 나라를 잘 이끌어 나가달라고 신성한 주권을 위임 한 것인데 그들이 판단을 잘못해서 나라를 잘 못 이끌고 나가거나, 전문성이나 능력이 부족하여 나라를 그릇된 방향으로 이끌어나간다면, 돌팔이 의사가 환자에게 주는 피해나 함량미달의 변호사가 소송의뢰인에게 주는 피해와는 비교가 되지 않는 국민전체가 말로 형용하기 어려운 피해를 보게 될 것이다.

의사는 전문적인 교육과 훈련과정 그리고 엄격한 여과과정을 거쳐 배출이 되고 변호사도 그런 면에서 보면 마찬가지이다. 이렇게 엄격하게 훈련을 시키고 여과과정을 거치게 하는 것은 전문성을 확실히 확보하고 입증을 하기 위함이다. 전문성을 확보하고 입증을 해야 문제해결능력을 갖춘 전문인으로 설 수 있는 까닭이다. 그럼에도 불구하고 이들이 실수를 저지르거나 잘못했을 때 환자나 소송의뢰인 그리고 좀 더 넓게 보면 그들의 가족이 피해를 보게 되지만 그것은 어디까지나 개인적인 것으로 한정적일 뿐이다.

그러나 의사나 변호사처럼 공직자들이 실수를 하거나 잘못했을 때는 환자나 소송의뢰인이 아닌 전 국민이 피해를 보게 되며, 실제 그러한 경우도 비일비재하다. 대표적인 이러한 예로 1997년 국가적 위난으로 닥쳐왔던 국제통화기금(IMF) 구제금융 사태 때 공직자들의 그릇된 판단으로 빚어진 정책의 실패로 인해 많은 국민들이 희생이 되었다.

드와이트 왈도(Dwight Waldo)는 행정학도 의학이나 법학처럼 직업적 전문성을 가져야 한다고 주장을 하였다. 관념적 유희나 언어적 유희만 농하는 그릇된 학문이 아니라 사회적으로 제기 된 문제들을 현실성 있게 해결을 할 수 있는 체계적인 학문으로 자리를 잡아나가야 함을 주장한 것으로 사료가 된다.

아마도 잘못될 경우 의료나 법보다 사회적 비용 및 파장이 더 커질 수 있기 때문일 것이다. 더욱이 그 모든 비용이 행정서비스를 받아야 할 고객인 국민들에게 고스란히 전가가 될 것이기 때문이다.

민간기업의 정신을 공공부문에 이식시키려고 노력한 데이비드 오스본(David Osborne)과 테드 게블러(Ted Gaebler)는 『정부재혁신』(Reinventing Government)이라는 책[1]에서 '노를 젓는 행정'보다는 '방향을 잡아 주는 행정'이 되어야 함을 강조하고 있다. 이는 행정에서 가장 중요한 것은 올바른 방향을 잡고 모

---

1) David Osborne, Ted Gaebler, *Reinventing Government : How the Entrepreneurial Spirit is Transforming the Public Sector* (New York : Penguin Books Ltd., 1992).

든 총체적 수단들을 그 방향으로 이끌어 나가는 것이라고 보는 입장이다.

열심히 배의 노를 젓는 것도 우리가 앞으로 나아가는데 필요한 것이고 우리가 목적한 방향으로 나아가게 하는데 없어서는 안 될 중요한 것이지만, 방향을 잘못 잡은 체 열심히 노를 젓는 행위만 했다면 우리가 가고자 했던 것과는 다른 방향으로 나아가 결국 우리가 목적한 방향과는 더 멀어지는 결과를 초래 할 수도 있는 것이다. 이들은 행정이 올바른 방향을 잡어 나가는 것이 얼마나 중요한 것인가를 비유적 표현을 써서 잘 설명하고 있는 것이다.

행정의 여러 부문 중에서 방향을 잘 잡는 것에 해당하는 것이 바로 행정 철학이 담당해야 할 부분이라고 사료가 된다. 배를 앞으로 나아가게 하기 위해서 노를 젓는 행위는 목적을 이루기 위한 수단과 같은 것이지만, 이와는 달리 방향을 잘 잡아 나간다는 것은 목적을 달성하는 것으로 인간에게 고도의 정신적 판단력을 요구하는 것이다.

올바른 판단은 물론 사실에 입각하지만 그러한 사실을 어떠한 시각에서 바라보고 또 어떻게 분석을 하여 해석을 하며 그것이 앞으로 가져 올 여러 가지 결과에 대한 나름대로의 예측이 올바르고 제대로 전제가 되어야 목적 달성이 가능한 것이다.

이러한 것은 바로 가치판단을 전제로 하는 것이며 이에 바탕을 제공해 줄 수 있는 것이 행정 철학이라고 사료가 된다. 풍부한 행정 철학의 이론과 방법론 그리고 많고 깊게 성찰된 철학적 사유들이 존재를 한다면 이를 기반으로 하는 가치판단은 보다 문제를 해결하는데 있어 다른 어떤 능력보다 더 앞설 수 있을 것이다.

이러한 이론과 방법론 그리고 풍부한 철학적 사유와 혜안 등이 쌓이고 축적이 되기 위해선 행정현상을 철학적으로 이해하고 이를 설명하려는 노력들이 많이 이루어져야 할 것이다.

그리고 이를 위해 행정 철학에 대한 논의는 활발하게 관련 학자들이나 공직자 그리고 이에 관심을 가지고 있는 지식인들과 국민, 그리고 시민들 사이에서 이루어져야 할 것이다. 이러한 과정을 통해 축적된 철학적 이론과 방법론 그리고 철학적 사유와 혜안들은 가치판단을 필요로 하는 행정현안들을 해결해 나가는데 있어 중요한 시금석이 되어줄 것이고 문제해결을 위한 등불이 되어줄 수 있을 것이다.

1. 새로운 가치창조를 위한 행정 철학의 필요성

도널드 케틀(Donald Kettl)은 끊임없이 변화하는 공공부문을 잘 관리해 나가기 위해서는 행정에서 주도적으로 도전을 해야 할 네 가지 주제가 있다고 주장하였다.

아마도 이러한 주제들은 현재 행정가들에 의해 직면케 되는 주요 도전이 될 것이다. 사실 행정은 과거에도 이러한 도전들과 대치하고 갈등하면서 그 도전을 딛고 일어서 왔었다. 따라서 앞으로 닥쳐 올 이러한 미래적 도전도 우리의 노력 여하에 따라서는 성공적으로 극복해 나갈 수 있을 것이라 사료가 된다.

어쨌든 케틀이 제시한 이러한 도전적 주제들로는 첫째, 조직간의 상호의존성 둘째, 구조의 변화[2] 셋째, 가치의 창조 그리고

2) 계층제와 합리적이고 합법적인 권위에 기반을 두고 있는 조직은 행정조직을 앞으로 구축해 나가는데 있어 더 이상 최상의 방법이 아니다. 그러나 안타깝게도 아직 새로운 교리가 현재 붕괴되고 있는 관료제에 의해 초래 된 진공을 메

넷째, 정부 능력의 제고이다.[3] 이러한 도전적 주제들은 상호 간에 관련성을 지니고 있다. 따라서 이들 중 우리가 이 책에서 관심을 갖고자 하는 것은 바로 가치의 창조라는 주제이다.

새로운 가치의 창조가 없이는 행정이 추구하는 생산성의 증대는 없다고 보아도 지나침이 없을 것이다.

체스터 뉴랜드(Chester A. Newland)는 1993년에 제정된 '정부성과와결과법'(Government Performance and Result Act : GPRA) 그리고 '총체적 품질관리'(Total Quality Management : TQM), 이에 덧붙여 '연방정부성과평가'(National Performance Review : NPR)[4]가 가져 온 놀라운 창조적 결과들을 대표적인 사례들로 들고 있는데 케틀도 이에 동의를 하면서 이러한 노력들이 결국 새로운 창조를 통해 정부혁신에 기여했다고 보는 것이다.[5]

새롭게 창조된 새로운 사회규범이나 관리 철학이 조직의 상호의존성을 놀라울 정도로 증대시키고 있다. 그리고 이를 통해 새로운 문제들을 해결하고 있으며 나아가 조직의 생산성을 크게 증대시켜 나가고 있다. 또한 이러한 새로운 창조가치에

꾸어 주지 못하고 있어서 아직도 실험적 상황이 발생하고 있다. 따라서 앞으로 이에 대한 새로운 교리가 개발이 되고 이를 통해 창조적 구조 혁신이 이루어져 나가야 할 것이다. James L. Perry, "The Challenge of Managing the Changing Public Sector", in James L. Perry (ed.), *Handbook of Public Administration*, 2nd ed. (San Francisco, CA : Jossey-Bass Publishers, 1996), p.2.

3) *Ibid.*, p.1-3.

4) 빌 클린턴 대통령은 연방정부개혁에 주안점을 두고 11%까지 연방공무원을 감원시키는 공격적 노력으로 이것을 주도해 나갔다. 정부 재혁신(Reinventing Government)의 결과 첫 해에 470억 달러를 절감했는데 이 돈의 98%가 연방정부의 공무원을 감축함으로써 얻어 낸 것이다. Donald Kettl, "Governing at the Millennium", in James L. Perry (ed.), *op. cit.*, p.14.

5) James L. Perry, *op. cit.*, p.3. ; Chester A. Newland, "The National Government in Transition", *op. cit.*

힘입어 민간계약자나 비영리조직과 같은 제3자가 공공정책을 형성하고 이를 집행해 나가는데 있어 커다란 역할을 수행하고 있다. 이러한 현상은 과거에는 상상도 할 수 없는 일이었다.

새로운 관리 철학과 조직 유형이 확산되면서 이들이 공공서비스를 창출하고 나아가 이를 제공하게 됨으로써 이제 공적 부문과 사적 부문의 제도적 구분은 점점 더 불명료해지고 있으며 정부나 행정은 이들에 대한 의존성을 더욱 증대시켜 나가고 있는 것이다. 이미 변화의 흐름을 거역할 수 없는 단계에까지 이르고 있는 것이다.

칼 스텐버그(Carl Stenberg) 역시 주정부와 지방정부 수준에 걸쳐서 확산된 새로운 정책과 이와 관련된 아이디어들을 위한 실험실로서의 주정부와 지방정부의 역할의 중요성을 제시하고 있으며[6], 비벌리 시글러(Beverly A. Cigler)는 시민들에게 공공정책에 관한 보다 직접적인 역할을 허용해야 한다고 주장하면서 그렇게 해야만 하는 이유로 그래야 시민들이 왜 자신들이 공공정책을 위해 세금을 납부해야만 하는가에 관한 보다 나은 정보를 제공받을 수 있을 뿐만 아니라 이를 통해 창조적인 사회 기업가적 정신이 일어날 수 있도록 격려 받을 수 있다는 점을 역시 강조하고 있다.[7]

아무리 물적 수단이 풍부해지고 공고해진다고 해도 이의 방향성을 이끌어내는 정신적 목표가 제대로 작동을 하지 않는다면 아무런 의미를 찾을 수 없는 것이다. 앞서 말했듯이 배를

---

6) 스텐버그는 14개 주정부가 1990년부터 1995년에 이르는 시기에 펴낸 행정개혁 보고서를 제시하고 있다. James L. Perry, "The Challenge of Managing the Changing Public Sector", in James L. Perry (ed.), *op. cit.*, p.2.

7) *Ibid.*, p.3. ; Beverly A. Cigler, "Adjusting to Changing Expectations at the Local Level", in James L. Perry (ed.), *op. cit.*, p.65

목적지에 제대로 도착하게 하려면 노를 젓는 것도 매우 중요하지만 그것보다 더 중요한 것은 배가 나아가는 방향을 제대로 잡아주어야 할 것이다.

이와 같이 물적 토대와 수단에 새로운 가치를 부여할 수 있는 창조적 사고와 정신이 적시적소에 자리 잡을 수 있을 때 비로소 우리가 꿈꾸는 세상이 우리 앞에 도래 할 수 있는 것이다. 그래서 우리는 새로운 가치의 창조에 더 많은 관심과 열정을 쏟게 되는 것이다.

프레데릭 테일러(Frederick Taylor)나 루더 규릭(Luther Gulick) 등도 강조했듯이 행정의 능률성과 효과성 그리고 생산성이 중요한 것은 사실이지만 이것이 올바르고 제대로 이루어지기 위해서는 이에 걸 맞는 가치의 창출이 전제가 되어야 하는 이유가 바로 여기에 있으며, 그러기에 공공부문에 필요한 철학적 사유의 체계를 구축하여야 하는 것이다. 이것이 바로 행정 철학을 우리가 공부하고 연구하고 이를 행정체계나 과정에 적용하려고 하는 커다란 이유가 되는 것이다.

앞에서 이미 언급한 바 있던 도널드 케틀(Donald Kettl)도 "새로운 천년왕국을 위해 정부능력을 증대시키는 것은 좋은 제도를 만드는데 달려있다. 그러나 그 제도는 만약 그 제도 안에 올바른 사람이 없고, 올바른 동기유인에 의해 이끌어지고 그에 따라 추진되지 않는다면 아무런 쓸모가 없는 것이다."[8]라고 주장함으로써 올바른 동기유인이라는 가치체계의 정립 필요성을 강조하고 있는 것도 이와 맥을 같이 하는 것이다.

---

8) *Ibid.*, p.3.

2. 공직자들의 공직에 대한 신념과 사명감 부여

공직은 입신출세의 수단이나 명예와 부 그리고 권력을 잡는 자리가 결코 아니다. 한마디로 말해 공직은 입신출세를 위한 자리가 아니라 국민에게 봉사하고 베푸는 자리이다. 이것이 더도 덜도 말고 가장 올바른 공직 관이다. 이걸 망각하면 공직자는 공직 관을 제대로 가지기 어려워진다. 더 나아가 자신과 주변사람까지 망치게 된다.

공직자는 오로지 국민에 대한 봉사자, 그리고 국민에 헌신하는 민중의 지팡이라는 생각을 가져야 한다. 그러기에 공직자가 국민에게 가지는 책임은 유한책임이 아니라 무한책임이어야 한다. 공직자가 가지는 공적책임은 그래서 아무리 강조한다고 해도 지나침이 없는 것이다.

폴 애플비(Paul Appleby)가 현대 정부는 시민사회, 정치권이 표출한 모든 의견을 넓은 시야로 수렴하여 정부 목표를 확실하게 설정해야 하며, 명확한 정부 목표를 달성하는 데는 필요한 자원 즉, 인적·물적 재원과 정보가 밑받침이 되어야 하고, 가능한 공정하고 일관된 절차로 달성해야 하는 공적 책임감이 반드시 수반되어져야 한다고 주장[9]을 하는 것도 이와 맥을 같이 하는 것으로 이해를 할 수 있다.

고대 로마의 철학자이자 법률가이며 명망 높은 정치가가 있었는데 그가 바로 키케로(Marcus Tullius Cicero)이다. 그는 로마의 입법기구인 원로원을 주도하였고 명민한 철학자이며 정치가로서 수완을 유감없이 발휘하였다. 그의 이러한 순발력과 깊은

---

9) Paul Appleby, *Big Democracy* (New York : Alfred A. Knopf, Inc., 1945), pp.1-10 & pp.128-130.

철학적 사유는 기원전 49년부터 45년까지 지속되었던 율리우스 카이사르(Gaius Julius Caesar)와 폼페이우스(Gnaeus Pompeius Magnus) 간의 자웅을 겨루는 로마 내전(The Great Roman Civil War) 당시 빛을 발했다.

그는 승자인 카이사르의 편에 서지 않고 패자인 폼페이우스 쪽에 섰지만 카이사르의 관용과 그의 지혜에 힘입어 오뚝이처럼 살아남았다. 그러나 그의 종말은 뿌린 대로 거둔다는 진리에서 한 치도 벗어나지는 못했다. 카이사르의 오른팔인 마르쿠스 안토니우스(Marcus Antonius)에 의해 처절하게 생을 마감하게 되니 말이다.

그의 생은 영욕으로 점철되고 정치적으로는 불운하였으나 그의 공직에 관한 신념이나 철학관은 분명했다. 그에게 있어 공직과 공직사는 오로지 로마 시민을 섬기고 그들을 위해 베푸는 자리로서만 존재의 의미를 가지는 것이었다. 이러한 그의 공직에 대한 신념은 그가 최초로 공직자를 상징하는 용어의 사용에서 그대로 드러나고 있다.

그는 공직자에 대한 이름을 붙이기를 영어로 표현을 하자면 '퍼블릭 서번트'(public servant)로 명명하였다. 이를 우리말로 구태여 번역을 하자면 '국민의 종', '국민의 봉사자'란 뜻이다. 지금부터 2천여 년 전인 고대 로마시대에 키케로가 그런 이야기를 하였다는 점은 매우 놀라울 따름이다.

고대 로마의 소 카토(Marcus Porcius Cato Uticensis) 역시 '공직은 무릇 청렴으로 그 이름을 대신해야 한다.'고 말하였다. 키케로나 소 카토가 2천 여 년 전 시대에 벌써 이런 이야기를 했다는 것을 생각하면 정말 이 사람들은 시간을 한참 앞서가는 사람들이란 생각이 들 정도이다.

이들이 이러할진대 하물며 현 시대에 살고 있는 우리들이 공직에 대해 가지고 있는 생각이 이들보다 못하다면 말이 되지 않는 것이다. 현대인들이 이들보다 더 낫게 생각을 해야 되지 않겠는가 하는 생각을 해 보게 된다.

현대인들이 생각하는 공직(civil service)은 명백한 계층제적 관계체계 내에서, 정규직(full time)으로 고용되고 봉급을 받으며, 일원화 된 규칙아래에서, 적절한 연금 배당을 보장받는 정부 직(government body) 또는 국가 직(state body)을 의미한다고 볼 수 있다.[10]

또한 공직은 주어진 영역에서 국민에게 국가의 서비스를 제공키 위해 인간자원을 동원하는 중개적 기관(mediating institution)을 의미하는 것으로 이해를 하고 있으며,[11] 월커(N. Walker)는 모든 정부의 공직자들을 공직의 부분으로 간주하고 이를 사무직 노동자(desk worker)로 이름을 명명하고 있기도 하다.[12]

이러한 현대인들이 생각하는 공직 개념이 좀 더 세련되고 좀 더 섬세하게 정의가 된 것처럼 느껴지기는 하지만 어딘지 부족하고 허전한 느낌을 줄 뿐만 아니라 단숨에 공직은 이런 것이라는 인식을 심어주기에는 2% 부족한 것이 아닌가 하는 느낌을 준다. 그런 면에서 볼 때 키케로의 국민의 봉사자라는 공직에 대한 개념정의나 공직을 청렴으로 상징화시킨 소 카토

---

10) H. Parris, *Consitutional Bureaucracy : The Development of British Central Administration since the Eighteen Century* (London : Allen & Unwin, 1969), p.22.

11) E. P. Morgan and J. L. Perry, "Re-orienting the Comparative Study of Civil Service Systems", *Review of Public Personnel Administration*, Vol.8 (Summer 1988), pp.84-95.

12) N. Walker, *Morale in the Civil Service : A Study of the Desk Worker* (Edinburgh, England : Edinburgh University Press, 1961), p.14.

의 개념정의는 너무나 심플하면서도 정곡을 찌르는 명쾌함을 던져주는 듯 싶다.

키케로나 소 카토가 우리에게 들려주려는 메시지는 공직이란 국민에게 봉사하는 자리이므로 그럴 의사가 없는 자이거나 또는 그럴 능력이 없는 자는 공직에 감히 들어설 생각을 해서는 안 된다는 이야기이다. 이들의 말처럼 공직에 대한 올바르고 투철한 신념과 사명감이 없다면 본래 의도된 공직을 제대로 수행하기도 어려울 뿐만 아니라 제대로 이루어나가기도 어렵다. 따라서 올바른 공직 관을 제시해 줄 수 있어야 된다. 그러기 위해서는 철학적 고민과 이를 통해 도출된 지혜가 필요로 되는 것이다.

3. 새로운 세싱으로의 번화를 낳는 세계화에 대한 대응의 요구

우리 앞에 커다란 변화의 흐름으로 세계화가 도래되고 있다는 것이다. 기존의 철학적 사유로는 그리고 이에 입각한 관리철학으로는 더 이상 급격히 도래하고 있는 세계적 변화의 소용돌이를 헤쳐 나가기 어렵게 되었다는 것이다.

앞서 케틀이 새롭게 창조된 새로운 사회규범이나 관리 철학이 조직의 상호의존성을 놀라울 정도로 증대시키는 도전에 직면하게 될 것이라고 말했는데 이와 맥을 같이 하는 말로 이해할 수 있다.

이제 이러한 세계화의 도전에 올바르게 맞서기 위해선 새로운 패러다임의 철학적 기반이 정립되어야 한다. 이를 위해 많은 사회구성체 간의 철학적 논의가 필요로 되는 것이다. 이를 간단히 살펴보자면 다음과 같다.

1) 거대 문화권, 경제권 간의 접촉과 충돌 그리고 상호 의존 적 조화의 요구

토머스 프리드먼(Thomas Lauren Friedman)은 1999년에 발간한『렉서스와 올리브 나무』(The Lexus and the Olive Tree)[13]라는 책을 통해 세계화와 관련된 명료한 개념을 전달해 주었다.

세계화는 그가 말했듯이 하나의 거대한 시대적 조류이다. 어느 누구라고 할지라도 이를 거스를 수가 없는 것이다. 지구는 하나의 거대한 촌락이 되어가고 있다. 내 앞집 일은 모르지만 지구 저편의 일을 더 빨리 더 자세하게 알게 되는 시대에 살고 있다. 그것도 거의 리얼 타임으로 말이다.

우리나라는 자타가 인정하는 대표적인 무역국이다. 세계 7~8대 교역국으로 자리매김을 하고 있다. 자원이 빈약한 우리나라는 다른 나라와의 경제나 교역을 연관 짓지 않고는 이야기하기 어렵다. 심하게 표현을 하자면 세계와의 교역이 없이는 오늘날과 같은 번영을 이루기 어렵다고까지 말을 할 수 있을 것이다.

리처드 로스크레인스(Richard Rosecrance)가 주장하는 교역을 통해 국가부흥의 길을 모색[14]하고 이끌어 온 대표적인 나라라고 할 수 있다. 이런 맥락에서 볼 때 우리는 세계화의 중심에 이미 들어와 있다는 것을 부인하기 어렵다.

---

13) Thomas Lauren Friedman, *The Lexus and the Olive Tree : Understanding Globalization* (New York : Anchor Books, 2000).

14) 로스크레인스는 교역이라는 경쟁수단은 영화 게임(zero sum game)이 아닌 포지티브 섬게임(positive sum game)으로서 교역에 참여한 쌍방 국가 모두에게 이득이 된다는 상생의 입장을 강조하고, 이러한 교역을 통해 국가의 부흥이 이루어지는 국가들이 국제사회에서 보다 더 큰 역할을 수행할 수 있음을 시사하고 있다. Richard Rosecrance, *The Rise of the Trading State* (New York : Basic Books, Inc., 1986).

따라서 현재 거대한 시대적 조류로 밀려오고 있는 다인종, 다문화, 그리고 다민족이라는 융합 적 현상을 인정할 수밖에 없다. 지금까지 우리의 정체성으로 상징화되어져 왔던 백의민족, 단일민족 등은 더 이상 의미를 찾기 어렵게 되었다. 이것만을 고집하는 것은 시대착오적 사고로 세계로부터 고립만을 자초하는 일이 될 것이다.

이제 우리도 자신감을 가지고 당당히 열린사회로 나가야만 될 것이다. 독일의 철학자인 칼 포퍼(Karl Popper)가 열린사회와 그 적들에 대해 설파를 하였지만 지금까지 동서고금(東西古今)으로 펼쳐진 역사를 보면 열린사회로 나가는 사람, 항상 도전하는 사회, 그리고 도전에 효율적으로 응전하는 민족이나 국가가 발전을 거듭해 왔음을 알 수 있다.

영국이 낳은 서넝한 역사가이며 석학인 아놀드 토인비(Arnold J. Toynbee)의 『역사의 연구』[15]에서도 이러한 역사적 진실을 그대로 증언해주고 있다. 결코 닫힌 사회에서 도전을 거부하고 두려워하는 사회에서 국가나 사회의 발전은 연목구어(緣木求魚)와 같은 것이다. 창조적 소수자(creative minority)에 의해 열린사회로 나아가 기꺼이 도전에 효율적으로 응전하는 민족과 나라 그리고 사회만이 역사의 선택을 받을 수 있는 것이다.

빗장 걸어 잠그고 자신이 최고라고 해서 우물 안 개구리 같이 교만과 자만에 푹 빠져있던 민족과 국가는 정복당하고 수난을 당하였다. 이제 우리도 과감히 그리고 용기 있게 열린사회로 나가야 한다.

우리가 앞으로 겪게 될 사회는 다인종, 다문화, 다민족, 다

15) Arnold J. Toynbee, *A Study of History*, Vol.1~2 (Oxford, England : Oxford University Press, 1987).

이념적 현상이 어지럽게 난무하는 소용돌이의 장(field of Turbulence)이 될 것이며 따라서 우리가 노심초사(勞心焦思)하는 마음으로 고려해야 할 변수는 생각하는 것보다 훨씬 더 많아질 것이다.

세계화가 가속되고 있는 21세기에는 문화권 간, 경제권 간, 그리고 국가 간의 상호의존적 관계가 더욱 강화되고 있다. 이제 서로 살아남기 위해서는 서로 상생을 할 수 있는 길을 찾아나가야 할 것이다. 서로 이득이 생긴다는 생각이 들어야 거래가 성립이 되는 것이 세상의 이치이다.

만약 어느 일방이 손해를 본다면 거래관계는 성립이 안 될 뿐만 아니라, 거래관계가 이미 형성이 되어있다고 하더라도 더 이상 유지가 될 수 없을 것이다.

세계화시대의 가장 중심적인 화두는 서로가 이길 수 있고, 서로가 이득을 가질 수 있게 되어야 한다는 것이다. 서로가 상생해야 된다는 게임관계가 형성되어야 한다는 것이다. 패자가 없는 승자만의 세상이 될 수 있어야 한다는 말이다.

이러한 사회가 도래만 될 수 있다면 세계화 시대는 그것을 일구어 내야한다는 시대적 소명을 가질 수 있게 되는 것이다. 이제 이러한 행정환경의 변화가 새로운 가치를 우리들에게 요구하고 있다.

2) 유일 유한자원을 둘러싼 무한경쟁

세계화가 도래됨으로써 유일 유한자원을 둘러싼 무한 경쟁이 우리 삶의 전제가 되고 있다. 불행하게도, 지구는 오직 하나뿐이다. 여분으로 두 개, 세 개가 있는 것이 아니다. 외부 행성을 정복하지 않는 한 지구는 하나일 뿐이다. 우리가 몸담고 의지하고 살아갈 곳은 지구뿐이라는 이야기이다.

그러나 하나뿐인 이 지구에 좋거나 또는 싫거나 간에 자신의 몸을 의탁해서 살아가고 있는 인구는 증가일로의 길로 치닫고 있다는 것이다. 현재 70억 명을 넘어서고 있고, 앞으로 50년 이내에 100억 명이 될 것이라는 이야기도 인구 학자들 간에 회자되고 있다. 생각만 해도 정말 끔찍한 숫자이다.

문제는 지구가 하나뿐인데 인구는 폭발적으로 늘어나고 지구자원은 한정되어져 있는데 우리네 씀씀이는 더욱 커지고 있다는데 있다. 이런 문제는 나라 간에도 마찬가지로 일어나고 있다. 그래서 국가 간 자원을 둘러싼 경쟁이 치열하게 치러지고 있다.

가장 이슈가 된 자원으로는 에너지 자원과 식량자원을 들 수 있는데 이 자원은 모든 국가에게 있어서 관심의 초점이 되고 있다. 그래서 이러한 자원은 국가안보를 좌지우지한다고 해서 안보자원으로까지 불리며 중시되고 있다.

장래가 촉망되는 신흥국 중에서 중국과 인도가 아주 빠른 속도로 발전을 거듭하고 있다. 중국의 인구는 13억 명을 이미 넘어서서 14억 명에 육박하고 있고 인도는 이미 12억 명을 넘어서서 13억 명을 향해 내달리고 있다. 이들도 이제 잠에서 깨어나 눈을 뜨기 시작하였다.

프랑스의 세계적인 정복군주였던 보나파르트 나폴레옹(B. Napoleon)이 '잠자는 중국을 깨우지 말라'고 경고를 했었다. 중국이 개화할 경우 나타날 세계적 변화에 대해 두려움을 느꼈기 때문에 이러한 경계를 드러냈을 것이다. 나폴레옹의 경고나 기대와는 달리 중국은 지금까지의 미몽 속에서 서서히 깨어나고 있다. 이들도 이제 인간답게 살고 싶어 한다. 그런 욕구가 점점 강해지고 있다.

이러한 욕구를 충족시키기 위해 이들이 자원을 엄청난 양과 속도로 쓰기 시작하였다. 엄청난 인구가 엄청난 에너지 자원을 쓰기 시작하니 자연스럽게 중국이나 인도로 에너지 자원이 몰리게 된다. 이렇게 됨으로써 너무도 당연한 이야기이지만 여타 국가의 에너지는 부족한 상황으로 치닫게 될 수밖에 없게 되었다. 이로 인해 예를 들면 석유 가격처럼 에너지 가격이 천정부지로 올라가게 되는 것이다. 이제 국가 간에 유일 유한 자원을 둘러싼 무한 경쟁이 치열하게 이루어지고 있다. 이제 이러한 행정환경의 변화가 새로운 가치를 요구하고 있다.

3) 축소지향(Down Sizing)

옛날에는 큰 것이 아름답고 폼 나는 것이었다. 자동차의 덩치가 큰 것이 작은 것보다 더 선호된 것도 그러한 이유에서였다. 그러나 요즈음은 허우대보다는 실속이 있는 것을 지향한다. 한 마디로 말해 축소지향으로 바뀌어 지고 있는 것이다.

요즈음에는 가능한 자원을 적게 쓰는 것이 미덕이다. 기술혁신을 통해 가능한 연비가 높은 차를 가지려고 하고, 전기와 가솔린으로 움직이는 하이브리드 차(Hybrid car), 그리고 상대적으로 에너지 가격이 저렴한 전기자동차를 선호하고 있는 것도 이러한 이유에서이다.

우리나라에서도 넓은 평수 아파트가 과거에는 주된 선호 대상이었다. 심지어는 부의 상징으로까지 인식이 되어 부러움의 대상이 되기도 하였다. 그러나 지금은 그러한 생각에 변화가 왔다. 넓은 평수가 오히려 애물단지나 부담이 되는 세상이 된 것이다. 사실 평수가 넓다보니 이에 비례해 관리비가 너무 많이 들어갔던 것을 부정할 수 없다. 앞에서도 말했지만 요즈음엔 뭐니 뭐니 해도 실속과 실리가 최고라는 가치가 만연해 있다. 그래서 관리비나 유지비가 적게 드는 적은 평수가 더 인기이다.

이렇게 세태가 변화를 맞이하면서 이제는 새로 지은 아파트의 넓은 평수가 분양이 안 된다. 그리고 기존 아파트 역시 넓은 평수 아파트는 매물이 쌓여도 처분이 되지 않는데 반해 작은 평수의 아파트는 매물로 나오기가 무섭게 팔려나가고 있다. 이러한 난관을 타개해 보고자 분양가 할인도하고 끼워 팔기도 하고 매물가격을 낮추어보기도 하는 등 온갖 난리를 피우지만 쉽게 문제해결이 되지 않는다.

이러한 세태를 관조해 볼 때 이제 이 시대에 맞는 코드는 다운사이징(downsizing)이 대세이다. 지금은 큰 것이나 넓은 것을 오히려 부담스러워하는 시대로 세상이 바뀌어지고 있는 중이다.

4) 제로 성장

우리나라의 70년대나 2008년에 불어 닥친 세계금융 불안의 여파가 휩쓸기 이전까지의 중국은 10%이상의 고도성장을 하고 있었다. 그러나 세계금융위기이후 세계화의 논리가 더욱 심화되면서 더욱 치열한 무한 경쟁이 유발되니 성장이 둔화되고 있다. 경쟁자가 없을 땐 앞서는 것이 어렵지 않지만 치열한 무한 경쟁이 일어날 때는 앞서는 것이 너무나 어렵다. 어떻게 보면 제로 성장 또는 마이너스 성장이 안 되는 것만 해도 다행이라고 생각할 판이다.

경제대국 일본은 지난 20여 년 간의 잃어버린 시대의 침체 여파와 재작년에 발생한 지진과 쓰나미(Tsunami :つなみ)와 같은 자연재해와 이로 인한 후쿠시마(Fukushima : ふくしま) 원전사고 등의 여파로 경제 성장률과 무역수지가 마이너스로 돌아섰다. 그리고 중국한테 밀리기 시작하여 작년에 국민총생산에서 압도당하였다.

미국과 유럽 연합 역시 예전 같지 않다. 최근에 불거진 일명 피그스(pigs)로 불리는 나라들 포르투갈, 이탈리아, 스페인, 그리고 그리스의 재정악화는 유럽 연합의 국가재정과 경제를 어렵게 만들었으며 미국의 경기침체와 재정적자의 압박은 양적완화 정책을 지속시키는 결과를 만들었다.

결과적으로 미국과 유럽 연합의 경기부진과 경제성장률의 하향화는 중국이나 일본의 어려움을 가중 시키고 있으며 이는 한국, 인도, 브라질 등을 비롯한 신흥국(emerging countries) 들에게 어려움을 가중 시키고 있다. 신흥국 발 경제위기의 낭설 들이 유포되는 것도 이와 무관치 않다.

앞으로의 세상은 우리의 생각을 바꾸지 않으면 생존을 보장하기 어려운 세상이 되었다. 이제 환경이 바뀌었으니 우리 생각도 바뀌어야 한다.

5) 양극화 문제

"나는 99%에 속한다." 지난해에 미국 증권가인 월 스트리트(Wall street)에서 성난 시위대들이 목소리 터지게 외친 말들 중에 하나이다. 이 말의 뜻은 1%만 잘살고 99%는 소외된 세상에서 어렵게 살고 있다는 것을 항변하는 것이다.

옛날에는 보릿고개와 같은 시대에 초근목피로 연명을 했었다. 지금의 하류층이 이때의 빈곤자들보다는 형편이 나은 것은 사실이다. 그러나 상대적 빈곤이 문제이다. 옛날에는 절대적 빈곤이 문제였으나 지금은 상대적 빈곤이 문제라는 것이다. 상대적 빈곤의 문제를 어떻게 해결할 것인가?

요즈음 우리나라에서도 가장 중요한 사회적 이슈로 각광을 받고 있는 보편적 복지, 선택적 복지의 문제도 이와 연관이 있다. 그리고 행정이 풀어야 할 문제이기도 하다. 이러한 복잡하고 난감한 문제를 풀기 위해서는 복지 분배와 관련된 가치를 어떻게 설정해야 되느냐하는 어려운 문제부터 시작을 해서 가치에 변화가 어떠한 방향으로 이루어져야 하는가 하는 난해한 문제에 까지 이르는 많은 것들을 고민해야 한다.

옛날에는 복지를 마냥 퍼 주는 것으로만 생각을 하였다. 거지가 동냥을 오면 연민의 정을 느끼고 내 것을 아껴 밥 한 그릇을 떠주면 그만이었던 것이다. 거지는 부끄럽지만 그러나 자꾸 동냥을 받다보면 익숙해져서 습관화가 되었다. 동냥을 계속 받다보면 이골이 나서 안 부끄러워지는 것이다. 오히려 시간이 흐를수록 기대수준이 높아지게 된다. 거지근성만 더 커지게 되는 것이다.

그러나 요즈음 복지의 양태는 퍼주는 식의 복지가 아니다. 퍼주는 식의 복지는 받는 자도 자존심이 상하고, 자활의 의지도 꺾이고, 의존적이고 종속적이며, 주는 사람 역시 마음에 부담을 느끼는 바람직하지 못한 복지로 자리매김을 하고 있다.

그래서 지금은 소극적 복지에서 적극적 복지로 바뀌어가고 있는 중이다. 적극적 복지는 일자리를 제공해 주는 것이 주종을 이루고 있다. 거지한테 일을 할 수 있는 자리를 마련해주는 것이다. 거지는 열심히 일해 거기에서 소득도 얻고, 일의 성취감도 느낄 뿐만 아니라, 수치스럽게 동냥한다는 부끄럼과 죄의식을 느낄 필요도 없게 된다. 또한 이들이 생산현장에 투입이 되어 생산 활동을 함으로써 전체사회의 생산성 역시 증대가 될 뿐만 아니라 사회적 비용도 감소하게 된다.

이스라엘의 탈무드를 보면 '자식에게 물고기를 잡아서 주지 말고 고기를 잡는 방법을 가르쳐 주라'고 말하는 것도 이와 맥을 같이하는 것이다. 복지재원에 대한 많은 우려로 어려움이 없지 않지만 이제 적극적 복지로 가야하는 것이 아닌가 싶다. 발상의 전환을 필요로 하는 가치관으로 바뀌어야 한다는 의미이기도 하다. 그리고 이를 위해 당연히 행정이나 정책의 가치도 바뀌야 한다.

6) 기회의 그릇된 배분

기회는 누구에게나 주어져야 한다. 기회균등의 원칙 또는 기회평등의 원칙은 지켜져야 한다. 그런 의미에서 원하는 대학을 누구나 응시할 수 있어야 한다. 그러나 원하는 대학에 들어가거나 또는 들어가지 못하는 것은 자신의 능력과 노력에 달려있는 것이다. 선택은 결국 자기 자신이 하는 것이다. 기회를 자기 것으로 만드느냐 또는 못 만드느냐 하는 것은 자기 자신의 능력과 노력 여하에 달려있는 것이다.

그런데 이런 기회가 누구에게나 똑같이 주어져야 하는데 현실사회에서는 그렇지 못한 경우가 있다는 것이다. 그래서 이러한 그릇됨을 그렇지 않게끔 바꾸어 기회가 모든 사람들에게 균등하게 주어질 수 있도록 우리의 생각부터 바꾸어 나갈 수 있는 제도적인 노력이 있어야 한다는 것이다. 행정이 그것을 만들어나가야 한다는 목소리가 높아가고 있다.

7) 인권유린

얼마 전 우리사회를 놀라움과 경악으로 몰고 간 사건이 있었는데 바로 도가니 사건[16]이라 불리어지는 것이었다. 그 사회에서 가장 약한 자의 약함을 역이용해서 자신의 쾌감과 이익을 추구하려는 사람들로 인해 빚어진 사건이었다. 그들로 인해 약자들은 자신들의 인간으로서의 권리를 철저하게 유린당했던 것이다. 이것을 행정적으로나 정책적으로 보호를 해주고 또 그들의 권리를 신장시켜 줄 수 있느냐 하는 것이 행정이 가치적인 측면에서 풀어야 할 문제이다.

우리 사회가 너무 지나치게 능률지상주의 적으로 흘러가는 것이 아니냐하는 우려의 목소리가 크다. 공직사회에 지배적이던 능률성 등의 몰가치적 사고가 민주, 자유, 형평 등의 가치적 사고에 밀려나고 있다. 인간의 얼굴을 한 사회가 되기 위해선 능률이나 효과만 우선시 할 수는 없는 것이다. 민주나 자유나 형평에 대한 생각 역시 해보아야 한다.

언뜻 보면 자유는 무질서해 보인다. 사람마다 생각이 다르고 행동이 다르다. 어떤 일에 사회적 합의를 도출하는데도 많은 시간과 비용이 든다. 그래도 합의가 이루어지면 다행이다. 갈등은 고조되고 그러면서 합의조차 도출하지 못하는 안타까운

---

16) 2000년대 초 광주광역시의 청각 장애 특수학교 인화학교에서 교직원들이 장애 학생 10여 명을 성폭행한 사건이다.

경우도 비일비재하다.

이에 반해 전체주의국가나 독재국가들을 보면 모든 사람이 똑같은 말을 하고 반대의견이 없다. 그러나 사람은 얼굴이 다르듯이 생각도 다른 것이다. 십인십색(十人十色), 백인백색(百人百色)이다. 백사람이면 백가지 색깔의 생각이 있게 마련이다. 그런데 모든 사람들의 생각과 말이 같다는 것은 억지로 짜 맞춘 것에 불과하다.

어떠한 이견도 없이 일사불란하게 나가는 것을 볼 때 겉으로 보기에는 매우 능률적으로 보인다. 이에 비해 자유국가는 무질서 해 보인다. 사공이 많으면 배가 산으로 간다는 이야기가 이를 빗대어 하는 말일 것이다. 오합지졸(烏合之卒)이라는 표현이 더 적절할지도 모른다.

그러나 보기와는 달리 자유국가가 더 생산성이 높게 나타난다. 전체주의국가나 독재국가의 속성을 강하게 가지고 있었던 공산주의나 사회주의 국가는 오랜 정치적 실험 결과 망했다. 망하는 것도 외부적 충격에 의해 망한 것이 아니라 자기 스스로 자기 모순에 빠져 망했다.

이러한 사례를 통해 얻을 수 있는 교훈은 민주나 자유, 그리고 형평이라는 가치가 능률이나 효과라는 가치보다 보잘것없을 것으로 생각을 했는데 오히려 그 쪽이 더 많은 것을 갖다 줄뿐만 아니라 삶의 질을 더 높여주더라는 것이다.

사람이 살아가는데 있어 가장 중요한 것은 행복이다. 우리의 삶은 행복을 위한 것이기 때문이다. 인간이 누려야 할 삶의 질(quality of life)을 높여주는 것이 바로 행복이다. 드와이드 왈도(Dwight Waldo)도 행정이 궁극적으로 추구해야 할 가치 중 하나로 삶의 질을 들고 있다.[17)]

대부분의 선진국의 국민들이 겉으로 보기에는 그렇지 못한 나라의 국민들보다 더 나은 삶을 살아가고 있는 것처럼 비춰어지지만 실상은 그렇지 않다. 그들은 보다 많은 스트레스를 받고 살아가고 있다. 여러 이유가 있겠지만 그 중 하나로 손꼽을 수 있는 것이 치열한 경쟁을 해야 하기 때문이다. 좋은 자동차, 좋은 음식, 그리고 좋은 집에서 살고 있지만 많은 불안과 스트레스를 받고 있다.

이와 반대로 가난한 나라의 예로 자주 거론되는 인도의 이웃 국가인 방글라데시(Bangladesh)의 국민들은 좋은 자동차나 집, 그리고 기름진 음식과 멋진 옷을 가지고 있지 않다. 그러나 그런 국민들에게 삶이 어떠냐고 물어보면 불안하지 않고 스트레스도 없고 행복하다고 한다.

공자(孔子)는 논어(論語) 술이편(述而篇)에서 '반소사음수 곡굉이침지 낙역재기중의'(飯疏食飮水 曲肱而枕之 樂亦在其中矣)라고 안빈낙도(安貧樂道)에 대해 이야기를 하고 있다. 이를 풀어서 써보면 '거친 밥을 먹고 물을 마시고 팔을 베고 잠을 자더라도 그 가운데 즐거움이 있다.'는 뜻이다. 그야말로 안분지족(安分知足)의 현인(賢人)이나 생각하고 말하고 행동할 법 한 말이라 할 수 있다.

방글라데시에 살고 있는 사람들은 이러한 경지에 도달해 있는 것인가? 객관적으로 보기에는 가난해서 불행할 것 같은데 그들은 전혀 그렇게 느끼지 않고 오히려 행복하다니 말이다. 또한 어떻게 들으면 매우 역설적인 이야기로도 들린다. 그러나 바로 인간적인 삶이 보장되는 사회가 진정 행복한 사회라

---

17) Dwight Waldo, *Administrative State* (New York : Roland Press, 1947).

는 이치를 터득하게 되면 쉽게 이해가되는 말이다.

앞으로 민주나 자유, 형평이 우선시 될 수 있는 사회를 만들어 나가는 것이 행정이나 정책이 나아가야 할 길이다. 그 길을 걸어 나가는데 있어 그리고 그 길에서 만나는 여러 문제들을 해결하는데 있어 행정 철학 적 고민과 이를 통해 얻은 지혜가 필요로 되는 것이다.

4. 학자들이 말하는 행정 철학의 논의 이유

1) 크리스토퍼 하치킨슨(Christopher Hodgkinson)의 행정 철학 논의 이유

크리스토퍼 하치킨슨은 '철학적 아이디어가 행정가에게 보다 나은 문제해결능력을 제고 시켜 준다.'고 주장하였다.[18] 주지하다시피 철학자들은 일반 보통사람들이 생각할 수 없는 생각의 깊이를 가지고 있다. 철학자들의 관념의 세계는 일반인보다 훨씬 깊고 넓다. 그러니까 철학자고 사상가이다.

우리가 생각해 낼 수 없는 것을 철학자들은 생각해낼 수 있다. 이들의 생각을 빌려온다면 공직자들이 생각해 낼 수 없는 문제까지 간파해 낼 수 있고 처방전까지 얻어낼 수 도 있을 것이다.

미국의 인디언 부락에 가면 나이 많은 사람이 촌장을 하고 있다. 나이 많은 사람이 인생경험이나 경륜이 많아서 젊은 사람들보다 더 많은 지식과 지혜를 가지고 있을 것이라고 생각

18) Christopher Hodgkinson, *Towards a Philosophy of Administration* (New York : St. Martins Press, 1978), pp.199-200.

할 수 있기 때문에 그런 것이다. 또한 젊은 사람이 생각할 수 없는 것 까지 얻을 수 있어서 젊은이들이 믿고 따르기 때문이다. 이와 똑같은 이야기이다.

철학가들은 행정목적을 설정할 때 행정가로 하여금 철학적 의식수준을 제고시켜 보다 최고선(Summum Bonum)에 가까운 사회형평의 실현에 근접시키도록 해준다.[19] 쉽게 표현하자면 과연 어떤 것이 정의이냐 하는 것을 행정가들에게 가르쳐준다는 것이다.

우리가 일상사나 또는 행정을 통해서 궁극적으로 추구하는 가치는 정의의 실현이다. 우리가 보다 더 올바르게 살려고 하는 것은 우리가 정의를 실현시키려고 하는 생각을 가지고 있기 때문이다. 또한 살면서 반칙을 안 하려고 하는 이유도 정의롭게 살려고 하는 생각 때문이다. 내가 정의롭기 위해서 하는 행위조차 철학자들의 정의관으로부터 자유로울 수 없으며 그러기에 정의는 바로 철학가들이 만들어 주는 것이라고도 볼 수 있는 것이다.

정의의 기준, 정의의 내용을 연구해서 만들어주는 것이 철학가이다. 고대 그리스의 유명한 철학가들이었던 소크라테스(Socrates), 플라톤(Plato), 그리고 아리스토텔레스(Aristoteles)의 정의의 명제를 따르려고 하는 이유도 바로 이러한 이유 때문이다. 또한 독일의 저명한 철학자인 임마누엘 칸트(Immanuel Kant) 등이 말하는 것이 정의의 기준이니까 그 분의 이야기를 따르려고 하는 것이다.

원시시대에는 살인을 하지 말라는 것이 정의가 아니었다. 아

---

19) *Ibid.*, pp.199-200.

니 그런 생각자체가 없었다. 따라서 어떤 것이 정의인가 하는 기준자체가 없었던 것이다. 그러다가 인간의 인지가 발달하면서 인간의 도리를 고민하는 사람이 생겨나게 되었고, 이를 체계적으로 사유하고 연구하는 철학자들이 생기면서 사람을 죽이는 행동은 인간의 도리를 저버리는 것이라는 기준을 제시해 주었던 것이다.

이러한 기준들의 상당량이 종교철학에서 나왔다. 예를 들자면 이스라엘 민족을 이끌고 이집트를 탈출해 가나안 복지를 찾아가던 모세(Moses)가 시나이(Sinai) 산에서 하늘이 내려준 십계명(Ten Commandments)을 받았다. 그리고 십계명의 열 가지 계율에 따라 옳고 그름을 따지는 기준으로 삼았다. 즉, 이 계율이 도덕적 정의적 기준이 되었던 것이다.

앞서 말했듯이 철학자는 우리 행정가들이 추구해야 할 최고의 선, 그리고 정의의 기준을 마련해 주는 역할을 한다. 따라서 행정가들은 그 기준을 따르면 되는 것이다. 행정가들이 법과 정책도 만들고 이를 집행 하면서 알게 모르게 철학자의 도움을 받게 되는 것이다.

또한 철학자들은 인간요소의 복잡성, 미묘성을 보다 폭 넓게 인식시켜주어 인간생활자체의 조직적 조건을 충족시켜준다. 우리가 살아가고 있는 세상에서 인간간의 관계가 너무나 복잡하고 미묘하다. 상대편을 위해 한 말이 오히려 상대편이 오해를 하여 마음의 상처를 남기게 되는 경우도 많다. 그럴 때 너무나 큰마음의 상처를 가지게 되고 마음 적으로 많은 어려움을 느끼게 된다. 하늘처럼 믿었던 사람에게 배신을 당할 경우 등도 그러하다.

살아가다 보면 이런 일들을 많이 겪게 된다. 인간관계는 복잡하고 미묘하고 민감하기조차 하다. 철학자들은 이러한 일들을 폭넓게 인식을 시켜 일반인들뿐만 아니라 행정가들이 스스로 범하지 않도록 경계해주는 역할을 해 준다.

공자(孔子)나 맹자(孟子)와 같은 고대 중국의 많은 성현들은 시간의 벽을 뛰어 넘어 우리들에게 이와 관련된 좋은 이야기나 혜안이 담긴 지혜나 경구들을 통해 깨우침을 주고 있다. ‘인간사는 살얼음판과 같이 여리박빙(如履薄氷)이다.’ 또는 ‘자중자애(自重自愛)하라.’ 그리고 ‘경계하고 조심해라. 모든 일이 호사다마(好事多魔)이다.’

이 모든 말씀들이 모두 복잡한 인간관계에 얽혀 들어가지 않도록 하는 경계의 이야기이다. 그리고 이러한 경계의 말들이 우리의 삶을 보다 더 한 단계 격을 높이게 만들고 우리의 삶을 보다 여유롭게 만든다. 이런 의미에서 보아도 철학자들과 이들의 철학 사상들이 우리에게 필요로 되는 것이다.

사실 개인의 가치가 아니라 공적인 가치를 실현시킨다는 것은 매우 어려운 일이다. 그 사회를 구성하는 모든 사람들의 서로 다른 생각들을 수렴하여 합의로 이끌어 내야 하기 때문이다.

복잡하고 미묘하고 어려운 일들을 전체적으로 아우르면서 사회구성원을 행복하게 느끼게 하면서 사회적 합의의 틀 속에 어떤 정책으로 묶어 내야하는 어려운 일들을 해야 하기 때문이다. 이것을 하기 위해선 철학자들이 오랜 사유와 숙고 끝에 도달한 철학적인 지혜가 필요로 되는 것이다.

이외에 철학자들은 각 개인들을 동기화시키고 이러한 관념 발전을 보다 논리화 시키고 명료화 시켜주는데도 큰 역할을 하고 있다고 본다.[20] 역경에 처했을 때 철학자의 한마디가 힘이 되는 경우가 바로 그러한 경우에 해당이 된다고 볼 수 있다.

영국의 낭만주의 시인인 퍼시 셸리(Percy Bysshe Shelley)의 명작(名作) 『서풍(西風)에 부치는 노래』(Ode to the West Wind)에 나오는 '겨울이 깊으면 봄 또한 멀지 않다.'는 말은 좌절한 자들에게 희망과 힘을 주고 포기하지 않게 만든다. 또한 미국의 유명한 문학가 오 헨리(O. Henry)[21]가 쓴 『마지막 잎새』(The Last Leaf)에서도 벽에 붙은 마지막 담쟁이 잎에서 생명에 대한 희망의 끈을 놓지 않는 힘이 읽혀진다.

비록 절망과 좌절의 아픔 속에서도 결코 희망의 끈을 놓지 못하게 하는 강한 동기유인이 이 말 속에 그리고 바람이 불어도 끝까지 떨어지지 않고 담벼락에 붙어있는 마지막 잎새 속에 함축되어 있기 때문이다. 이와 같이 행정가들에게도 철학자들은 강한 동기유인을 부여해 줄 수 있을 것이다.

2) 시드니 후크(Sidney Hook)의 행정 철학 논의 이유

시드니 후크는 '철학적인 기반이 사회문제 또는 공공문제에 커다란 기여를 한다고 전제'를 하고 그 기여하는 측면을 세 가지로 요약정리를 하고 있다.[22] 이를 차례대로 살펴보면 다음과 같다.

첫째, '공공정책결정에서 문제가 된 주제를 보다 광의적인 차원에서 이해하고 그것의 결과뿐만 아니라 동기적인 차원도 고려하며 더불어 도덕성의 기준에서도 평가'[23]를 해주기 때문

---

20) *Ibid.*, pp.221-222.

21) 실명은 윌리엄 시드니 포터(William Sydney Porter)이다.

22) Sidney Hook, *Philosophy and Public Policy* (Carbondale, Ill. : Southern Illinois University Press, 1980), pp.9-15.

23) *Ibid.* ; 이병철, 『행정윤리』 (울산 : 울산대학교 출판부, 2004), 438쪽.

에 철학적 명제는 유용하다는 것이다. 쉽게 말하자면 공공정책결정에서 문제가 된 주제를 폭넓게 이해시켜줄 뿐만 아니라 동기까지 고려하고 도덕적인 평가까지 해준다는 것이다.

실제로 한 나라를 경영하다보면 정치적, 경제적, 사회적, 문화적, 그리고 교육적인 문제들이 발생하기 마련이다. 국가의 입장에서 그리고 정부와 행정의 입장에서 이러한 문제들을 방치해서는 안 된다. 그것은 정부가 해야 할 공공재의 창출이자 공공서비스의 본질이기 때문이다.

공공재와 달리 민간 재는 각 개인들이 자기의 이익이나 손해와 직결된 문제이기 때문에 누가 시키지 않아도 그 문제에 관심을 가지고 풀려고 노력을 한다. 그러나 공공재나 공공의 문제는 어떻게 보면 내 문제가 아니다. 그래서 어느 누구도 골치 아픈 공공의 문제에 관심을 두지를 않으려고 한다. 그러나 골치 아픈 공공의 문제는 발생하기 마련이고 누군가는 이 문제를 해결해야만 한다.

이해의 편의를 위해 한 가지 예를 든다면 국방이나 안보의 문제 등이다. 국방이 제대로 이루어지지 못해서 국가의 안보가 보장이 안 된다고 가정을 하면, 개인의 이익은 모두 의미가 없게 된다. 나라 잃은 백성의 입장과 처지를 생각한다면 쉽게 이해가 될 것이다. 그럼에도 불구하고 많은 사람들은 누군가가 해주겠지 또는 정부가 알아서 해줄 것이라는 안이한 생각을 가지고 국방과 안보라는 공공재에 대해서는 관심을 갖지 않는다.

시민의 발이라고 생각하는 버스의 배차에 대해서도 버스업자는 개인적 이익에 입각해 결정을 하지 공공의 입장 또는 공공의 이익이라는 시각에 대해서는 무관심하다. 어느 누구도 거들떠보지 않는 이 문제를 푸는 것은 결국 정부가 해야 할 몫이다. 국가 전체를 위한 일이라면 중앙정부에서 해야 하고 지방의 일이라면 지방자치단체에서 그 문제를 풀어야 한다.

개인의 좁은 시각에서가 아니라 보다 넓은 사회 전체의 틀 속에서 이해하고 그것이 가져올 결과뿐만 아니라 그 원인이 무엇인지, 그리고 그 동기는 무엇인가에 대해 보다 깊이 있게 설명하고 그에 관한 해결 기반을 제공해 주는 것이 행정 철학이다. 또한 이에 그치지 않고 이 행위가 옳은 것인지 또는 그른 것인지 까지 도덕적으로 평가 해주는 기준을 제시해 주는 것이 바로 행정 철학인 것이다. 이런 맥락에서 목적을 위해 수단방법을 안 가리는 것은 행정 철학이 제시 해 준 이러한 기준에 따라 비난을 받게 되는 것이다. 행정가들은 철학자들에게 이러한 도움을 받게 되는 것이다.

둘째, '문제해결 적 방법론의 정교화에도 공헌한다.'는 것이다.[24] 철학자들이 행정 과정 속에서 야기되는 여러 문제들을 해결할 수 있는 방법론을 정교화 해서 행정의 목적을 달성할 수 있게 해준다는 것이다.

사회문제를 만드는 것도 인간이고 이를 해결 하는 것도 인간이다. 인간의 문제를 다루는 것이 철학이기 때문에 인간사에 얽힌 문제를 푸는 데 있어서도 철학만큼 적합한 학문은 없다는 것이다.

철학자들에 의해 집대성된 철학은 이러한 인간사에 얽힌 문제들을 푸는 좋은 열쇠라는 시각이다. 이런 시각에서 철학이란 문제해결에 접근방법론을 보다 더 정교화 시키고 문제해결

---

24) *Ibid.* ; 이병철, 『행정윤리』 (울산 : 울산대학교 출판부, 2004), 438쪽.

에 접근할 수 있도록 하는 도구로서의 역할을 해줄 수 있다는 것이다.

셋째, '철학적인 안목을 제시해 준다는 것이다.'[25] 이는 철학적인 통찰력을 높이 평가하는 것이다. 이는 철학적인 통찰력을 통해 행정가들이 지혜의 샘을 넓혀 나갈 수 있다는 것을 의미한다. 행정가들은 철학자들의 깊은 철학적 사유와 성찰을 통해 공공정책문제를 바라볼 수 있는 철학적인 안목을 가지게 되는 것이다.

3) 마이클 하몬(Michael M. Harmon)의 행정 철학 논의 이유

마이클 하몬은 '행정학도 응용분야로서 기본적인 도덕적, 윤리적 관심을 경주해야 함을 강조'[26]하고 있다. 직접 인간사회에 뛰어 들어가서 문제를 태클하고 그 문제를 해결해야 하는 학문이기 때문에 도덕적이거나 윤리적인 문제의식을 행정학은 가져야 한다는 것이다. 이 정책이 누구한테 도움이 되고 또 어느 누구에게 손해를 끼치나, 그리고 도덕적 기준을 만족시키는 정책인지 또는 아닌지 등이 그러한 예이다.

이해의 편의를 위해 안락사(euthanasia)[27]에 관한 정책을 예로 들어보자. 불치의 질병이 유발하는 너무나 큰 고통 때문에 환자조차 자기 자신을 죽여주기를 원하는 상황이라고 가정해보자. 이럴 경우 안락사의 한쪽 면만 볼 경우 고통을 줄여주는

---

25) *Ibid.* ; 이병철, 『행정윤리』 (울산 : 울산대학교 출판부, 2004), 438쪽.

26) Michael Harmon, *Action Theory for Public Administration* (New York : Longman Inc., 1981), p.3.

27) 요즈음에는 존엄사(death with dignity)라고도 불리어 진다.

것이 인도적인 것이 아닐까.

그러나 다른 면을 볼 때 악용될 여지가 없지 않아 있다는 것이다. 즉 상속을 노리는 사람도 있을 수 있는 것이다. 이해관계에 따라 합법적으로 죽일 수도 있을 것이다. 결국 이럴 경우 살인을 정당화 시켜주게 되는 것이다.

낙태(Abortion) 역시 마찬가지이다. 모태 안에 있는 태아도 엄연한 생명체인데 다른 인격이 태아의 인격을 대신해서 죽음을 선택할 수 있을까? 이런 것과 관련 된 정책을 결정해야 할 때 도덕적이고 철학적인 논의가 필요로 되는 것이다.

그는 또한 '복잡다기한 현재의 행정현상을 고전 패러다임이 아닌 새로운 가치 준거인 행동이론패러다임(Action Theory Paradigm)으로 보아야 할 것'[28]을 주장하고 있다. 실증주의(empiricism)나 행태주의(behaviorism)에서 이야기하는 행태(behavior)는 객관적으로 보여 지는 것이다.

갓난아이나 동물들은 의사소통의 수단인 언어를 모르기 때문에 소통에 수단으로 몸짓밖에 보여줄 것이 없다. 아이가 울고 있다면 어머니는 셋 중에 하나라고 생각을 할 것이다. 쉬를 했거나 또는 아프거나 그렇지 않다면 배가 고프거나 등이다.

행태적 판단은 엄격히 가치판단이 배제된 것이다. 논리실증주의(logical positivism)에서는 현상을 연구할 때 사실(fact)과 가치(value)를 구분하고 사실만을 분석 및 연구의 대상으로 삼는다.[29] 가치중립(value-free)을 전제로 한다는 말이다. 이러한 입

---

28) *Ibid.* ; 이병철, 『행정윤리』 (울산 : 울산대학교 출판부, 2004), 439쪽.

29) 자신의 스승인 루돌프 카납(Rudolf Carnap) 등으로부터 논리실증주의의 영향을 받은 사이몬(Herbert A. Simon) 역시 현상의 연구에서 사실만 인정하고 가치는 배척한다.

장에서는 가치가 설 자리가 없다. 동물들의 행태분석 역시 가치판단이 배제 된 것이다. 밖으로 들어나는 것만 보고 판단을 한다.

이에 반해 마이클 하몬이 말하는 행동(action)은 가치가 포함되는 것이다. 가치가 내재되어져 있는 밖으로의 행위를 행동이라고 표현한다. 그는 앞에서 언급한 행태주의가 잘못되었다고 지적을 한다. 인간은 주관적인 사고를 가질 수 있는데 그럼에도 불구하고 동물처럼 그러한 주관적인 생각은 의미가 없다고 이해해서는 안 된다는 것이다.

즉 드와이트 왈도(Dwight Waldo)가 주장하는 '내면적인 신조'가 없다고 생각해서는 안 된다는 것이다. 따라서 반드시 가치준거인 행동을 보고 행정현상을 해석해야 한다는 것이다.

이렇게 마이클 하몬이 행동을 중시하는 입장은 실증주의가 그러하듯이 사실만을 중시하고 관찰되는 것만 진리로 받아들이는 것은 문제라는 입장에서이다. 이러한 입장을 취하는 이유는 인간이 프랑스의 철학자 블레즈 파스칼(Blaise Pascal)이 말하듯이 '생각하는 갈대'[30]이기 때문이다. 인간의 생각을 행위에 플러스해서 보는 것을 행태와 구별하기 위해 행동으로 개념규정을 하였다.

또한 그는 '고전경제이론, 공리적 정치철학, 공공선택이론, 합리적 조직이론 등 원자론적 개념을 반대'[31]하였다. 반대를 한 것은 사람의 생각은 모두 다르다는 것에서 연유한다. 100% 사회적 합의는 사실상 불가능하다. 민주사회에선 모든 사람들

---

30) 파스칼(Basil Pascal)은 그의 팡세에서, "인간은 자연 중에서 가장 연약한 갈대에 지나지 않는다. 그렇지만 그는 생각하는 갈대다."라고 했다.

31) *Ibid.* ; 이병철, 『행정윤리』 (울산 : 울산대학교 출판부, 2004), 439쪽.

의 인격과 인권을 존중하면서 사상의 자유를 인정해 주는 선상에서 사회적 합의를 도출해 내야 한다.

제러미 밴덤(Jeremy Bentham)이 주창한 공리주의(utilitarianism)에서 나오는 사상으로 '최대다수의 최대행복'이란 말이 있는데, 이 말에서 우러나오듯이 한 사람이라도 더 많이 선택하는 결정이 정의라는 것이다. 우리 사회에 일반화되어있는 '다수결의 원칙'(Majority rule)이 이것을 의미한다.

그렇다면 정말 공리주의가 정의에 합당한 것일까? 간단하게 표현하자면 그렇지 않다는 것이다. 한명의 수학자의 답이 문외한들의 다수의사보다 더 정답에 가까울 것이다. 정치적으로는 보다 많은 사람들이 동의한 것이 정의가 된다고 보는 그러한 생각에 반대할 수 있어야 한다는 것이다. 대의제적 민주주의(representative democracy)가 가지는 한계를 명확히 직시할 필요가 있는 것이다.

이러한 생각이 힘을 얻는 것은 다수결의 원칙이 항상 옳을 수는 없다는 것이다. 즉 다수결의 오류가 발생한다는 것이다.

역사적으로 보았을 때 천문학자 프톨레마이오스(Claudius Ptolemaeus)에 의해 주도된 천동설(Geocentric model)은 그 당시 많은 사람들에게 지지를 받았다. 시대를 앞서가는 코페르니쿠스(Nicolaus Copernicus)나 갈릴레오 갈릴레이(Galileo Galilei)와 같은 몇 몇 과학자들만이 지동설(heliocentricism)에 믿음을 가지고 이에 대해 이의를 제기했을 뿐이다.

그러나 과학의 발달로 인해 그 당시의 많은 사람들의 생각이 틀리고 그 시대의 이단아들의 생각이 옳았다는 것이 명백히 드러났다.

다음으로 '사회계약이론의 수정을 통해 인간사회 내의 합의를 중시하고 기계론적인 접근을 지양'[32]해야 한다는 것이다. 여기에서 말하는 사회계약(social contract)이란 무엇인가?

더 쉽게 말해 계약은 무엇인가? 법적인 지위가 상호 동등한 관계 속에서 서로가 동의하고 합의할 수 있는 법에 대한 약조가 자유로운 상태로 이루어져야 한다는 것이 계약이다. 역사적으로 이러한 사회계약을 도출해 내기 위해 많은 사람들이 피를 흘렸다.

서구의 역사를 살펴 볼 때 대헌장이라고 일컬어지는 '마그나 카르타'(Magna Carta)가 처음으로 이루어진 사회계약으로 볼 수 있다. 1688년 명예혁명(Glorious Revolution)과 1689년에 권리장전(Bill of Right) 등이 이루어지면서 시민들의 위상이 올라가고 그래서 귀족이나 제왕과 엇비슷한 지위가 이루어졌다. 그 때서야 사회계약의 실질적인 효력이 발생 되었다.

영국과는 달리 이것이 제대로 이루어지지 않은 프랑스에서는 1789년 프랑스 혁명(French Revolution)이 일어났고 이로 인해 왕이었던 루이 16세(Louis XVI)와 왕비였던 마리 앙투아네트(Marie Antoinette) 등을 비롯해 많은 사람들이 형장의 이슬로 사라졌다.

앞에서도 언급을 하였듯이 계약은 법적으로 서로 대등한 입장에서 주고받는 것이다. 왕은 시민의 자유권을 인정해주어야 하고 또한 시민의 생명과 재산을 지켜주어야 한다. 이에 대해 시민은 필요할 경우 자신의 몸과 재산을 왕에게 주어야 한다. 징병과 세금이 이 경우에 해당이 된다. 왕이던 혹은 시민이던 어느 일방이 이것을 파기하면 계약이 해지된다. 국가가 시민

---

32) *Ibid.* ; 『앞의 책』, 439쪽.

의 자유를 인정해주지 않고 탄압을 하거나 또는 제대로 국민의 귀중한 생명과 재산을 지켜주지 못하면 계약을 이행 못하는 것이 된다.

시민들은 계약내용에 따라 이미 이행이 어려운 파탄이 난 계약을 거부할 수 있는 것이다. 시민 또는 국민 저항권의 논리가 바로 이것이다. 그리고 프랑스혁명의 명분과 논리이기도 하다. 계약을 지키지 못한 정부를 바꿀 권리가 있다는 것이다.

동양에서는 맹자(孟子)가 이러한 생각을 가지고 있었다. 그는 왕이 제대로 백성의 삶을 이끌어주고 그들의 뜻을 받들지 못한다면 그러한 왕은 거부될 수 있다는 것이다. 역성혁명(易姓革命)의 논리이기도 하다. 서양과 같이 계약적 개념으로 이해를 한 것은 아니지만 적어도 생각의 바탕은 동일하다고 해석을 할 수 있는 것이다. 그러나 이러한 사회계약도 시대적 상황의 변화에 따라 바꾸어지게 되며, 따라서 수정을 지속적으로 요구받게 되는 것이다.

이런 점에서 존 롤스(John Rawls)의 입장과 일맥상통하는 면이 있다.

'갑'이라는 시민과 '을'이라는 시민이 동등하고 같은 정도의 공공서비스를 제공받는다."는 가정은 이론적으로나 실제적으로는 편할지 모르나 비논리적이고 경험적으로 옳지 않다. 예를 들어 어느 지역을 개발해야 한다고 하자. 커다란 관련 인프라 시설, 편의시설, 그리고 체육시설 등이 들어서야 한다. 그 돈은 누가 내는 것인가. 국민들이 낸 돈 즉 세금이다.

예를 들어 대공원이 들어선다고 해보자. 세금으로 만들었기에 공원은 공공재이며 공공재인 이상 모든 사람이 똑 같은 혜택을 봐야 한다. 그런데 공원이 들어섬으로 해서 공원 주변에 있는 사람들은 그렇지 않은 사람들보다 혜택을 더 많이 보게 된다. 쾌적한 환경개선이 이루어지고 조망 권도 좋아지게 됨으로써 땅값도 올라가게 된다. 이렇게 되면 덩달아 아파트가격 역시 올라가게 된다.

반대로 핵폐기물을 매립하는 핵 쓰레기장이 내 집 앞에 건설이 된다고 가정하면 내가 가장 피해를 보게 된다. 내가 현재 살고 있는 아파트 값도 형편없이 떨어지게 된다. 대공원이 들어선 앞의 경우와 현격한 차이가 날 수 밖에 없게 된다.

이러한 차이가 나는데 있어 가장 핵심적인 문제의 초점은 이익을 본 사람이나 손해를 본 사람이나 자신들은 이러한 이익과 손해발생에 어떠한 일도 하지 않았다는 것이다. 이익을 본 사람이 대공원을 들어서게 하자고 계획을 세우지도 않았고 이러한 계획을 추진하기 위해 자신의 돈을 쓴 것도 아니고 또한 이런 계획을 집행하기 위해 노력한 사람도 아니라는 것이다.

마찬가지로 핵 쓰레기장이 들어서서 손해를 본 사람 역시 스스로 계획을 세우지도 않았고 이러한 계획을 추진하기 위해 자신의 돈을 쓰지도 않았고 이런 계획을 집행하기 위해 노력도 하지 않았다는 것이다.

이들은 똑같이 타인의 행동, 좀 더 현실적으로 이야기를 하자면 정부의 행정활동으로 인해 예기치 않게 쪽박을 차게 되거나 대박을 차게 된 것이다. 이것은 결코 공정한 일이 아니다. 왜냐하면 모든 시민들이 당연히 동등하고 같은 정도의 공공재나 공공서비스를 제공받는다는 가정에 근거를 하지 않고 있기 때문이다.

이러한 가정을 충족시키고 시민들 간의 공정성을 회복하기 위해서는 이들이 긍정적이건 부정적이건 외부경제(externality)

를 통해 본 이익과 손해에 대해서는 정부가 나서서 교통정리를 해 줄 필요가 있는 것이다. 이러한 맥락에서 이익을 본 사람에게서 이익금을 걷어다가 손해를 본 사람에게 보전을 해주는 것이 보다 공정하고 타당한 일이 될 것이다.

이러한 관점에서 볼 때 존 롤스(John Rawls)가 제시한 '차등의 원칙' 또는 '정의의 두 원칙'[33]을 떠올리게 한다. 그리고 이러한 사례는 정책을 만들 때 능률성과 효과성만 고려해서는 안 되는 이유이기도 하다. 또한 형평성이나 민주성 등을 고려해야 하는 이유이기도 하다.

따라서 행정가들은 이러한 정책을 결정하고 집행하고 추진시켜 나가는데 있어서 그리고 그러한 정책들이 가져다주는 단기, 중기 그리고 장기적인 결과에 대해 형평성과 민주성의 차원에서 도덕적이고 가치적인 고민을 해야 한다. 이러한 정책이 시민 '갑'과 시민 '을'을 위해 동등하게 이루어지고 있는지 없는지 그리고 그 결과가 도덕적인지 그렇지 못한지를 고민해야 하는 것이다.

실제 우리가 영위하고 있는 생활의 경험적인 측면에서 볼 때 모든 시민을 공정하게 대하고 있는가에 대해 부정적 인식을 갖게 된다. 그러나 신행정학(New Public Administration)은 이러한 부정적인 사고를 거부하고 능률성, 생산성을 뛰어넘어 인권문제, 대 국민 고객 관, 분배문제, 계층 간 차등과 같은 가치적 문제에 관심을 두고 문제해결에 매진하였다.

어윈 하그로브(Erwin C. Hargrove)가 사업의 성공적 집행을 평

---

33) 존 롤스는 차등의 원칙 또는 정의의 두 원칙에서 사회제도를 통해 가장 손해를 본 사람에게 그 제도를 통해 가장 이득을 본 사람이 손해를 보전해 주는 것과 모든 사람들에게 공정한 기회를 제공하는 것이 정의를 실현하는 방법임을 제시하고 있다.

가하는 것과 의도된 목적을 달성하는 효과성을 평가하는 것 자체를 구별해야 한다고 주장하고 있는 것[34]도 이와 맥을 같이 하는 것이다.

4) 조지 프레데릭슨(H. G. Frederickson)의 행정 철학 논의 이유

조지 프레데릭슨은 '현재의 행정은 과거의 효율성과 경제성 위에 사회적 형평에 대한 고려가 이루어져야 한다고 주장'을 한다. 효율성이나 경제성을 무시하자는 것이 아니라 사회적 형평을 가미하면 금상첨화(錦上添花)가 될 것이란 이야기이다.

모든 사람을 적재적소에 배치를 하면서 그들의 장점은 진작시키고 부족한 부분은 메워주는 그래서 모든 사람들이 고르게 그들이 원하는 목적까지 오르세끔 정부가 노력하는 것을 의미한다. 행정을 통해 우리가 머무르고 있는 현 상태에서 한 단계 더 올라가는 것을 의미한다.

사람마다 타고난 재능이 모두 다르다. 공부는 못하지만 운동을 잘하는 사람이 있고, 운동은 못하지만 공부는 잘하는 사람도 있다. 우리의 얼굴이 각기 다르듯이 재능 역시 사람마다 모두 다른 것이다. 그럼에도 불구하고 한 가지 재능 즉 공부만 잘하는 것을 가지고 경쟁의 기준을 삼고 이것을 통해 모든 것을 평가하려고 하는 것은 문제라는 것이다. 또한 이것은 모든 사람을 고르고 평등하게 대우한다는 가치에도 배치가 된다는 것이다.

---

34) Erwin C. Hargrove, "Implementation", in George H. Frederickson and Charles R. Wise (eds.), *Public Administration and Public Policy* (Lexington : D. C. Heath and Co., 1977), pp.4-6.

모든 사람에게 고르게 기회를 주고 그들이 가진 재능을 백분발휘하게 해서 사회의 각 영역에서 제대로 된 대우를 받을 수 있도록 배려를 하자는 것이 사회적 형평에 대한 생각이다.

좀 더 극단적인 예를 들어보자면 세간에서 비록 천시하는 구두닦이라고 해도 구두만은 누구보다 더 잘 닦는다면, 그게 바로 장인(匠人) 중에 장인인 명장(名匠) 또는 명인(名人) 이다. 독일말로는 마이스터(Meister)라고 하는데, 독일은 이러한 마이스터 제도가 잘 발달되어있을 뿐만 아니라 이들에 대한 대우나 존경심도 상당하다.

칼 하나만을 잘 만들어도 그 분야에서 명장으로 인정을 해주는 독일의 풍토가 과거의 패전국에서 오늘의 풍요로운 독일을 새로이 건설하게 한 원동력이 된 것이 아닌지 새삼 되돌아보게 만든다. 우리나라는 아쉽게도 이런 점이 다소 부족한 듯 싶다. 공부 잘하는 것으로만 그 사람의 모든 것을 평가한다는 것은 고쳐져야 할 것 같다. 행정을 능률성과 생산성만으로 보아서는 안 된다는 생각이 이런 맥락에서 의미를 가진다.

프레데릭슨은 '신행정학은 공직의 윤리적 문제, 사회형평 실현 문제 등에 대해 주 초점을 맞추고 있다.'는 것이다. 공부 잘하는 사람이 교만하고 자기중심적이라면, 도덕적 인 측면에서 문제가 있을 수 있다. 다른 어느 부문보다 높은 도덕성을 요구하는 공직에 대해선 그런 사람들이 공직에 들어오면 문제가 될 수 있다. 물론 능력 있는 사람들이 공직에 들어와야 되지만 윤리적이고 도덕적인 사람이 들어오는 것도 중요하다.

그는 또한 '현대 행정학에서 가장 관심을 끄는 것은 경험적인 것이 아니라 철학적, 규범적, 사변적인 것이다.' 라고 주장을 하였다. 경험적인 것은 사실적인 면을 강조하고 철학적, 규범적인 것은 가치적인 것을 강조하는데 현대 행정학에서는 철학적, 규범적인 것이 중심을 이루어야 한다는 것을 강조한 것이다.

그는 또한 '이러한 것들을 제대로 균형 잡아주는 것이 바로 윤리적 도덕률이다. 바로 이 점이 행정윤리가 행정이나 정책 논의의 중심을 이루어야 하는 이유이고 필요성'이라고 주장을 한다.

이를 이해의 편의를 위해 하나의 예를 가지고 설명을 해 보기로 하자. 자동차가 문명의 이기(利器)라는데 대해 이견을 달 사람은 아무도 없을 것이다. 그러나 술에 만취된 사람이 운전을 하거나 흉악한 범죄인이 자동차를 직접 운전을 하면서 도망치려고 할 때 이미 그 자동차는 문명의 이기가 아니라 문명의 흉기(凶器)로 돌변할 수 있는 것이다.

또한 칼도 마찬가지이다. 어머니의 손에 쥐어진 칼은 음식을 만들기 위한 것이기 때문에 문명의 이기지만 살인의 의도를 가진 살인자의 손에 쥐어진 칼은 문명의 흉기가 된다.

이와 같이 똑 같은 것이라 해도 그것을 누가, 어떻게 사용하느냐에 따라 가치적 판단이 달라진다. 마찬가지로 공직자가 가진 공직도 국민에게 봉사하려고 하는 제대로 된 의식을 가진 자가 공직을 가지고 있으면 문명의 이기가 된다.

그러나 만약 공직을 통해 공직을 사유화하고 공직을 통해 자기 이익을 극대화하려고 하고 다른 사람에게 해악을 끼치고 악용하려고 한다면 그런 공직은 문명의 흉기가 될 수 있다.

중요한 것은 공직자체가 능률적이고 생산적으로 되는 것도 중요하지만 공직에 몸담고 있는 공직자의 올바른 정신, 가치, 그리고 윤리적 도덕률이 올바르게 전제가 되어야 한다는 것이다. 아무리 공직이 능률적이고 생산적이라 해도 공직자가 올바르지 못한 마음을 가지고 공직을 사유화하고 이를 악용하려고 한다면 없느니만 못하다는 것이다.

능률성과 생산성 그리고 올바른 형평성과 민주성 그리고 이러한 것을 올바르게 균형을 맞추어 주는 역할을 하는 윤리적 도덕률이 제대로 기능할 수 있을 때 행정이나 정책은 본래의 의미를 가질 수 있게 되는 것이다. 그런 의미에서 행정윤리가 행정이나 정책논의의 중심을 이루어야 하는 이유이고 필요성이라고 조지 프레데릭슨은 생각하고 있는 듯싶다.

5. 마무리 글

이상으로 행정 철학을 행정학에서 중요한 학문 영역으로 논의를 해야 하는 나름대로의 이유에 대해 살펴보았다. 이를 요약 정리해보면 우선 행정의 여러 부문 중에서 방향을 잘 잡는 것에 해당하는 것이 바로 행정 철학이 담당해야 할 부분이다.

배를 앞으로 나아가게 하기 위해서 노를 젓는 행위는 목적을 이루기 위한 수단과 같은 것이지만, 이와는 달리 방향을 잘 잡아 나간다는 것은 목적을 달성하는 것으로 인간에게 고도의 판단력을 요구하는 것이다. 판단은 물론 사실에 입각하지만 그러한 사실을 어떠한 시각에서 바라보고 또 어떻게 분석을 하여 해석을 하며 그것이 앞으로 가져 올 여러 가지 결과에 대한 나름대로의 예측이 전제가 되어야 가능한 것이다.

이러한 것은 바로 가치판단을 전제로 하는 것이며 이에 바탕을 제공해 줄 수 있는 것이 행정 철학이라고 사료가 된다. 풍부한 행정 철학의 이론과 방법론 그리고 많은 철학적 사유들이 존재를 한다면 이를 기반으로 하는 가치판단은 보다 문제를 해결하는데 있어 다른 어떤 능력보다 더 앞설 수 있을 것이다.

이에 덧붙여 새롭게 창조된 새로운 사회규범이나 관리 철학이 조직의 상호의존성을 놀라울 정도로 증대시키고 있으며, 이를 통해 새로운 문제들을 해결하고 조직의 생산성을 크게 증대시켜 나가고 있다.

그리고 행정의 능률성과 생산성이 중요한 것은 사실이지만 이것이 올바르고 제대로 이루어지기 위해서는 이에 걸 맞는 가치의 창출이 전제가 되어야 하는데 이를 뒷받침 할 수 있는 것이 바로 공공부문에 필요한 철학적 사유의 체계를 구축하는 것이다. 이것이 바로 행정 철학을 우리가 공부하고 연구하고 이를 행정세계나 과정에 적용하려고 하는 커다란 이유가 되는 것이다.

다음으로 공직에 대한 올바르고 투철한 신념과 사명감을 심어주기위해서는 올바른 공직 관을 제시해 줄 수 있어야 되는데 그러기 위해서는 철학적 고민이 필요로 되는 것이다.

그리고 기존의 철학적 사유로는 그리고 이에 입각한 관리 철학으로는 더 이상 급격히 도래하고 있는 세계화로 일컬어지는 세계적 변화의 소용돌이를 헤쳐 나가기 어렵게 되었다는 것이다. 이러한 새로운 변화로는 거대한 문화권, 경제권 간의 접촉과 충돌 그리고 상호 의존 적 조화의 요구, 유일 유한자원을 둘러싼 무한경쟁, 축소지향, 제로 성장, 양극화 문제, 기회의 그릇된 배분, 인권유린 등을 열거할 수 있다.

이러한 행정환경의 새로운 변화가 새로운 가치를 요구하고 있다. 그래서 이제 이러한 세계화의 도전에 올바르게 맞서기 위해선 새로운 패러다임의 철학적 기반이 정립되어야 한다. 이를 위해 많은 사회구성체 간의 철학적 논의가 필요로 되는 것이다.

다음으로 학자들이 말하는 행정 철학의 논의 이유를 살펴보았다. 이를 요약정리해보면 크리스토퍼 하치킨슨은 철학적 아이디어가 행정가에게 보다 나은 문제해결능력을 제고 시켜 준다고 주장하였으며, 시드니 후크는 철학적인 기반이 사회문제 또는 공공문제에 커다란 기여를 한다고 전제를 하고 그 기여하는 측면을 세 가지로 요약정리를 하였다.

첫째, 공공정책결정에서 문제가 된 주제를 보다 광의적인 차원에서 이해하고 그것의 결과뿐만 아니라 동기적인 차원도 고려하며 더불어 도덕성의 기준에서도 평가를 해주기 때문에 철학적 명제는 유용하다는 것이다.

둘째, 문제해결 적 방법론의 정교화에 공헌한다는 것이다. 철학자들이 행정 과정 속에서 야기되는 여러 문제들을 해결할 수 있는 방법론을 정교화 해서 행정의 목적을 달성할 수 있게 해준다는 것이다.

셋째, 철학적인 안목을 제시해 준다는 것이다. 행정가들은 철학자들의 깊은 철학적 사유와 성찰을 통해 공공정책문제를 바라볼 수 있는 철학적인 안목을 가지게 되는 것이다.

마이클 하몬은 행정학도 응용분야로서 도덕적, 윤리적 관심을 경주해야 함을 강조하고 있다. 직접 인간사회에 뛰어 들어가서 문제를 태클하고 그 문제를 해결해야 하는 학문이기 때문에 도덕적이거나 윤리적인 문제의식을 행정학은 가져야 한다는 것이다.

그는 또한 복잡다기한 현재의 행정현상을 고전 패러다임이 아닌 새로운 가치 준거인 행동이론패러다임(Action Theory Paradigm)으로 보아야 할 것을 주장하면서, 고전경제이론, 공리적 정치철학, 공공선택이론, 합리적 조직이론 등 원자론적 개념을 반대하였다.

조지 프레데릭슨은 현재의 행정은 과거의 효율성과 경제성 위에 사회적 형평에 대한 고려가 이루어져야 한다고 주장을 하면서, 신행정학은 공직의 윤리적 문제, 사회형평 실현 문제 등에 대해 주 초점을 맞추고 있다고 하였다.

또한 현대 행정학에서 가장 관심을 끄는 것은 경험적인 것이 아니라 철학적, 규범적, 사변적인 것이라고 주장을 하였다. 그리고 이러한 것들을 제대로 균형 잡아주는 것이 바로 윤리적 도덕률이라고 하면서, 바로 이 점이 행정윤리가 행정이나 정책논의의 중심을 이루어야 하는 이유이고 필요성이라고 주장을 하였다.

이상으로 여러 학자들을 중심으로 하여 행정 철학의 논의의 필요성에 대해 살펴보았는데 이러한 논의는 학자들만이 할 수 있는 것은 아니다. 오히려 행정 철학에 대한 논의는 관련 학자들만이 아니라 공직자 그리고 이에 관심을 가지고 있는 지식인들과 국민, 시민들 사이에서 활발하게 이루어져야 할 것이다.

이러한 논의 과정을 통해 축적된 철학적 이론과 방법론 그리고 철학적 사유와 혜안들은 가치판단을 필요로 하는 행정가들이 정책이나 행정현안들을 해결해 나가는데 있어 중요한 시금석이 되어줄 것이고 문제해결을 위한 등불이 되어줄 수 있을 것이다. 바로 이점이 학자들을 포함한 우리가 행정 철학을 지속적으로 논의를 해 나가야 하는 중요한 이유가 되는 것이다.

제4장

행정의 가치

행정현상을 접하다보면 그 속에 내재되어져 있는 여러 가지 가치들과 미주치게 된다. 오히려 사실처럼 외적으로 명료하게 드러나 있는 것이라면 이해하거나 설명하는데 훨씬 용이할 뿐만 아니라 문제로 제기되었다면 해결을 모색하는데도 훨씬 수월할 것이다.

그러나 가치는 외적으로 명료하게 드러나지도 않고 또 개인이나, 집단, 또는 조직에 따라 서로 다른 얼굴을 하고 있는 관계로 이해나 설명이 매우 어렵다. 또한 이러한 눈에 보이지 않는 서로 다른 가치들이 부딪쳐서 갈등을 만들어 내거나 대립하는 양상을 가지게 되면 문제해결을 위한 노력도 그리 예삿일처럼 쉬운 것이 아니다.

매우 지난하면서도 힘겨운 해결을 위한 노력들이 경주되어져야하고 그러한 과정 속에서 이러한 문제들과 연계된 또 다른 문제들이 예기치 않게 발생할 때는 해결을 포기해야 할 지경에 이르는 경우도 적지 않다.

가치의 이러한 속성은 행정현상이라고 해서 예외는 아니며 행정현상의 어디에서나 흔하게 발견할 수 있는 것이다. 그래서 행정현상을 이해하고 설명하려면 반드시 이러한 행정가치의 본질을 알아야만 되는 것이다.

이곳에서는 이러한 행정가치의 본질을 이해하고 설명하기 위해 우선 가치와 사실의 관계에 대해 논의를 한 다음, 행정에서 가치가 가지는 의미에 대해 살펴보고자 한다. 그 다음에 행정 가치에는 어떠한 것들이 있으며 이들 가치를 대표하는 민주성과 능률성의 반목의 역사는 어떠하였는지 그리고 가치의 다원성과 복잡성에 대해 살펴 본 후, 이러한 다원적이고 복잡한 행정가치 간의 갈등은 어떻게 발생하고 이를 어떻게 해결하는지를 살펴보고자 한다.

그리고 마지막으로 공직자가 가지고 있는 공직에 대한 가치관에 대해 살펴보고자 한다. 이러한 논의 속에서 행정 가치와 연관된 행정 철학 적 함의를 이해시키려고 하는 것이다.

1. 가치와 사실은 무엇인가?

가치(value) 문제를 이야기 할 때 사실(fact)의 문제와 대비되는 것으로 이해를 한다. 가치와 사실을 이원화시키고 이를 구별하는 시각이다. 일찍이 논리실증주의에 영향을 받은 허버트 사이몬(Herbert A. Simon)은 가치와 사실의 영역을 구분하고 행정학의 연구대상은 가치가 아닌 사실의 영역으로 국한되어져야 한다고 주장을 한 바 있다.[1] 이는 행정학을 보다 과학적인

1) Herbert A. Simon, *Administrative Behavior : A Study of Decision- Making Processes in Administrative Organization* (New York : The Free Press, 1947).

학문으로 만들기 위한 노력의 일환으로 이해 할 수 있다.

로버트 달(Robert A. Dahl) 역시 허버트 사이몬의 생각과 같이 행정학의 과학화를 위한 노력을 경주했다. 그는 비교연구를 통해 행정학의 과학화를 꾀해보려고 했다.

그는 행정학이 하나의 독자적인 학문으로 성숙하고 과학적인 학문으로 올바르게 자리 매김 하기 위해서는 법칙이 있어야 하며, 그 법칙은 어떤 규범이나 정치이념에도 초연하고 다양한 인간의 개성이나 특정사회문화권에서도 독립된 보편타당성이 있는 것이어야 된다고 말하였다.[2)]

그리고 특정사회문화권에서 독립된다는 말은 특정국가의 영역과 특수한 역사적 경험에서 탈피한 행정의 원칙과 보편적 법칙의 존재를 의미하며 그러기 위해서는 비교연구가 밑받침이 되어야 한다고 주장하였던 것이다.[3)]

로버트 달의 이러한 생각을 허버트 사이몬이 보다 널리 발전시키면서 행정학이 과학적이고 실증적인 학문이 되기 위해선 연구대상이 사실에 국한되어 엄격한 실증적 검증을 통해 도출되어야만 하고, 또 그렇게 될 수 있을 때 학문적 가치를 갖게 된다는 점을 분명히 하였다. 이러한 관점에서 사이몬이 볼 때 가치의 영역은 당연히 연구대상에서 제외를 시키는 것이다.

이러한 '가치 · 사실 이원론'적 시각에서 접근을 할 때 가치는 사실과 구분되는 것으로서 '해야 하는 것'(oughts)과 '해서는 안 되는 것'(ought not)의 문제로 정의가 될 수 있을 것이다.

---

2) Robert A. Dahl, "The Science of Public Administration", *Public Administration Review*, Vol.7, No.1, (1947)., p.8.

3) *Ibid.*, p.8.

특히 정책분석(policy analysis) 분야나 정책평가(policy evaluation) 분야에서 가치와 사실의 이분법적 사고가 비교적 엄격히 적용되고 있는 경향이 없지 않다.[4] 사실 정책분석은 가치나 윤리와 같은 규범적 개념들을 간과하거나 무시하거나 또는 경시하는 경향이 없지 않았다.

이러한 점을 직시하고 특히 도덕이나 윤리를 연구하는데 있어 실증적 접근을 강조하는 입장에 대해 경종을 울린 학자가 있는데 그가 바로 필립 조스(Philip Jos)이다.

그는 부패활동을 정의하기 위해 법이나 여론 등에 지나치게 의존하는 것은 정치나 정부 또는 공직의 부패를 낳는 활동의 전체범위를 좁게 만들어 그 결과 법적 시각이나 여론에 입각한 실증적 시각을 규범적 적실성의 희생 위에서 실증적 유용성을 갖도록 만든다고 주장하고 있다.[5]

많은 정치학자나 행정학자들은 과학적 설명과 예측이 정책분석이 존재하는 정당성인 반면 가치판단 등을 내포하는 정책옹호나 처방은 그렇지 않다고 주장해 왔는데[6] 이것도 정책분

---

4) 그러한 예로 다음의 책을 참고 할 수 있다. David Nachmias, *Public Policy Evaluation* (New York : St. Martin's Press, 1980), p.2. ; 이에 반해 정책분석에 있어 가치나 윤리의 중요성을 인식하고 보다 균형적이고 올바른 정책분석의 이해와 설명을 위해 가치나 윤리가 중요한 연구영역으로 인정되어야 함을 주장하는 책은 다음과 같다. William N. Dunn, (ed.), *Values, Ethics, and the Practice of Policy Analysis* (Lexington, Mass. : Lexington Books, D.C. Heath and Company, 1983), p.2.

5) Philip Jos, "Empirical Corruption Research : Beside the (Moral) Point?" *Journal of Public Administration Research and Theory*, Vol.2, (1993), p.3.

6) James E. Anderson, *Public Policy-Making* (New York : Praeger, 1975), p.8.; Thomas R. Dye, *Understanding Public Policy*, 3rd ed. (Englewood Cliffs, New Jersey : Prentice-Hall, 1978), pp.7-8. ; Aaron Wildavsky, *Speaking Truth to Power : The Art and Craft of Policy Analysis* (Boston, MA : Little, Brown, 1979). ; William N. Dunn, (ed.), *op. cit.,* (1983), p.2.

석 영역을 가치와는 구별되는 사실의 영역으로 이해를 하고 가치나 윤리와는 일정한 거리를 두고자 하는 의도에서 나온 것으로 추정할 수 있는 것이다.

2. 행정에서 가치가 가지는 의미

의사가 아닌 일반 사람들조차 알고 있는 '히포크라테스 선서'뿐만 아니라 "인생은 짧고 예술은 길다"라는 말을 한 것으로 유명한 고대 그리스의 철학자이며 의학자였던 히포크라테스(Hippocrates)가 '가치판단만큼 어려운 일은 없다'고 단언을 하였듯이, 실제로 인간사에 있어 가치판단만큼 어려운 일은 없는 듯싶다.

왜냐하면 그 만큼 인간사에 내재된 가치가 많고 또 그것들 간에 마치 엉킨 실타래처럼 가치들이 서로 뒤엉켜 얽혀있어 그 실체나 본질을 간단명료하게 무 자르듯이 들여다 볼 수 없기 때문이다.

따라서 가치에 관한 판단과 이에 따른 이해는 매우 높은 고도의 분석력과 높은 혜안 그리고 유기적이고 논리적인 연계추론능력을 갖지 않으면 어려울 수밖에 없는 것이다. 바로 이와 같은 어려움을 가져오는 것이 가치이기는 하지만 그러나 현상의 이해나 설명 그리고 더 나아가 정책판단의 기초가 되기 때문에 이를 간과할 수는 없는 것이다.

따라서 이에 대한 연구가 필요로 되는 것이며 더욱이 인간의 말과 행동에 대한 도덕적 판단을 내리거나 이를 지도하고 그 기준을 제시해야 하는 윤리적 관점이나 철학적 관점에서는 반드시 집고 넘어가야 하는 주제가 되는 것이다.

이러한 맥락에서 해롤드 고트너(Harold F. Gortner)는 가치문제를 이해해야 행정윤리를 이해 할 수 있고 또 윤리상의 문제를 해결할 수 있다고 주장을 하였다.[7)]

3. 행정 가치에는 어떠한 것들이 있으며 민주성과 능률성의 반목의 역사

행정 가치로 드는 것은 능률성, 효과성, 민주성, 공공성, 형평성, 합리성, 합목적성, 합법성, 생산성, 중립성, 대표성, 책임성, 경제성 등 이루 헤아리기 어려울 정도로 다종다양하다. 이러한 가치들은 대개 중복되거나 유사한 뜻으로 사용되기도 하지만 나름대로 행정 가치나 또는 행정이념으로서 차별화 되는 의미를 갖고 있다.[8)]

행정이 궁극적으로 추구해 나가야 할 이상적 가치로서 보는 것이 행정이념이기도 하다. 그래서 행정 가치와 행정이념을 이러한 시각에서 볼 때는 같은 것으로 이해할 수도 있다.

여기에서는 가장 많이 거론되는 행정 가치에 대해 살펴보고자 한다. 이러한 것들로 민주성과 능률성을 들 수 있다.

미국의 행정 역사의 발전과정에서 행정이념 또는 행정 가치의 변모를 고찰해 보면 결국 민주성과 능률성을 증대시키려는 정부적 노력과 이 두 이념 또는 가치 간의 갈등을 완화하고 해소하려는 노력들이 대종을 이루고 있는 것을 보아도 알 수 있

---

7) Harold F. Gortner, "Values and Ethics," in Terry L. Cooper, (ed.), *Handbook of Administrative Ethics* (Marcel Dekker, 1994). ; 오석홍 외 편저, 『행정학의 주요이론』, 제2판 (서울 : 법문사, 2000), 559쪽. ; 이병철, 『행정윤리』 (울산 : 울산대학교 출판부, 2004), 68쪽에서 재인용.

8) 이병철, 『앞의 책』, 88쪽.

는 일이다.

미국 건국의 아버지 중 하나인 알렉산더 해밀턴(Alexander Hamilton)은 미국의 발전을 위해 대통령을 중심으로 한 정부 기능이 보다 강화되어져야 할 것을 주문하였다. 그리고 미국의 미래적 발전 모델은 산업국가로 나가야만 된다고 주장을 하였고 보다 강력한 중앙집권적 연방 체제를 선호하였다.

알렉산더 해밀턴은 강력한 연방체제의 국가를 통해 농업 중심에 머물고 있는 미국을 산업화시켜 유럽의 선진 열강들과 어깨를 나란히 하는 나라로 발전시켜 나가길 원했던 것으로 사료가 된다. 비록 민주성을 다소 훼손시키는 한이 있더라도 능률성을 발휘하여 보다 빠른 발전을 모색하고자 했던 것이 해밀턴의 숨은 마음이 아니었던가 하는 생각이 든다.

그러나 이러한 생각은 당시의 시민적 정서로 보아서는 매우 동떨어진 시각이었을 것이다. 이 당시 시민들의 상당수는 정치권력에 대해 매우 부정적인 시각을 넘어 혐오하고 심지어 증오를 하는 감정들을 가지고 있었다.

이들은 최소국가의 교리가 미국 정치의 현주소로 자리를 잡아야 한다고 생각을 하였고 '최소의 정부가 최적의 정부'(the least government is the best government)라는 슬로건에 찬사를 보내고 있었다. 그들은 토머스 제퍼슨(Thomas Jefferson)이 이야기를 한 '우리는 피로 세습이 되는 군주를 원하지 않듯이 선거를 통해 군림하는 군주도 원하지 않는다.'는 말에 적극적인 지지를 보냈을 것이다.

에드먼드 버크(Edmund Burke)[9]를 비롯한 대부분의 영국인들

---

9) 에드먼드 버크는 피비린내 나는 프랑스 대혁명에 대해 "실로 안타까운 일이다. 영원한 평화를 달성하고자 하는 경솔하고 무모한 생각이 빚은 참극으로 교훈

은 역사의 진보를 위해 국가가 나서야 한다는 프랑스 식 모델에 대해 회의적이었으며, 이러한 시각은 미국의 건국의 아버지들에게 그대로 이어받아 들여졌던 것이다.[10]

미국의 보수파 역사가인 러셀 커크(Russell Kirk)는 프랑스 혁명가들은 인간의 선함에 대한 낙관론을 견지하였으나 미국의 지성인들은 인간의 본성에 대해 죄악에 이끌리기 쉽다고 보는 등 다분히 성악적인 입장에 서있었다고 주장을 하였다. 그래서 이 당시 이러한 미국지성인들의 생각은 건국의 아버지들에게도 영향을 끼쳐 폭력과 사악함을 억제하고 계약에 기초한 세속국가를 세우는 것을 목표로 하게 만들었다고 주장을 하였다.[11]

러셀 커크의 주장처럼 미국의 앵글로색슨인들은 프랑스의 추상적 관념에 빠지는 오류를 피하면서, 인간이 선한 동시에 얼마든지 악할 수 있는 존재라는 극히 현실적인 전제 아래 정치체제를 설계했던 것이다.[12]

그래서 미국의 국부들의 정치사상과 철학이 집대성된 미국헌법은 효과적인 정부 성과를 얻어내고 증진시키는데 있어 없어서는 안 되는 공무, 예산, 행정부, 기획, 심지어는 행정이란 용어 자체가 없는 것이다.[13] 반 국가주의적 정치 환경이 그만

적인 사태"라고 지적했다. 로버트 메리 지음·최원기 옮김, 『모래의 제국』(서울 : 김영사, 2006), 40쪽. ; 이병철, 『행정철학』(부산 : 도서출판 금정, 2012), 145쪽.

10) 로버트 메리 지음·최원기 옮김, 『앞의 책』, 41쪽. ; 이병철, 『앞의 책』, 145-146쪽.

11) Russell Kirk, *The Roots of American Order* (LA Salle, Illinois : Open Court, 1974). ; 로버트 메리 지음·최원기 옮김, 『앞의 책』, 41쪽. ; 이병철, 『앞의 책』, 146쪽.

12) 로버트 메리 지음·최원기 옮김, 『앞의 책』, 41쪽. ; 이병철, 『앞의 책』, 146쪽.

13) Richard J. Stillman, Jr., *Public Administration : Concepts and Cases*, 9th ed. (Boston, MA : Wadsworth, Cengage Learning, 2010), p.17.

큼 팽배해 있었던 것이다.

이와 같이 건국의 아버지들을 비롯해 이 당시의 시민들의 상당수는 유럽에서 싹튼 자유방임주의(Laissez-faire) 적 사상을 지지했고 그렇게 정부가 구성이 되고 운영이 되기를 원했다. 그러한 시민정서에 부합되는 시각은 토머스 제퍼슨의 행정사상이었던 것이다.

제퍼슨은 미국의 발전을 위해 선거를 통해 군림한 군주인 대통령이 아니라 시민들의 주권적 위임체인 의회를 중심으로 한 정부 기능이 보다 강화되어져야 할 것을 주문하였다. 그리고 미국의 미래적 발전 모델은 전원적이고 목가적인 농업국가로 나가야만 된다고 주장을 하였고 보다 헐거운 형태의 지방분권적 주정부 중심 체제를 선호하였다. 물론 이러한 당시의 시류에 편승한 많은 정치 지도자들도 이러한 흐름에 몸을 담았다. 제임스 매디슨(James Madison)도 이 중 한 명이었다.

토머스 제퍼슨은 헐거운 형태의 지방분권 체제의 국가를 통해 전원적이고 목가적인 농업 중심의 국가로 미국을 발전시켜 나가기를 원했던 것은 아마 다음과 같은 이유가 있어서 그랬던 것으로 사료가 된다.

그가 염려했던 것은 탐욕스럽고 부패할 수밖에 없는 정치권력의 중앙 집권화와 유럽 선진 열강들에서 보여주고 있는 황폐하고 메마른 도시들의 병폐가 미국에 만연되는 것이었다. 그는 도시화를 극단적으로 혐오하고 경계하였으며 이러한 도시화는 산업화의 산물이라 보고 산업화의 길에 대해 매우 부정적인 생각을 가지고 있었다. 그는 탐욕스러울 뿐만 아니라 부패할 수밖에 없는 정치권력과는 일정한 거리를 유지하는, 평화롭고 전원적이고 목가적인 삶이 지배하는 미래의 미국을 꿈꾸고 있었던 것이다.

이런 시각에서 보자면 토머스 제퍼슨은 알렉산더 해밀턴과 달리 비록 능률성을 다소 훼손시키는 한이 있더라도 민주성을 발휘하여 평화롭고 목가적이고 전원적인 주민 또는 시민중심의 이상적 민주국가를 모색하고자 했던 것이 제퍼슨의 숨은 마음이 아니었던가 하는 생각이 든다.

물론 당시의 많은 시민들이 이러한 생각에 동조를 하였다. 제퍼슨의 행정사상은 자유방임적 사고와도 너무나 일치되는 것이었고 최소국가의 교리와도 부합되는 것이었다. 더군다나 정치권력에 대해 부정적인 그들에게는 너무나 딱 맞는 맞춤형 정치모델이었던 것이다.

알렉산더 해밀턴이 주장했던 대통령을 중심으로 한 중앙집권적 연방체제와 산업국가로의 발전모델은 건국초기부터 20세기 초반에 이르기까지 상당한 기간 동안 토머스 제퍼슨의 의회를 중심으로 한 지방분권적 주정부 중심체제와 농업국가로의 발전모델에게 밀려나서 짓눌려 있어야 하였다.

이러한 관점에서 볼 때 알렉산더 해밀턴의 모델이 지향한 행정가치 또는 행정이념은 능률성을 강조하는 것으로 볼 수 있고 토머스 제퍼슨의 모델이 지향한 것은 민주성을 강조한 것으로 이해할 수 있다.

그러나 20세기로 들어서면서 시대적 상황에는 변화가 닥쳐왔다. 예기치도 않은 경제공황이 미국 전역을 강타하게 되는 것이다. 시장의 기능은 사실상 정지하였고 이로 인한 부정적 여파가 미국 경제를 위태롭게 하였다. 더 이상 자유방임적인 시장적 접근으로는 문제의 해결이 난망한 상황에까지 이르게 되었던 것이다.

어려운 상황에 직면한 시민들은 새로운 돌파구를 원했고 이로 인해 최소국가의 교리를 포기해야 하는 선택을 맞이하게 되는 것이다. 그들은 적극적인 정부개입을 통한 공황타개책을 들고 나온 프랭클린 루스벨트(Franklin Roosevelt)를 지지하였고 시장에 대한 정부의 개입을 용인할 수밖에 없었다. 그들에게는 내키는 일은 아니었지만 선택의 여지가 별로 없었던 것이다.

대통령이 된 프랭클린 루스벨트는 적극적인 정부관을 통해 경제공황을 타개하기 위한 뉴딜정책(New Deal policy)을 펼쳐나갔고 이를 수행하기 위한 다양한 정부기관과 기구 그리고 위원회 들이 만들어졌으며 이로 인해 폴 라이트(Paul Light)가 지적하였듯이 마치 마천루가 하늘을 찌르듯이 높아가듯 정부의 비대와 팽창도 하늘을 찌르듯 높아만 갔다.

1936년에 결성된 '대통령을 위한 행정관리위원회'도 이러한 흐름에 일조를 하였다. 루더 규릭(Luther Gulick) 등이 맹활약을 펼친 이 위원회는 연방대통령의 권한을 강화시키는 많은 조치들을 건의하였고 정부개입을 위한 당위성을 여러 차원에서 제공을 하였다.

이제 정부나 행정은 지금까지의 자유방임적이고 최소국가적인 교리에서 벗어나 정부 개입적이고 능률지상주의적인 최대국가적인 교리로 갈아타는 입장의 변화가 나타났던 것이다. 아마 이러한 상황변화를 지하에서 제퍼슨과 그의 추종자들이 지켜보았다면 놀라서 대성통곡을 하지 않았을까하는 생각도 해 볼 수 있을 것이다.

이어 발발한 제2차 세계대전과 미국의 전쟁개입을 촉발한 일본 제국주의세력의 진주만 기습공격은 더욱 정부의 개입을 증대시켰고 미국 역시 행정국가화의 길을 걷도록 궤도수정을 가하는 계기가 되었던 것이다.

이제 민주성보다는 능률성이 더욱 중시되는 상황의 반전이 이루어지는 20세기를 맞이하게 되었던 것이다.

이와 같이 미국의 행정이념 또는 행정사상의 발전과정을 살펴보면 민주성과 능률성의 충돌과 갈등과정을 적나라하게 볼 수 있을 뿐만 아니라 이의 극적인 역전과정도 목격할 수 있다. 그리고 이러한 과정들이 어떻게 해소되어 결국 미국의 국익을 위해 기여하는가 하는 것도 엿볼 수 있는 것이다. 현재도 민주성과 능률성의 갈등은 지속되고 있으며 이러한 흐름은 앞으로도 계속되어 질 것으로 사료가 되는 것이다.

4. 가치의 다원성과 복잡성

가치의 문제에 대한 이해를 돕기 위해 하나의 예를 들어보자. 예로부터 인간은 지혜롭고 현명하기에 '만물의 영장'이라 불려졌다. 이를 좀 더 과장하여 표현한 말로는 인간의 몸은 동물의 세계에 머물러있고 정신은 신(神)의 영역에 있다는 비유도 있다.

비록 생리적 측면에서는 동물의 속성을 그대로 가지고 있지만 자아실현(自我實現)[14]과 같은 높은 가치적 행위에 있어서는

---

14) 매슬로우(Abraham H. Maslow)는 인간의 욕구를 크게 다섯 가지로 규정하고 있다. 생리적 욕구, 안전에 대한 욕구, 귀속감에 대한 욕구, 명예에 대한 욕구, 그리고 자아실현에 대한 욕구(self actualization need)가 그것이다. 그는 이러한 욕구 간에는 나름대로 단계가 있다고 주장하고 가장 낮은 욕구가 생리적 욕구이며 이것이 충족되면 한 단계씩 욕구가 뛰어 올라가게 된다는 것이다. 생리적 욕구가 충족되면 그 다음으로 안전에 대한 욕구의 충족이 그리고 이것이 충족이 되면 귀속감에 대한 욕구 등으로 계속 욕구가 위 단계로 올라가게 된다는 것이다. 그는 가장 높은 욕구단계를 자아실현의 단계로 보고 있다. 이

신과 견줄만한 속성을 가지고 있음을 빗대어 표현한 것으로 이해 할 수 있을 것이다.

또한 동물적인 감정적 성정을 표현한 악과 신과 같은 이성적 성정을 표현한 선의 양면성이 분명히 인간의 내부에 자리잡고 있는 것이다.

새뮤얼 헌팅턴(Samuel P. Huntington)은 인간이 이성적이고, 관용적이며, 창의적이고, 현명하게 행동할 때가 있다고 인정한다. 하지만 그와 동시에 인간이 어리석고, 이기적이고, 잔인하고, 사악한 존재라는 점을 잊지 말아야 한다고 주장을 한다. 인간이 가지고 있는 야누스(Janus) 적인 두 얼굴 즉, 양면성을 정확히 지적하고 있는 주장으로 받아들여진다. 그는 “인간이 금단의 열매를 따먹음으로써 역사가 시작된 이래 이 선과 악의 갈등은 인간 본성 그 자체가 되었나”고 주장을 하였다.[15]

어쨌든 그러한 인간이기에 이성적인 측면에서 인간은 합리적 사고를 하고 합리적 행위를 한다고 가정 지워진다. 인간은 자기에게 가해지는 그리고 지불해야하는 고통과 비용은 최소화하려 하고 이에 반해 자기에게 주어지는 쾌락과 편익을 최대화하려고 노력한다는 가정 속에서 인간의 행동과 가치판단을 설명하고자 하는 것이다.

욕구는 동물들의 세계에서는 볼 수 없는 인간만이 가질 수 있는 최상의 욕구를 의미한다. 자아실현의 욕구를 충족키 위해 그 보다 아래 단계에 있는 욕구는 기꺼이 포기될 수도 있다 한다. 이러한 매슬로우의 이론체계를 ‘욕구의 계층제'(hierarchy of need) 이론이라 한다.

Abraham H. Maslow, *Motivation and Personality* (New York : Harper & Row Publishers, 1954). ; Paul Hersey & Kenneth H. Blanchard, *Management of Organizational Behavior : Utilizing Human Resources*, 4th ed. (Englewood Cliffs, New Jersey : Prentice-Hall, Inc., 1982), pp.26-40.

15) 로버트 메리 지음·최원기 옮김, 『모래의 제국』 (서울 : 김영사, 2006), 81쪽.

이러한 합리적 가치판단과 행동을 하는 가장 대표적인 사람들 중 하나가 바로 경제학자일 것이다. 경제학의 기반이 되는 '시장의 원리' 자체가 합리성을 전제로 해서 존재하기 때문이다.

예를 들어 어떤 물건을 팔려고(공급) 하는 자가 많고 이를 사려고(수요) 하는 자가 적으면 자연히 그 물건의 가격은 떨어질 것이다. 왜냐하면 인간은 합리적으로 사고하고 행동하기 때문에 시장에 자기가 원하는 물건이 많이 나와 있으면 구태여 비싸게 부르는 사람에게서 물건을 사지 않을 것이고 가장 싼 가격으로 물건을 팔려는 자에게서 물건을 사게 될 것이기 때문이다. 그래야 사는 자는 가장 적은 비용으로 가장 큰 편익을 볼 수 있기 때문이다.

그리고 파는 사람의 입장에서도 아무리 높은 가격으로 팔고 싶어도 팔려고 하는 자가 내 놓은 가격으로는 사는 사람이 없을 것이기 때문에 결국 그는 사고자 하는 사람이 부르는 가격에 물건을 팔수 밖에 없는 것이다. 그 물건을 가지고 있어보았자 관리하는 비용만 계속 증가하고 시장에 그러한 물건이 계속 쏟아져 나오는 상황이므로 더 가격이 하락될 것을 예상할 수 있기 때문이다.

이러한 합리적 사고와 행동이 시장이라는 거대하면서도 효율적인 자원배분구조를 가능케 하는 것이다. 이를 연구하는 것이 경제학자라면 그 또한 합리적인 사고와 행동을 하지 않겠는가? 이러한 맥락에서 합리적 가치판단과 행동을 하는 가장 대표적인 사람들 중 하나로 경제학자를 꼽은 것이다.

그러나 그러한 경제학자들 역시 결코 다시 올 것 같지 않은 여행 중에 들린 식당에서 어김없이 팁(봉사료)을 놓고 나온다. 아마 팁을 놓고 나온 경제학자는 다시 그 식당에 들리지 않을

지도 모른다. 그럼에도 불구하고 그는 팁을 놓고 나온다.

왜 합리적인 경제학자가 어떻게 보면 합리적이지 않은 행동을 하였을까? 이에 대해 어떤 학자는 도덕적 양심(moral sentiments) 때문이라고 하고 또 다른 학자는 습관(habit)때문이라고 주장을 한다.[16)]

메리 제이(Mary Zey)는 '합리적 선택모형'(rational choice model)이 순수자본주의적 전제에서만 의미를 가지는 경제적 은유에 기초한 일원적 모형에 불과하다고 비판하면서 의사결정은 경제학자가 팁을 놓고 나오는 것처럼 비경제적인 여타의 사회적 상황이나 여건(social context)에 크게 의존한다고 주장하고 있다.

이 말이 의미하는 바는 앞선 합리성이란 개념으로 설명할 수 없는 다른 그 어떤 것이 의사결정을 하게 만드는 중요한 동기가 된다는 것이나. 바로 이것을 다른 말로 가치라고 표현 할 수 있을 것이다.

허버트 사이몬(Herbert A. Simon)도 사람들이 '수인(囚人)의 딜레마' (prisoner's dilemma)상태에 빠질 경우 합리적인 선택이 아닌 다른 선택을 하는 경향이 농후하며 특히 우리가 직면하는 일이 언어에 의해 많은 영향을 받고 있다는 점을 지적하고 있다.

예를 들어 수술을 하면 80%의 생존율을 갖는다는 말이 그 수술로 인해 20%의 사망률을 갖는다는 말보다 많은 사람들에게 더 선호되는 점을 고려한다면 이 의미를 보다 쉽게 이해 할 수 있을 것이다. 생사기로에 놓인 사람이나 그 가족들에겐 사

---

16) 앞선 주장은 로버트 프랭크(Robert Frank)에 의한 것이고 뒤의 주장은 찰스 카믹(Charles Kamic)에 의한 것이다. Ulf Zimmermann, "Beyond Rational Choice", *Public Administration Review*, Vol.56, No.2, (March/April 1996). ; Mary Zey (ed.), *Decision Making : Alternatives to Rational Choice Models* (Newbury Park, CA : Sage, 1992).

망보다는 생존에 대한 희망이 더욱 큰 가치를 갖게 되기 때문이다.

또한 아미타이 에치오니(Amitai Etzioni) 역시 경제적 동기에 의해 이루어지는 절도나 강도 등과 같은 범죄도 실제로는 규범적 감성에 의해 지배가 된다고 주장을 하고 있다.

잭 카츠(Jack Katz)도 정크본드(junk bond)[17]의 귀재(鬼才)인 마이클 밀켄(Michael Milken) 등이 저지른 월스트리트(Wall-street) 금융관련 범죄는 사기나 절도 또는 강도 등과 같은 일반 길거리 범죄와 현격히 다르게 경제적인 동기나 필요보다는 자신들이 세운 기록을 유지하기 위해서나 혹은 그 기록을 놀랍도록 경신하기 위해 자행된다고 주장을 하였다.

이러한 여러 주장들이 의미하는바 는 합리적 선택모형에서 보여주듯이 가치라고 하는 것은 일원적 일 수 없으며 그때그때의 사회적 상황이나 여건에 따라 여러 가치들이 유기적으로 서로 어우러져 나타나 의사결정을 내리게 만든다는 점이다.

따라서 일원적인 잣대를 가지고 이러한 가치를 재고 예단하려고 하는 것은 어떻게 보면 매우 무모한 일이 될 것이다. 가치가 지니고 있는 다원성과 복잡성을 충분히 이해하고 이에 맞추어 접근을 하는 지혜가 필요로 되는 것도 바로 이러한 이유에서이다.

---

17) 1970년대 미국 정크본드 시장의 대부로 불리며 많은 돈을 벌었던 밀켄이 하위 등급 채권을 '정크'(junk)라고 부른 데서 유래되었으며, 정크란 '쓰레기'를 뜻하는 말로 직역하면 '쓰레기 같은 채권'이다. 일반적으로 기업의 신용등급이 아주 낮아 회사채 발행이 불가능한 기업이 발행하는 회사채로 '고수익채권' 또는 '열등채'라고도 부른다. 신용도가 낮은 기업이 발행한 채권으로 원리금 상환에 대한 불이행 위험이 큰 만큼 이자가 높기 때문에 중요한 투자 대상이 된다.

5. 행정 가치 간의 갈등

앞에서도 이미 언급을 하였듯이 다종다양한 행정 가치들이 서로 복잡하게 얽혀있는 관계로 행정 가치 간에 충돌과 갈등이 발생하게 된다. 어떻게 보면 이것은 행정 가치가 가지고 있는 특성상 불가피한 일이라 말 할 수 있다.

행정 가치는 본질적인 특성이 있는데 그것이 바로 주관성이라고 하는 것이다. 바로 이러한 행정가치가 가지고 있는 주관성에 의해 행정가치 간의 갈등이 유발되는 것이다. 주관성은 모든 가치를 객관적으로 비교할 수 있는 기준이 결여될 수밖에 없기 때문에 비롯되는 문제이기도 한 것이다.

> "사람들이 자신이 주장하는 가치의 정당성은 주관성을 가지고 있으므로, 어느 가치가 절대적으로 정당성을 가진다라고 주장하기 어렵다. 각각의 가치의 기준이 각각 다르기 때문이다."[18]

사람들은 각자 자기 나름대로의 주관적 편견(subjective bias)을 가지고 있다. 예를 들어 세 사람이 직육면체를 관찰하고 있다고 하자. 한 사람은 직육면체의 상 방향에서 이를 관찰한다고 가정한다면 그가 볼 수 있는 것은 직육면체가 아니라 정사각형일 것이다. 그는 그 위치에서 정확히 자기 앞에 펼쳐진 직육면체라는 현상을 보고 있는 것이다.

다른 한 사람은 직육면체의 옆 방향에서 이를 관찰한다고 가정한다면 그가 볼 수 있는 것은 직육면체가 아니라 직사각형일 것이다. 앞서 언급한 사람과 마찬가지로 그는 그 위치에

18) 한국국정관리학회, 『새내기를 위한 행정학』(서울 : 대영문화사, 2014), 67쪽.

서 정확히 자기 앞에 펼쳐진 현상을 보고 있는 것이다.

마지막으로 세 번째 사람은 직육면체를 비스듬히 빗겨진 방향에서 이를 관찰한다고 가정한다면 그가 볼 수 있는 것은 정사각형도 아니고 직사각형도 아닌 비로소 직육면체가 되는 것이다.

이럴 경우 세 사람은 자신들이 관찰한 결과를 놓고 서로 열띤 논쟁을 벌일 것이다. 한 사람은 자기가 본 것이 정사각형이 틀림없이 맞는다고 하고 다른 한 사람은 무슨 소리냐 분명히 직사각형이 맞는다고 할 것이다. 물론 세 번째로 본 사람은 직육면체가 맞는다고 주장을 할 것이다.

우리는 이에 대한 답을 이미 알고 있다. 직육면체가 정답이다. 그러나 두 사람은 자신이 두 눈으로 직접 관찰한 결과를 확고히 믿고 다른 사람이 틀렸다는 신념으로 자신의 주장을 끝까지 관찰시키려고 할 것이다.

바로 이와 같은 예에서 알 수 있듯이 관찰 대상이 된 직육면체라는 현상은 불변으로 존재하고 있지만 이것을 관찰하고 해석하는 입장은 그 사람이 가지고 있는 생각이나 경험 그리고 그가 처해 있는 입장이나 처지 등에 의해 얼마든지 다르게 인식이 될 수 있다는 것이다.

이러한 것을 주관적 편견이라고 하는데 인간이 본질적으로 불완전한 존재이기 때문에 숙명적으로 가질 수밖에 없는 인식상의 한계라고 볼 수 있는 것이다.

이와 같이 주관적 편견이 존재함으로 수평적인 비교는 사실상 불가능하다. 서로의 인식의 차이가 현격한 이상 합일점을 도출하는 것도 어렵다. 특히 사회적 현상이란 복잡다기한 여러 가치 간의 결합이고 이것이 서로 뒤엉켜있는 관계로 무 자르듯 명쾌하게 이것은 검은 것이고 저것은 흰 것이라고 구분 지을 수도 없는 것이다.

바로 여기에 가치 간의 갈등이 존재하고 있는 것이며, 그래서 가치 간의 갈등은 피할 수 없는 것이라 이야기를 하는 것이다. 이것은 행정 가치에도 예외 없이 그대로 적용이 된다. 다양한 행정가치 간의 갈등은 이러한 주관적 편견에 의해 발생할 수밖에 없는 것이다.

앞서 언급을 했던 민주성과 능률성의 갈등도 이러한 맥락에서 살펴보면 쉽게 이해를 할 수 있을 것이다. 행정 가치간의 갈등의 예는 우리 주변에서 얼마든지 찾아 볼 수 있다.

만약 어떤 공무원이 민원인을 맞이하여 민원을 해결하려고 할 때 그가 문제가 된 민원에 대해 잘 이해를 못하고 그리하여 계속 문제의 본실이나 핵심을 잡아내지 못하고 시간과 비용을 계속 증대시켜 나간다면 그는 결국 이 민원문제해결에서 매우 비능률적인 접근을 하게 되는 것이다.[19]

이럴 경우 그는 법적으로야 문제가 없겠지만 능률성이란 관점에서 볼 때 공무원으로서 마땅히 해야 할 도리를 제대로 하고 있지 못하다는 도덕적 비난을 받기에는 충분 할 것이다.[20]

또한 해당 공무원이 민원문제의 법적 측면에 무지하여 법을 잘못해석하고 잘못 집행하여 문제를 발생시킨다면 도덕적인 문제뿐만 아니라 법적인 측면에서도 합법성이란 행정 가치를 구현시키지 못했기 때문에 도덕적 비난을 면키는 어려울 것이다.[21]

최근에 제기되고 있는 기초지방선거 정당 공천 폐지와 관련

19) 이병철, 『행정윤리』 (울산 : 울산대학교 출판부, 2004), 89쪽.

20) 『앞의 책』, 89쪽.

21) 『앞의 책』, 89쪽.

된 정치적 이슈가 민주성과 능률성의 갈등을 잘 나타내주는 사례가 될 수 있다.

제18대 대선에서 새누리당과 민주당 양당은 '기초지방선거 정당 공천 폐지'를 정치 쇄신 공약으로 채택을 한 바 있다. 기초지방선거에서 단체장과 의회의원에 대한 정당 공천 폐지 논의는 지난 20여 년 간 계속되어 왔으나 여러 정치적 이해관계 등에 의해 지금까지 지속되어 오고 있는 난제이다.

새누리당의 '정치쇄신특별위원회'와 민주당의 '기초자치선거 정당공천제 찬반검토위원회'가 기초지방선거 정당공천 폐지 방침을 굳히는 쪽으로 이를 추진 시켜 나갔고, 전국시장·군수·구청장협의회에서도 이러한 움직임에 환영의사를 밝힌 바 있다.

그러나 이러한 움직임에 반하여 정당공천 폐지는 헌법에 명시한 비례대표제를 부정 할뿐만 아니라 기초선거에서만 정당공천을 금지하는 건 헌법상 정치적 표현의 자유 등을 침해해 위헌(違憲)[22] 소지가 있을 뿐만 아니라, 정치적 다양성이나 소수자 정치참여 등을 배제하는 것이라 정치혁신이나 새 정치의 화두와도 거리가 멀다는 폐지에 대한 부정적 시각도 없지 않았다.[23]

그러면 정당공천을 폐지할 경우 갖게 될 장점과 단점은 무엇일까 살펴 볼 필요가 있다. 우선 기초선거 정당공천제는 지

---

22) 헌법재판소가 2003년 "기초의원 후보자의 정당 표방을 금지한 것은 위헌"이라고 결정하기도 했다.
http://news.chosun.com/site/data/html_dir/2013/07/05/2013070503160.html?editorial

23) 참고적으로 미국의 경우 지방선거에서의 정당공천 허용 여부는 지방정부(local government)에서 정하고 있다. 전체 지방정부의 4분의 3정도에서 정당공천을 금지(non-partisan election)하고 있다.

방정치를 중앙정치에 예속시켜 풀뿌리 지방자치의 기본 정신을 훼손해왔다는 시각이 있는데 폐지 될 경우 이러한 우려는 사라질 것이다.

정당공천을 받아 당선된 지방정치인은 주민의 대표이기 이전에 정당대표 내지 공천권을 가진 지역구 국회의원의 대표가 된다는 비아냥거림도 더 이상 의미를 갖지 못하게 될 것이다.

그러나 정당공천 폐지 시 비공식적으로 이뤄지는 '내천(內薦)' 과정에서 지역의 토호세력을 중심으로 더 많은 부정과 비리가 발생할 수도 있을 뿐만 아니라[24], 선거에서 이들에게 더 유리할 수 있다는 우려가 나오고 있다.[25]

또한 여성[26]뿐만 아니라 군소정당의 후보, 청년, 장애인과 같은 정치적 소수자나 정치 신인들의 당선이 더 어렵게 될 것이

24) 정당공천이 돈과 지역 기반은 없어도 능력이 있는 사람들이 지역 공직을 맡을 수 있는 창구 역할을 한 것도 사실이다. 이 기능이 퇴색되면 상대적으로 지역 토호(土豪) 세력들이 기초단체장이나 의원이 돼 지역을 자신들의 '소(小)왕"으로 만들어 온갖 부정과 비리를 일으킬 가능성이 커질 수도 있다.
http://news.chosun.com/site/data/html_dir/2013/07/05/2013070503160.html?editorial

25) 정당 소속 없는 후보들이 학연 · 지연 · 혈연으로 얽힌 사조직들을 동원하고 돈을 풀어 탈법·불법 선거운동을 할 여지 또한 많아진다. 또한 정당 공천이 없어지면 후보들을 제대로 알 수 없는 유권자들이 대거 기권할 수도 있다.
http://news.chosun.com/site/data/html_dir/2013/07/05/2013070503160.html?editorial

26) 양당은 공천 폐지에 따른 부작용을 줄이기 위한 방안도 제시했다. 특히 공천을 폐지할 경우 여성들의 당선 가능성이 떨어진다고 보고 '할당제'를 하자고 했다. 이런 예측을 한 것은 2002년 2.2%였던 여성 기초의원 숫자가 2006년 기초선거 정당 공천이 허용된 뒤 늘어나기 시작해 2010년 선거에선 20%를 넘어섰던 통계자료에 근거를 한다.
http://news.chosun.com/site/data/html_dir/2013/07/05/2013070503160.html?editorial
; 기초선거의 정당공천이 분명히 여성들의 당선 가능성을 높여주었던 것이다. 이에 따라 새누리당은 비례대표 의원 정수를 전체의 3분의 1로 상향 조정하고, 이 가운데 50% 이상을 여성으로 추천하도록 했다. 민주당도 정원의 20%를 여성으로 선출하는 '여성명부제'를 도입하자고 제안했다. 1표는 지역구에, 다른 1표는 여성명부에 던지는 방식의 투표다.

라는 우려의 목소리도 없지 않다.

그래서 일부에서는 중앙정치예속이나 공천을 둘러싼 부정부패 문제는 지방정치 활성화 및 공천과정 투명화를 통해 해결해 나가야 한다면서 기존의 정당공천제를 폐지하는데 반대를 하는 입장도 있다.

결국 이러한 갈등은 크게는 지방자치와 작게는 단체장이나 지방의회의원의 공천과 관련되어 민주성을 더욱 중요한 가치로 인식하고 있는지 그렇지 않으면 능률성을 더욱 중요한 가치로 인식을 하고 있는지에 따라 다르게 나타나게 되는 것이다.

민주성을 더욱 중요한 가치로 인식을 하고 있는 입장은 지방자치의 본래 취지에 맞게 공천권을 행사하는 것처럼 중앙정부가 지방정부의 일에 간여해서는 안 된다는 것이고, 능률성을 더욱 중요한 가치로 인식을 하고 있는 입장은 국가전체의 입장에서 중앙정부가 체계적으로 지방정부를 관리해 나갈 때 지방정부의 효율성이 증대될 것이므로 지방정부에 대한 간여는 필요악(necessary evil)이라고 보는 것이다.

이렇게 서로 상반된 두 입장이 첨예하게 대치하고 있는 것이 현재의 정치현실이다. 내년 6·4 지방선거를 앞두고 있는 요즈음 들려오는 이야기로는 양 당이 기초지방선거 정당 공천을 유지하는 쪽으로 가닥을 잡아가는 것 같기도 하고 그와는 반대로 어느 당이건 자신의 정치적 이해관계에 따라 정당 공천을 유지하는 쪽으로 나가거나 반대로 공천을 폐지하는 쪽으로 나갈 것처럼 보인다. 물론 이러한 접근방향의 차이가 가져다 줄 문제들을 다른 방식을 통해 보완을 하는 방식도 구사할 수 있을 것이다.

어쨌든 이러한 민주성이라는 가치를 확보하기 위한 지난한 노력이 정치권을 중심으로 해서 일어나고 있다. 이러한 민주적 통치방식이 경제학자들의 기준에서 볼 때 매우 비효율적으로 보일지 모르겠다. 또한 합리적으로 보이지 않을지도 모르겠다.

그러나 다른 입장에서 보는 자들은 이러한 민주성이라는 가치의 추구는 본질적으로는 선하며(essential benign) 또한 공정(fundamentally fair)하다고 믿고 있는 것이다. 합리적인 경제학자들과는 달리 대부분의 정치학자들은 이러한 민주적 방식이 겉으로 보기에는 매우 비능률적이고 비효과적인 것으로 비추어지지만 실상은 사회 전반의 정의(justice)와 형평성(equity)을 결과할 것으로 본다는 점이다.[27]

6. 행정가치 간의 갈등을 어떻게 해결할 것인가?

이렇게 첨예하게 대립각을 서로 세우고 있는 행정가치 간의 갈등을 그러면 어떻게 해결해 나가야 할 것인가 하는 문제가 중요한 논제로 제기가 된다. 풀리지 않을 문제라고 해서 포기를 할 수도 없는 것이고 그렇다고 명쾌하게 해답을 던져줄 것이라고 기대하기에도 많은 어려움이 있는 논제 중의 하나이다.

그러나 가치 갈등을 해결해야 한다면 우선 가치의 다양성과 다원성을 인정하는 열린 마음을 가져야 할 것이다. 꽉 닫힌 마음으로는 가치의 갈등을 해결할 수 없기 때문이다.

> "이러한 가치 갈등을 조정하기 위해서는 가치의 다양성과 다원성을 인정하는 열린 마음의 자세가 우선되어야 한다. 자신의

27) 이종수, 『한국 행정의 이해』 (서울 : 도서출판 대영문화사, 2013), 24쪽.

가치만을 완벽하고 정당하다고 주장하는 폐쇄된 마음의 자세로는 가치의 갈등을 조절하거나 치유할 수 없기 때문이다."[28]

너와 내가 서로 다르다는 것을 인정하는 열린 마음이 필요로 되는 것이다. 가치 판단이나 가치의 갈등 해결은 옳고 그름이라는 것이 없다. 가치 자체가 다양하고 다원적이기 때문에 하나의 정답을 찾기도 어려울 뿐만 아니라 상황이나 여건 또는 처지에 따라 얼마든지 정답이 여러 개 나올 수 있기 때문이다.

따라서 가치 갈등 해결을 위해서는 항상 열린 마음을 가지고 다른 사람의 가치를 이해하고 이에 귀 기울일 수 있는 마음의 자세가 필요하다. 그리고 역지사지(易地思之)적 입장에서 다른 사람과 소통을 통해 서로의 마음을 상호 교환해 나갈 수 있어야 한다.

그리고 차이점이 있다면 그것을 솔직히 인정하고 상호 수용할 수 있는 범위 내에서 조화의 접점을 찾으려는 노력을 하여야 하고 그것이 불가할 때는 다소 개인적인 손해를 감내하고 보다 대승적인 차원에서 서로 한 발 씩 양보를 할 수 있는 열린 마음도 필요로 된다.

"가치 갈등을 조정하는 기본자세는 열린 마음을 가지고 열린 토론이 가능한 사회, 즉 열린사회가 전제되어야 할 것으로 보인다. 이러한 열린사회에서는 서로의 가치를 상대화시켜 토론 할 수 있기 때문에 갈등을 조절할 수 있는 기회가 훨씬 많아지는 것이다."[29]

---

28) 한국국정관리학회, 『새내기를 위한 행정학』(서울 : 대영문화사, 2014), 67쪽.

29) 『앞의 책』, 68쪽.

요즈음 사회적으로 커다란 화두가 되고 있는 보편적 복지와 선택적 복지에 대한 논쟁도 이러한 관점에서 접근을 한다면 상당한 수준까지 갈등을 해결해 나갈 수 있지 않을까 생각이 된다. 사실 두 주장은 나름대로 모두 의미를 가진다.

보편적 복지를 하자는데 대해 이것 자체를 반대할 사람은 없을 것이다. 문제가 되는 것은 이런 보편적 복지가 가능하도록 하는 재원을 어떻게 구할 것이냐 하는 문제가 해결되지 않기 때문이다. 보편적 복지를 할 수 있는 재원만 하늘에서 거저 떨어져만 준다면 문제는 바로 해결이 되는 것인데 그렇지 못하고 재원을 확보하는 생각에서 차이를 갖게 되기 때문에 문제가 발생하게 되는 것이다.

선택적 복지 역시 마찬가지이다. 이것은 재원충당이 가능한 범위 내에서 불요불급한 것은 좀 미루어주고 중요하고 시급을 요하는 것부터 우선적으로 해결해 나가자는 입장이다. 그런데 이것의 문제는 앞서 말한 재원의 문제보다는 과연 어떤 것을 중요하고 시급한 것으로 보느냐 하는 문제에 대한 갈등에서 비롯되는 것이다.

그리고 보편적 복지와 선택적 복지 중 어느 것을 채택하여야 하느냐 하는 갈등 속에는 행정의 가치가 숨어 있다고 볼 수 있다. 보편적 복지를 주장하는 논리의 이면에는 평등성 또는 형평성이라는 행정가치가 깊이 녹아있다. 이에 반해 선택적 복지를 주장하는 논리의 이면에는 경제성, 합리성, 능률성과 같은 행정가치가 내재되어 있는 것이다.

이래서 행정가치 간의 갈등이 심화되고 이를 두고 정책적 선택에 따른 갈등으로까지 비화되어 이슈자체가 확대 재생산이 되고 있는 것이다.

양극화에 따른 부익부 빈익빈(富益富 貧益貧)을 비판하고 이것을 시정해야 되겠다고 생각하는 사람들은 선택적 복지보다는 보편적 복지를 더 선호할지도 모른다. 그리고 반대로 '빈곤은 나라도 구제를 못한다.'는 이전부터 전해져 내려오는 말에 공감을 표하면서 빈곤에는 나름대로 그 이유가 다 있다고 생각하는 사람들은 선택적 복지를 더욱 선호할지도 모른다.

어쨌든 이러한 행정가치 간의 갈등은 서로의 마음을 터놓고 흉금 없이 소통하고 토론하지 않는다면 해결은 난망하지 않을까 싶다. 그래서 미국의 철학자인 존 롤스(John Rawls)는 '무지의 베일'(veil of ignorance)이라는 가상적 상황을 만들어 현재 자기 자신의 이익과 손실, 그리고 현재의 자기 자신의 지위나 입장을 고려하지 않고 오직 순수한 자연의 상태에서 옳고 그름 또는 좋고 나쁨을 따지게 만들었는지도 모를 일이다.

사실 앞서 언급을 하였듯이 행정 가치에는 정답이 없고 옳고 그름 또는 좋고 싫음을 획일적으로 판단할 수 있는 기준도 없다. 보편적 복지가 더 옳은 것이고 더 좋은 것이라는 답이 정답이 될 수 없듯이, 반대로 선택적 복지 역시 더 옳은 것이고 더 좋은 것이라는 답이 정답이 될 수 없다. 흉금을 터놓고 이러한 논제에 대해 사회적 총의를 담은 토론이 이루어지고 이러한 과정 속에서 서로의 입장을 확인하고 필요에 따라서는 일방이건 또는 쌍방이건 양보와 타협을 통해 사회적 합의를 도출 해 나가는 것이 갈등 해결의 가장 좋은 방법이 아닌가 싶다.

만약 사회적 합의가 보편적 복지로 귀결이 되었다면 그것이 정책으로 채택이 되는 것이고 선택적 복지로 귀결이 되었다면 역시 정책으로 채택이 되어 우리의 삶을 지탱하고 나아가 행복으로 이끄는 힘이 되어 줄 수 있는 것이다.

결론적으로 행정 가치 갈등 간의 해소는 서로의 마음을 열고 서로의 마음을 읽어가면서 서로가 만족할 수 있는 합의점을 양보와 타협을 통해 일구어 나가는 것이라고 이해를 하여야 할 것이다.

7. 공직자의 가치관

공직자도 나름대로의 가치관을 가지고 있다. 일반 사람들이 가지고 있는 가치관에 더하여 공직자로써 가지는 가치관을 덤으로 가지고 있다.

캐롤 루이스(Carol W. Lewis)는 공직자가 갖추어야 할 덕목적 가치관으로 겸손(humility), 도덕적 민감성과 상상력(moral sensitivity imagination), 용기(courage), 그리고 용의주도한 신중성(prudence)을 들고 있다.[30)]

우선 겸손은 '미국행정학회' (American Society for Public Administration : ASPA)가 강령에서 회원들에게 의무화시킨 덕목이기도 하다. 이것은 공직자로서 마땅히 갖추어야 할 덕목으로 시민에 대한 봉사자로서의 역할과 밀접한 관련성을 가진다. 성실한 관리자 또는 집사라는 의미를 가지고 있으면서 사회적, 종교적 책무를 의미하는 '스튜워드 십'(stewardship)과 의미적으로 상통하는 내용이기도 하다.[31)]

---

30) Carol W. Lewis and Bayard L. Catron, *op. cit.*, p.705-706.

31) 공직의 덕목을 스튜워드 십과 견주어 설명하거나 주장하고 있는 글들은 다음과 같다. H. D. Kass, "Stewardship as a Fundamental Element in Images of Public Administration," In H. D. Kass and B. L. Catron (eds.), *Images and Identities in Public Administration* (Newbury Park, CA : Sage, 1990) ; D. F. Morgan and H. D. Kass, "Legitimizing Administrative Discretion Through Constitutional Stewardship."

마치 성실한 집사가 시민이라는 주인의 명에 따라 겸허하게 주어진 책무를 어김없이 착실하게 수행해 나가는 것, 그것이 바로 공직자가 갖추어야 할 덕목 중의 하나라는 것이다.

둘째로 도덕적 민감성과 상상력은 심각한 갈등과 딜레마가 행정윤리문제와 연관되어질 때 이런 난제를 창의적으로 해결해 나가는 것을 의미한다. 도덕적 상상력을 풍부하게 가지고 있는 공직자는 적은 손해를 끼쳤다는 것에만 만족치 않고, 많은 도덕적 가치나 원리들을 만족시켜 나가는 일에 앞장을 서게 된다.

특히 도덕적 민감성은 감정이입(empathy)과 밀접한 관련성이 있다. 공직자 자신의 경우로 치환하여 생각해 볼 수 있음으로써 공직자는 보다 더 자신이 행하는 행정행위에 대해 도덕적으로 민감할 수 있는 것이다.

1776년에 아담 스미스(Adam Smith)는 『도덕감성이론』(Theory of Moral Sentiments)을 저술하였는데 이곳에서 그는 감정이입이 윤리적으로 행동하도록 하는 능력의 원천이라고 주장하고 있음도 이와 맥을 같이 하는 것이다.

또한 존 롤스(John Rawls) 역시 윤리성을 지닌 의사결정자는 자기 자신의 이익을 접어두고 감정이입을 증대시키기 위해 '무지의 베일'(veil of ignorance)을 덮어쓴 사람이 되어야한다고 주장을 했는데 이것 역시 이와 맥을 같이 하는 것이다.[32]

In J. S. Bowman (ed.), *Ethical Frontiers in Public Management : Seeking New Strategies for Resolving Ethical Dilemmas* (San Francisco, CA : Jossey-Bass, 1991) ; H. G. Frederickson, "Can Public Officials Correctly Be Said to Have Obligations to Future Generations?" *Public Administration Review*, Vol.54, (1994), pp.457-464.

32) Carol W. Lewis and Bayard L. Catron, *op. cit.*, p.705.

셋째로 도덕적 용기는 때때로 옳은 일을 하는데 따르는 개인적 비용과 위험을 감내할 수 있는 심적 능력을 의미한다. 공직자가 옳지 못한 일을 목격하고 이를 내부 고발(whistle-blow) 등을 통해 폭로할 경우 그에게는 대단한 도덕적 용기가 필요로 된다. 왜냐하면 공직자가 자신이 몸담은 조직의 비리를 폭로할 경우 그에 따르는 비용과 위험이 상당히 높고 크기 때문이다. 그래서 그러한 비용과 위험까지 감내하겠다는 용기가 없이는 섣불리 내부고발과 같은 일을 할 수가 없는 것이다.

인간은 누구나 비용과 위험을 회피하고자하는 성정이 있으며 또한 마음 내적으로나 외적으로 이런 상황을 피해가라는 유혹도 만만치 않기 때문에 더욱 이런 행위에 용기가 필요로 되는 것이다.

넷째로 용의주도한 신중함과 사려 깊음은 결코 경박스럽지 않게 공직을 수행해 나가야 함을 의미한다. 필요에 따라서는 깊은 생각 끝에 윤리적 타협에 이르는 의사결정을 해야 될 때도 있다. 이러 할 때에도 공직자는 윤리적 원칙이 포기됨이 없이 분별력 있고 사려 깊게 의사결정을 이루어내야 한다.[33] 이러한 덕목은 올바른 것을 보기 위해 지혜를 보다 사려 깊게 구체화시킨 고대 그리스인들의 생각과 깊은 연관을 지닌다.

이러한 공직자의 바람직한 공직에 수반되는 가치 덕목들과 배치되는 것으로 경계해야 할 부정적 가치관이 있다. 그것을 루이스는 네 가지로 요약하여 제시하고 있다. 자기자만이나 확신(self-righteousness), 자기탐닉(self-indulgence), 자기보호나 방어(self-protection), 그리고 자기기만(self-deception) 등이다.[34]

---

33) M. E. Guy, *Ethical Decision Making in Everyday Work Situations* (Westport, Connecticut : Quorum Books, 1990).

우선 자기자만이나 확신은 자기만이 옳다고 생각하는 것이다. 사람들은 일반적으로 자기 자신이 다른 사람들보다 더 윤리적이고 더 도덕적이라고 생각을 한다는 것이다. 일종의 도덕적 우월주의이다.

퇴계(退溪)선생이 말씀하신 옛말에 '불능사기종인, 학자지대병'(不能舍己從人學者之大病)이란 이야기도 있다. 자신의 고집을 버리고 남의 견해를 받아들이지 못하는 것은 학문을 한다는 사람들의 크나큰 병이라는 의미를 지닌 말이다. 배우고 익혀야 하는 학자들조차 자신의 고집 즉 아집(我執)으로부터 자유로울 수 없음을 탄식하고 이를 후학들로 하여금 경계하도록 하는 말씀이라 사료가 된다.

이러한 생각을 고치기 위해서는 자성(自省 : self-reflection)이 최고의 해독제라는 것이다. 현자였던 공자(孔子)께서 '하루에 세 번 반성'(一日三省)하심은 이와 맥을 같이 하는 것이다.

둘째로 자기 탐닉이나 탐욕은 특히 돈이나 권력과 관련된 탐욕을 의미한다. 사실 돈이나 권력에 대한 유혹이 있을 때 이를 쉽게 거절하기 어려운 것이 사람의 일반적인 마음이다.

맹자(孟子)는 선한 본성에 악이 생기는 것은 인간이 외물(外物)에 유혹되기 때문이라고 설명하고 있다. 견물생심(見物生心)이 그 좋은 예 중 하나이다. 물건을 보기 전까진 욕심이 안 생겼으나 물건을 보자마자 욕심이 생기는 것이다. 욕심과 유혹을 떨쳐내는 사람은 선을 행하게 되고 떨쳐내지 못하는 사람은 악을 행하게 되는 것이다.[35)]

이러한 유혹을 거절하지 못하게 만들거나 또는 이러한 유혹

---

34) Carol W. Lewis and Bayard L. Catron, *op. cit.*, p.706-707.

35) 이병철, 『행정철학』 (부산 : 도서출판 금정, 2012), 136쪽.

을 거절하지 못할 때 나타나는 것이 바로 자기탐닉이나 탐욕이며 이를 고치기 위해서는 자기절제가 필요하다는 것이다. 쉽게 말해 자기관리 또는 극기(克己), 즉 자기 자신을 이겨내는 것이다.

자신의 탐욕과 허세를 뛰어넘는 자기극복 및 자기관리의 경지를 잘 표현한 것으로 “남이 나를 알아주지 않더라도 노여워하지 않음은 어찌 군자의 도리가 아니겠는가?”(人不知 而不慍 不亦君子乎)라는 공자(孔子)의 말씀이 있는데 이는 성선적인 마음이 전제되지 않고는 얻어내기 어려운 마음의 상태를 나타냈다고 볼 수 있다. 인간의 마음은 자기 극복 및 자기 관리를 통해 얼마든지 성선적인 인간의 본질을 구현해 낼 수 있는 것이다.[36]

순자(荀子) 역시 선을 실현하기 위해선 후천적인 노력을 통해 인간의 욕망을 사회 속에서 제어를 하여야 한다고 주장을 한다. 그리고 이러한 욕망 억제를 통해 예를 따르도록 하고, 나아가 선을 힘써 발휘하도록 해야 한다고 주장을 한다. 선을 얻기 위해 자기 자신을 극복하는 극기(克己)의 필요성을 강조하는 것이다. 교육과 훈련을 통해 원래 악한 것을 선한 것으로 바꾸어 나가는 인위적인 노력이 필요하다는 입장이다.[37]

베리(J. B. Bury) 역시 인간이 가지고 있는 양면성 중에서 악의 부분을 고치거나 없애는데 대해 교육과 훈련이 가지는 의미를 보다 긍정적으로는 보려는 시각을 가지고 있다. 그는 교육과 제도를 통해 인간본성이 얼마든지 바뀔 수 있다는 생각을 가졌던 것이다.[38]

---

36) 『앞의 책』, 136쪽.

37) 『앞의 책』, 137쪽.

38) J. B. Bury, *The Idea of Progress : An Inquiry into Its Growth and Origin* (New

장 루소(Jean-Jacques Rousseau) 역시 악과 연계된 인간본성의 개조에 대해서 긍정적 입장을 가지고 있었다. 국가권력이 직접 나서서 시민들의 의식을 개혁하고 도덕을 뜯어고쳐야 한다고 주장했던 것이다.[39] 그리고 신학자 라인홀드 니버(Reinhold Niebuhr) 역시 건전한 사회제도가 인간의 악한 본성을 제어할 수 있다고 주장을 하였던 것이다.[40]

셋째, 자기 보호 및 방어는 자기 자신을 극구 감싸고도는 것을 말한다. 잘못된 모든 것이 내 탓이 아니라 남의 탓이라는 입장을 의미한다. 이런 사례는 제2차 세계대전 후 전범처리를 위해 열렸던 뉘른베르크(Nuremberg) 전범재판과정에서 잘 나타나고 있다. 재판정에 선 거의 모든 전범들의 일치된 이야기는 '명령에 따랐을 뿐'이라는 것이었다 한다.

이런 비판으로부터의 회피나 다른 사람의 권위 뒤에 숨으려는 행동은 자기 자신의 책임과 판단을 스스로 포기하는 행위라고 볼 수 있다.[41] 이를 치유하는 수단은 도덕적 용기를 키워주고 현명하고 성실한 조언자를 통해 조언을 하며 윤리적 훈련을 통해 심성을 도덕적으로 강하게 만드는 일이다. 그러면서 윤리전담기관이나 윤리위원회, 내부 고발자나 기관에 의해 피소 된 자들을 보호하기 위한 믿을만한 신뢰제도를 만들어 주는 일이다.

넷째, 자기기만은 공직자가 투명하고 공명정대하지 못하면

York : Dover, 1955).

39) 로버트 메리 지음 · 최원기 옮김, 『모래의 제국』 (서울 : 김영사, 2006), 39쪽.

40) 『앞의 책』, 99쪽.

41) Harold F. Gortner, *Ethics for Public Managers* (New York : Greenwood Press, 1991), p.105.

서 사기나 협잡 또는 자신의 공직을 사유화하는 등의 옳지 못한 행동을 통해 공직자로서의 부정적인 일탈 적 행위를 일삼는 것을 의미한다. 이를 치유케 하기 위해서는 자성, 진리와 대면토록 할 수 있는 용기 등을 키워주는 일이다.

캐롤 루이스(Carol W. Lewis)가 제시한 공직자가 갖추어야 할 덕목 적 가치관과 이와 배치되는 것으로 경계해야 할 부정적 가치관을 중심으로 논의를 해 보았다.

공직자가 가져야 할 가치관 역시 행정 가치와 전혀 별개라고 생각을 해서는 안 된다. 겸손, 도덕적 민감성과 상상력, 용기, 그리고 용의주도한 신중성에서 공직자가 가져야 할 민주성과 능률성의 일면을 발견할 수 있다. 민주적이고 능률적인 공직자는 자기자만이나 확신, 자기탐닉, 자기보호나 방어, 그리고 자기기만 등의 공직자로서 일탈적인 행위나 행동을 하지는 않을 것이다.

행정고객을 하늘처럼 섬기면서 엄격한 도덕적 청렴성을 지키고 옳은 일이라면 행정고객인 시민을 위해 자신의 몸을 초개(草芥)와 같이 헌신할 수 있는 그런 용기 있는 공직자의 상을 일구어나갈 것으로 기대를 하는 것이다.

8. 마무리 글

이곳에서 행정가치의 본질을 이해하고 설명하기 위해 우선 가치와 사실의 관계에 대해 논의를 하였다. 가치와 사실 이원론에 입각해서 고찰을 하자면 가치와 사실은 엄격히 구분이 된다. 특히 실증주의적 인 입장에서는 사실만이 연구 분석의 주된 대상이 된다. 그리고 가치의 영역은 당연히 연구대상에서 제외를 시키는 것이다.

행정학이 과학적이고 실증적인 학문이 되기 위해선 연구대상이 사실에 국한되어 엄격한 실증적 검증을 통해 도출되어야만 하고, 또 그렇게 될 수 있을 때 학문적 가치를 갖게 된다는 점을 분명히 하고 있는 것이다. 가치는 사실과 구분되는 것으로서 '해야 하는 것'과 '해서는 안 되는 것'의 문제로 정의가 되고 있다.

다음 행정에서 가치가 가지는 의미에 대해 살펴보았다. 행정가치에 관한 판단과 이에 따른 이해는 매우 높은 고도의 분석력과 높은 혜안 그리고 유기적이고 논리적인 연계추론능력을 갖지 않으면 어려울 수밖에 없음을 분명히 하였다. 그리고 이와 같은 어려움을 가져오는 것이 가치이기는 하지만 그러나 현상의 이해나 설명 그리고 더 나아가 정책판단의 기초가 되기 때문에 이를 간과할 수는 없다고 보았다.

그 다음으로 행정 가치에는 어떠한 것들이 있는가를 살펴보았다. 행정 가치로 는 능률성, 효과성, 민주성, 공공성, 형평성, 합리성, 합목적성, 합법성, 생산성, 중립성, 대표성, 책임성, 경제성 등 이루 헤아리기 어려울 정도로 다종다양한 것들이 존재한다고 보았다. 이러한 가치들은 대개 중복되거나 유사한 뜻으로 사용되기도 하지만 나름대로 행정 가치나 또는 행정이념으로서 차별화 되는 의미를 갖고 있다는 점도 밝혔다.

이에 덧붙여 행정학분야에서 가장 많이 거론되는 행정 가치에 대해 살펴보았는데, 이러한 것들로 민주성과 능률성을 들었다. 미국의 행정 역사의 발전과정에서 행정이념 또는 행정가치의 변모를 고찰해 보면 결국 민주성과 능률성을 증대시키려는 정부적 노력과 이 두 이념 또는 가치 간의 갈등을 완화하고 해소하려는 노력들이 대종을 이루고 있음을 알 수 있다.

다음으로 이들 가치를 대표하는 민주성과 능률성의 반목의 역사는 어떠하였는지를 알아보기 위해 미국의 건국초기부터 근대에 이르기까지의 행정이념 변천사를 고찰하였다. 초기를 보면 알렉산더 해밀턴의 모델이 지향한 행정가치 또는 행정이념은 능률성을 강조하는 것으로 볼 수 있고 토머스 제퍼슨의 모델이 지향한 것은 민주성을 강조한 것으로 이해할 수 있다.

그러나 20세기 들어서서 경제대공황을 타개해 나가면서 정부나 행정은 지금까지의 자유방임적이고 최소국가적인 교리에서 벗어나 정부 개입 적이고 능률지상주의적인 최대국가적인 교리로 갈아타는 입장의 변화가 나타나 민주성보다는 능률성을 더욱 중시하는 쪽으로 나가고 있음을 알 수 있었다.

다음으로 가치의 다원성과 복잡성에 대해 살펴보았다. 가치라고 하는 것은 일원적 일 수 없으며 그때그때의 사회적 상황이나 여건에 따라 여러 가치들이 유기적으로 서로 어우러져 나타나 의사결정을 내리게 함으로, 일원적인 잣대를 가지고 이러한 가치를 재고 예단하려고 하는 것은 어떻게 보면 매우 무모한 일이 될 것이란 점을 분명히 하였다. 그리고 가치가 지니고 있는 다원성과 복잡성을 충분히 이해하고 이에 맞추어 접근을 하는 지혜가 필요하다고 명시하였다.

그런 다음 이러한 다원적이고 복잡한 행정가치 간의 갈등은 어떻게 발생하고 또 이를 어떻게 해결하는지를 살펴보았다. 행정 가치 간의 갈등의 근원을 이것이 가지고 있는 본질적인 특성에서 찾았다. 그 특성이란 바로 주관성이라고 할 수 있다. 바로 이러한 행정가치가 가지고 있는 주관성에 의해 행정가치 간의 갈등이 유발된다고 보았다. 주관성은 모든 가치를 객관적으로 비교할 수 있는 기준이 결여될 수밖에 없기 때문에 비롯되는 문제라고 지적하였다.

그리고 가치 갈등을 해결해야 한다면 우선 가치의 다양성과 다원성을 인정하는 열린 마음을 가져야 한다고 보았다. 꽉 닫힌 마음으로는 가치의 갈등을 해결할 수 없기 때문이란 점도 분명히 하였다. 그리고 가치판단이나 가치의 갈등 해결은 옳고 그름이라는 것이 없으며, 가치 자체가 다양하고 다원적이기 때문에 하나의 정답을 찾기도 어려울 뿐만 아니라 상황이나 여건 또는 처지에 따라 얼마든지 정답이 여러 개 나올 수 있다는 점을 지적하였다.

그래서 가치 갈등 해결을 위해서는 항상 열린 마음을 가지고 다른 사람의 가치를 이해하고 이에 귀 기울일 수 있는 마음의 자세가 필요하며, 소통을 통해 차이점을 발견하였다면 그것을 솔직히 인정하고 상호 수용할 수 있는 범위 내에서 조화의 접점을 찾으려는 노력을 하여야 하고 그것이 불가할 때는 다소 개인적인 손해를 감내하고 보다 대승적인 차원에서 서로 한 발 씩 양보를 할 수 있는 열린 마음도 필요하다고 보았다.

그리고 마지막으로 공직자가 가지고 있는 공직에 대한 가치관에 대해 살펴보았다. 캐롤 루이스(Carol W. Lewis)가 제시한 공직자가 갖추어야 할 덕목 적 가치관과 이와 배치되는 것으로 경계해야 할 부정적 가치관을 중심으로 논의를 해 보았다.

그리고 공직자가 가져야 할 가치관 역시 행정 가치와 전혀 별개라고 생각을 해서는 안 된다고 보았고 그래서 겸손, 도덕적 민감성과 상상력, 용기, 그리고 용의주도한 신중성에서 공직자가 가져야 할 민주성과 능률성의 일면을 발견할 수 있다고 하였다.

민주적이고 능률적인 공직자는 자기자만이나 확신, 자기탐닉, 자기보호나 방어, 그리고 자기기만 등의 공직자로서 일탈적인 행위나 행동을 하지 않을 것이며, 행정고객을 하늘처럼 섬기면서 엄격한 도덕적 청렴성을 지키고 옳은 일이라면 행정고객인 시민을 위해 자신의 몸을 초개와 같이 헌신할 수 있는 그런 용기 있는 공직자의 상을 일구어나갈 것으로 내다보았다.

이러한 고찰을 통해 우리가 터득한 것은 행정 가치는 너무나 다종다양하고 복잡하기 때문에 어떤 단일한 가치로 모든 것을 수용하고 이해하려고 하는 것은 무모할 뿐만 아니라 위험스럽기 까지 하다는 점을 지적하였다.

이러한 시각에서 전종섭이 주장한 가치중립적 행정과 가치지향 적 행정의 장단점을 잘 파악하고 이를 조화롭게 접목시키는 노력이 무엇보다 중요하다는 점을 결론으로 제시코자 한다.

> "가치중립적 행정의 근본 목적은 복잡한 사회문제의 인식과 해결에 유익한 지식을 증대시키는데 있다. 그러므로 성찰적 행정학은 인간조건의 기본에 대한 이론적 지식을 더욱 발전시킬 것을 끊임없이 강조하는 한편, 행정과학이 그 동안 기여한 것도 인식하여야 한다. 우리는 가치중립적 행정의 인식론적 편견과 가치 지향적 행정의 잠재적 결함을 동시에 인식 할 때, 다양한 지식이 통합되어 사회문제해결에 적용될 수 있을 것이다."[42]

---

42) 전종섭 지음 · 윤재풍 외 옮김, 『행정철학』 (서울 : 대영문화사, 2001), 70쪽.

제5장

시장과 정부

시장(Market)은 재화와 서비스의 생산과 배분이 생산자와 소비자 등 경제활동 주체의 자유로운 결정을 바탕으로 이루어지는 사회제도[1]로서 자원배분(allocation of resources)에 있어 매우 중요한 역할을 수행한다.

아담 스미스(Adam Smith)가 이야기 하였듯이 '보이지 않는 손'(invisible hand)에 의해 결정되는 수요(supply)와 공급(demand)의 균형 그리고 그 균형점에서 이루어지는 가격의 결정은 그야말로 마술을 보는 듯 너무나 신기하고 놀라울 따름이다.

만약 시장이 이렇게 별 문제 없이 가격이 이루어지고 이 가격에 의해 자원이 합리적으로 배분이 된다면 구태여 정부가 시장에 개입할 이유는 없게 될 것이다. 그러나 시장이 항상 앞에서 말한 것처럼 보이지 않는 손에 의해 예정조화 적으로 자원을 배분할 것이라고 기대하는 것은 어떻게 보면 순진하고

1) 김재한 · 김대진 · 김종욱 · 안도경 · 윤홍근 · 이성규 · 한정훈, 『공공선택』 (서울 : 박영사, 2012), 10쪽.

천진난만한 일이 될 것이다.

그저 보기에 신기한 보이지 않는 손도 경우에 따라서는 언제든 고장이 날 때가 있는 것이다. 이를 다른 말로 표현하자면 시장이 더 이상 합리적인 자원배분의 기능과 역할을 상실하는 경우가 발생하게 된다는 것이다. 이러한 경우를 우리는 일반적으로 시장 실패(market failure)가 발생했다고 이야기를 한다.

이럴 경우 이러한 시장 실패를 대신할 수 있는 다른 메커니즘이 필요한데 그 경우 '보이는 손'(visible hand)이라고 표현할 수 있는 정부 밖에는 다른 뾰족한 대안이 없는 것이 현실이다.

> "20세기 들어 복지 수요의 증대와 자원의 비효율적 배분 등 시장실패(market failure) 상황이 전개되면서 시장경제 적 조절 메커니즘만으로는 국가경제의 원활한 작동이 불가능한 것으로 드러나자, 시장실패를 보정하기 위한 수단으로 보이는 손(visible hand)으로서의 정부 개입 확대의 필요성이 제기되었다."[2)]

시장의 실패가 발생할 경우 정부가 시장에 개입을 하여 시장의 보이지 않는 손이 다시 작동하도록 조치를 취하게 되는 것이다. 그런데 재미있는 점은 이러한 시장의 실패로 인해 야기된 정부의 개입이 또 다른 형태의 문제를 발생시키게 되면 어떻게 될까 하는 것을 생각해보는 것이다.

이럴 경우 시장의 실패와는 대조가 되는 정부의 실패(government failure)가 발생한 것인데 이러할 경우 시장을 통한 정부실패의 보전 조치가 이루어질 수 있을 것인지 그렇지 않고 사태를 더욱 악화시킬지가 이와 관련된 논쟁에 있어 초유의 관심사로 떠오를 수 있

2) 이종수, 『한국 행정의 이해』 (서울 : 도서출판 대영문화사, 2013), 22쪽.

는 것이다.

어찌되었든 이와 같이 시장과 정부는 한정된 자원의 배분을 위해 나름대로의 역할과 기능을 수행하고 있으며 서로 대척적인 입장에 서있긴 하지만 운영의 묘를 잘 살려나간다면 상호 조화는 물론 상생의 역할도 수행해 나갈 수 있다는 것이다.

이곳에서는 이러한 관점을 근간으로 하여 과연 시장이란 무엇이며, 여기에서 발생하는 시장의 실패는 무엇이고, 시장의 실패가 발생할 때 나타나는 정부의 개입은 무엇이며, 이러한 개입이 실패를 낳게 되는 정부 실패 등에 대해 살펴보고자 한다. 그런 다음, 시장의 한계는 어디까지이며, 정부개입과 관련하여 개입의 논거는 무엇이고 나아가 어디까지 시장에 개입하는 것이 가장 타당할 것인가 하는 이슈 등에 대해 살펴보려고 한다.

1. 시장이란 무엇인가?

미국의 경제학자인 맨큐(N. Gregory Mankiw)는 "시장이란 특정한 재화나 서비스를 사고파는 사람들의 모임을 말한다. 하나의 집단으로서 구매자들은 상품에 대한 수요를 결정하고, 판매자들도 하나의 집단으로서 상품의 공급을 결정한다."[3]고 개념을 정의하고 있다.

이를 이해의 편의를 위해 좀 더 부연한다면 자신이 생산한 재화나 서비스를 팔려고 하는 사람들과 다른 사람이 생산한 재화나 서비스를 사려고 하는 사람들이 서로 모여 자신들의

---

3) 맨큐(N. Gregory Mankiw) 지음 · 김경환 · 김종석 옮김, 『맨큐의 경제학』 (서울 : 교보문고, 2007), 80쪽에서 재인용.

이익을 위해 사고파는 행위를 하려하고 이것이 수요와 공급을 결정하여 가격을 결정하게 되는 것을 시장의 개념으로 이해를 하는 것이다.

이준구와 이창용은 "시장은 상품을 사고팔기 위해 서로 접촉하는 개인들과 기업들의 모임을 뜻한다."[4]고 정의하고, 상품을 사려고 하는 사람들과 팔려고 하는 사람들의 모임 그 자체를 시장이라고 부를 수 있다고 하였다.

랄프 바이른스(Ralph T. Byrns)와 제럴드 스톤(Gerald W. Stone)은 시장이란 '물건을 사려는 사람과 물건을 팔려고 하는 사람의 거래를 가능하게 하여 그 결과 사는 사람과 파는 사람의 비교이익에 따라 교환을 통해 발생하는 이익을 서로 나누어 가질 수 있도록 하는 것'으로 이해하고 있다.[5]

앞서 언급한 아담 스미스는 시장이 모든 경제활동의 중심이 되는 경제체제인 시장경제[6]에 참여하는 모든 사람들은 자신들의 사적 이익을 추구하기 위해 활동하지만, 시장에 존재하는 보이지 않는 손이 이들의 사적 이익 추구행위가 공동체 전체의 경제적 후생을 증진하도록 유도한다고 말하고 있다.[7]

---

4) 이준구 · 이창용, 『경제학원론』 (서울 : 법문사, 2006), 16쪽.

5) Ralph T. Byrns and Gerald W. Stone, *Economics*, 5th ed. (New York : HarperCollins Publishers Inc., 1992), p.45.

6) 이준구와 이창용은 시장경제를 "시장이 모든 경제활동의 중심이 되는 경제체제"를 의미한다고 보았다. 『앞의 책』, 19쪽.

7) 아담 스미스는 이를 다음과 같이 설명하고 있다. "인간은 늘 다른 사람에게 도움을 받아야만 한다. 그러나 이것을 남들의 호의에만 의존하는 것은 헛된 일이다. 남들의 이기심을 자신에게 유익한 방향으로 유도할 수 있고, 그가 원하는 것을 해주는 것이 그들에게도 이롭다는 사실을 보여 줄 수 있다면, 그 사람은 보다 유리한 입장에 설 것이다. 푸줏간 주인, 양조장 주인, 빵 굽는 사람들의 호의 때문에 우리가 오늘 저녁을 먹을 수 있는 것이 아니라, 그들이 자신의 이익을 위해 일하기 때문인 것이다. 각 개인은 공공의 이익을 증진시킬 의도가 없

"우리가 매일 식사를 마련 할 수 있는 것은 푸줏간 주인과 양조장 주인, 그리고 빵집 주인의 자비심 때문이 아니라, 그들 자신의 이익을 위한 그들의 고려 때문이다. 우리는 그들의 자비심에 호소하지 않고 그들의 자애심에 호소하며, 그들에게 우리 자신이 필요를 말하지 않고 그들 자신에게 유리함을 말한다."[8)]

2. 시장의 실패란 무엇인가?

맨큐(N. Gregory Mankiw)는 "시장실패란 자유방임상태의 시장이 자원을 효율적으로 배분하지 못하는 현상을 말한다. 시장실패가 존재할 때 정부는 정책을 통하여 문제를 해소하고 경제효율을 향상시킬 수 있다."[9)]고 시장실패에 대한 개념 정의와 이의 해소방안으로 정부정책을 이야기하고 있다.

이준구와 이창용은 시장실패를 "시장이 효율적인 자원배분을 가져다주지 못하는 것"을 가리킨다고 정의하고, 이러한 시장실패가 발생하는 주요한 원인으로 불완전 경쟁[10)], 공공재[11)],

---

고, 그가 얼마나 공익을 증진시키고 있는지도 모른다. 각 개인은 자신들의 사적 이익만을 추구하고 있고, 이 과정에서 그들이 의도하지 않은 어떤 목적을 달성하기 위해 다른 많은 경우에서처럼 보이지 않는 손에 의해 인도되고 있다. 그렇지만 각 개인이 그 목적 달성을 의도하지 않았다고 해서 사회적으로 불리한 것은 아니다. 각 개인은 자신들이 의도적으로 사회적 공익을 증진시키려고 하는 경우보다, 자신들의 사적 이익을 추구하는 과정에서 사회적 공익을 효과적으로 증진시키는 경우가 많다." 맨큐(N. Gregory Mankiw) 지음·김경환·김종석 옮김, 『맨큐의 경제학』 (서울 : 교보문고, 2007), 13쪽.

8) 김재한 · 김대진 · 김종욱 · 안도경 · 윤홍근 · 이성규 · 한정훈, 『앞의 책』, 17쪽.

9) 맨큐(N. Gregory Mankiw) 지음 · 김경환 · 김종석 옮김, 『앞의 책』, 182쪽.

10) 불완전 경쟁이란 완전경쟁이 이루어지지 못하는 것으로, 시장의 힘이 효율적인 자원배분을 가져다준다는 것을 전제로 하는 것인데, 이 전제조건이 충족이 되지 못할 때 시장이 실패하게 되는 것이다. 이준구 · 이창용, 『앞의 책』, 335쪽.

외부성[12] 등을 열거하고 있다.[13]

조지 스티글러(George Stigler)는 "경쟁적인 기업경제가 제한된 자원으로 최대의 소득을 올린다는 것은 경제학의 유명한 정리 중의 하나다. 그러나 현실에서 이 정리가 요구하는 조건을 정확하게 만족시키는 시장은 존재하지 않으며, 현실의 모든 시장은 이상적인 시장조건에 미치지 못한다. 우리는 이 차이를 '시장실패'라고 부른다. 그러나 내 생각에 미국에서 시장실패의 정도는 불완전한 현실 정치구조가 만들어내는 불완전한 경제정책의 결과인 '정치실패'(political failure)보다는 작다."[14]라고 말하였다.

안도경 등은 시장제도가 이상적으로 작동하기 위한 조건들이 충족되지 않을 때 시장실패가 발생을 한다고 주장을 한다.[15]

3. 정부의 개입이란 무엇인가?

아담 스미스는 정부의 사명을 국방, 사법 질서유지, 그리고 공공재 생산 등으로 국한시키고 있다. 그리고 정부가 이러한 역할을 수행해야 하는 이유에 대해서는 시장이 이러한 역할을

11) 여러 사람의 공동소비를 위해 생산된 재화나 서비스로, 비경합성과 배제불가능성의 특징을 가지고 있다. 『앞의 책』, 335쪽.

12) 어떤 사람의 행동이 제3자에게 의도하지 않은 혜택이나 손해를 가져다주면서 대가를 받지도 지불하지도 않을 때 외부성이 발생했다고 말한다. 『앞의 책』, 336쪽.

13) 이준구·이창용, 『앞의 책』, 335쪽.

14) George Stigler, Fortune Encyclopedia of Economics. ; 맨큐(N. Gregory Mankiw) 지음 · 김경환 · 김종석 옮김, 『앞의 책』, 383쪽에서 재인용.

15) 김재한 · 김대진 · 김종욱 · 안도경 · 윤홍근 · 이성규 · 한정훈, 『앞의 책』, 9쪽.

수행할 수 없기 때문이라고 설명을 한다.[16)]

자유방임적 사고를 가진 그도 시장실패로 인해 시장이 할 수 없는 일을 인정한 것이고 이는 뒤집어 생각을 한다면 정부 역할의 정당성을 인정한 것이라고 볼 수 있는 것이다. 이처럼 아무리 시장의 기능을 극대화시켜 본다고 해도 시장이 할 수 있는 일에는 한계가 엄연히 존재하는 것이다.

그리고 그 한계를 극복하고 본연의 시장기능을 수행하게 하려면 정부의 역할의 일정 부분을 인정하지 않을 수 없게 되는 것이다. 바로 정부 개입의 정당성이 여기에 존재하게 되는 것이다.

그러면 정부 개입의 형태인 정부 정책이란 무엇인가부터 이해를 하고 넘어가야 할 것이다. 정부 정책이란 정정길 등이 이야기를 하듯이 학자들 간에 개념에 대한 의견의 통일을 볼 수 없어서 한 마디로 이거라고 딱 부러지게 정의를 내리기는 어려운 것이다.[17)]

그러나 어떤 형태로든 논의를 위해서는 개념정의가 필요로 되는 만큼 나름대로 정책이란 이런 것이라고 정의를 내려 보자면 "정책은 바람직한 사회 상태를 이룩하려는 정책목표와 이를 달성하기 위해 필요한 정책수단에 대하여 권위 있는 정부기관이 공식적으로 결정한 기본 방침"이라는 것이다.[18)]

이러한 개념정의에 입각해서 현안과 관련된 논의를 전개해 나가면 시장의 실패라는 현상은 바람직한 사회 상태가 아니므로 이를 치유해야 하겠다는 정책목표와 이를 달성하기 위해 시

---

16) 『앞의 책』, 28-29쪽.

17) 정정길 · 최종원 · 이시원 · 정준금 · 정광호, 『정책학원론』 (서울 : 대명출판사, 2012), 35쪽.

18) 『앞의 책』, 35쪽.

장에 개입하여 필요한 여러 정책수단들을 사용하는데 대한 권위를 가진 정부의 공식적 결정방침이라고 볼 수 있을 것이다.

시장의 실패를 치유하기 위해 정부가 시장에 개입하여 여러 정책들을 통해 정책목표를 이루어가는 것에 대한 당위성은 상당히 인정이 되어가고 있는 것이 현금의 실정이다. 그러나 자유방임주의가 만연되고 이에 힘입어 최소국가론이 힘을 가지고 있었던 시대에는 이러한 정부개입의 당위성은 제대로 힘을 발휘할 수 없었다.

물론 현재에도 시장 실패를 치유하기 위해 정부가 시장에 개입하는 것에 대해 우려를 가지는 시각이 없는 것은 아니다. 그리고 이러한 우려의 시각은 아니더라도 정부 개입의 부정적 효과에 대해 눈살을 찌푸리는 입장이 없는 것은 아니다. 이것은 어느 것이 옳고 그르다는 입장이 아니라 양면성을 지니는 시장과 정부의 본질 때문에 빚어질 수 있는 문제인 것이다.

> "시장의 실패가 나타날 때 정부가 개입해야 할 필요성이 생길 수 있다. 그러나 시장실패의 존재가 정부의 개입을 자동적으로 정당화해 주지는 않는다. 시장의 실패로 인해 생긴 비효율성을 시정한다는 명목으로 정부가 개입했을 때 언제나 더 좋은 결과를 얻을 수 있다는 보장이 없기 때문이다. 따라서 정부의 개입은 이로 인해 더욱 효율적인 결과를 얻을 수 있을 경우에 한 해 그 정당성을 인정받을 수 있다."[19]

정부 정책은 겉으로만 볼 때는 '깨진 유리창의 오류'(The Broken Window Fallacy)를 범하기가 쉽다. 흔히들 일자리가 없

19) 이준구 · 이창용, 『앞의 책』, 336쪽.

어 실업률이 올라가면 시장의 실패로 인해 결과 되는 것으로 이해를 한다. 그러면 많은 사람들은 이러한 실패를 보전하거나 또는 치유하기 위해 정부가 보다 적극적으로 개입을 하여 이 문제를 해결해 줄 것을 요구한다.

그러면 이러한 요구를 받은 정부는 정책을 통해 시장이 해낼 수 없는 일자리를 창출하기 위해 여러 가지 정책적인 노력을 기울이게 된다. 그러나 여기에서 결코 간과해서는 안 될 중요한 포인트가 있다. 이러할 경우 정부의 시장에 대한 개입이 제대로 된 이해에 입각하여 개입이 이루어져야지 그렇게 되지 않을 경우 더 큰 문제를 야기 시킬 수도 있다는 점이다. 이것을 깨진 유리창의 오류라고 로버트 맥티(Robert D. McTee, Jr.)는 이야기하고 있다.

> "정부의 정책이 정책 자체의 장점보다는 그 정책이 일자리를 얼마나 많이 창출하는가를 가지고 정당화 될 때 '깨진 유리창'의 이야기를 기억하기 바랍니다. 예를 들어 어떤 10대 아이들이 벽돌을 던져 빵집 유리를 깨고 도망갔다고 합시다. 깨진 유리창 앞에 사람들이 모여 모두 그 아이들을 탓하고 있을 때 어떤 사람이 그렇게만 볼 것이 아니라 긍정적인 면도 보라고 하면서, 빵집 주인은 이제 새 유리를 주문해서 끼워야 할 것이니, 이는 유리창 수리업 자에게는 소득이 될 것이고, 이 유리창 수리업 자는 이렇게 번 돈을 다시 다른 사업자의 소득을 올리는데 쓸 테니 나쁜 일만은 아니라는 것입니다. 이와 같은 소득과 지출의 연쇄효과는 소득과 일자리를 몇 배로 늘리게 될 것이고, 깨진 유리창이 아주 많다면 이는 결국 경제 활성화를 초래 할 것이라는 것입니다. 대부분의 유권자들이 이와 같은 '깨진 유리창의 오류'에 빠집니다. .... 경제학자들은 빵집 주인이 깨진 유리창을 수리하는

데 돈을 쓰지 않아도 되었더라면, 그는 그 돈으로 새 양복을 사 입었을 것이고, 양복점 주인은 그렇게 늘어난 수입을 또 다른 사업자의 소득을 올리는데 사용하였을 테니, 깨진 유리창은 새로운 소득과 일자리를 만든 것이 아니라, 단지 지출의 방향을 바꾸었을 뿐이라고 말할 것입니다."[20]

로버트 맥티는 한술 더 떠서 오히려 일자리 창출이나 일자리 지키기 정책보다는 이러한 오류에서 벗어나기 위해선 일자리 파괴가 더 나을지도 모른다고 주장을 하고 있다.[21]

실제로 미국의 이와 관련된 역사를 되돌아보면 한 때 미국에도 전 인구의 90%가 농업에 종사한 때도 있었지만, 지금은 오직 3%만 농업에 종사하고 있다는 것이다. 그의 표현을 빌리자면 한마디로 농업이라는 일자리는 파괴가 되었다는 것이다. 그러나 그는 이렇게 되었다고 해서 우리가 더 못사는 것일까? 라고 반문을 하면서 오히려 덕분에 농부가 되었을지도 모르는 수많은 사람들이 지금 교수가 되었고 첨단 산업에서 일하고 있다는 것이다.[22]

여기에서 우리가 가져야 할 교훈은 시장에 정부가 정책을 통해 개입을 할 때 이와 같은 깨진 유리창의 오류는 범하지 말아야 한다는 것이다.

그렇다고 해서 정부의 개입이 항상 이러한 문제를 야기한다고 생각하는 것도 너무나 순진한 생각이다. 정부가 정책을 통

20) 로버트 맥티(Robert D. McTee, Jr.), *The Wall Street Journal*, 2003년 6월 4일, A18쪽. ; 맨큐(N. Gregory Mankiw) 지음 · 김경환 · 김종석 옮김, 『앞의 책』, 45쪽에서 재인용.

21) 『앞의 책』, 45쪽에서 재인용.

22) 『앞의 책』, 45쪽에서 재인용.

해 개입을 할 때 이와 같은 깨진 유리창의 오류를 범하지 않도록 주의를 하거나 이를 최소화하도록 노력을 하라는 것을 경고하는 말인 것이다.

정부에 대한 회의적인 견해는 지나치게 정부와 민간관리조직을 이분법적으로 구별하는데서 비롯되는 경향이 없지 않다.[23] 그러나 정부조직이나 이러한 조직에 몸을 담고 있는 공무원들이 일반적으로 인식하고 있는 것보다 일을 더 잘해내고 있다는 점을 부인할 수 있는 그 어떤 명백한 증거도 없다. 오히려 효과적으로 수행된 많은 공공관리들의 사례가 너무나 많이 존재하고 있는 것도 사실이다.[24]

4. 정부의 실패(government failure)란 무엇인가?

안도경 등은 정부가 시장실패를 해결하는데 성공하지 못하거나 정부의 시장개입이 새로운 문제들을 만들어 내는 것을 정부실패로 보고 있다.[25]

이준구와 이창용은 시장의 실패만 나타나는 것이 아니라 정부의 실패도 나타날 수 있다는 사실을 지적하면서 정부의 개입 그 자체가 비효율성을 가져오는 원인이 될 수 있을 뿐만 아니라, 개입의 효과가 엉뚱한 방향으로 나타날 수도 있음을 지적하고 이러한 것이 정부실패라고 정의를 내리고 있다.[26]

---

23) James L. Perry, "The Challenge of Managing the Changing Public Sector", in James L. Perry (ed.), *Handbook of Public Administration*, 2nd ed. (San Francisco, CA : Jossey-Bass Publishers, 1996), p.3.

24) *Ibid.*, p.4.

25) 김재한 · 김대진 · 김종욱 · 안도경 · 윤홍근 · 이성규 · 한정훈, 『앞의 책』, 9쪽.

또한 정부를 움직이는 정치가나 관료들도 사람인 이상 그 자신의 이해관계에 따라 정부를 움직여 나가기 때문에 정부가 언제나 올바른 방향으로 시장에 개입하리라고 기대할 수 없다는 것이다.[27] 당연히 정부의 실패가 올 수 있다는 것이다.

그리고 정부의 실패의 주요한 원인으로 제한 된 정보, 민간부문 반응의 통제 불가능, 정치적 과정에서의 제약, 관료조직의 문제 등을 들고 있다.[28]

제한된 정보란 정보의 제약 때문에 어떤 정책을 실행에 옮기려 할 때 그것의 귀결을 완벽하게 예견할 수 없는 경우가 있다는 것이다. 예컨대 통화를 더 찍어 내는 정책이 경제의 각 부문에 어떤 결과를 가져올지를 정확하게 예견하는 것은 상당히 어려운 일이다.

그리고 민간부문 반응의 통제 불가능성이란 정부가 민간부문이 특정한 반응을 보일 것이라는 기대 아래 정책을 수행하는데 정책이 실천에 옮겨진 다음에 나타나는 민간부문의 반응이 기대한 것과 판이하게 다를 수 있는 것이다.

그 다음 정치적 과정에서의 제약은 상반된 이해관계를 가지고 있는 집단들이 정치적으로 타협을 모색하는 과정에서 정책이 엉뚱한 방향으로 변질된 가능성이 있는 것이다. 정치적 타협과정 속에 예기치 않게 본말이 전도되거나 주객이 전도되는 현상이 나타날 수 있다는 것이다. 가난한 사람을 돕자는 취지에서 시작된 정책이 여러 이해집단 사이의 다툼 때문에 오히려 가난한 사람에게 불리한 결과를 빚는 경우 등이다.

---

26) 이준구 · 이창용, 『앞의 책』, 336쪽.

27) 『앞의 책』, 336-337쪽.

28) 『앞의 책』, 340-341쪽.

마지막으로 관료조직의 문제는 관료들도 사람인지라 공익보다 자신의 이익을 먼저 챙기려고 노력할 가능성이 있다. 이와 같이 관료들이 이러한 태도를 보일 때 정부 정책이 기대한 성과를 거두기 어려울 것이다.

사실 우리나라의 경우에는 관료조직의 문제가 심각한 정부의 실패를 낳는 커다란 요인 중의 하나였다. 역사적으로 공직은 부패할 때로 부패하였으며 부패한 행정 관료들은 공익보다는 사익 추구에 혈안이 되어있었다. 이러한 상황에서 성공적인 정책이 나오기 어려웠고, 정책실패가 없는 것을 바란다는 것은 연모구어(緣木求魚)와 같은 속절없는 희망이었다.

정정길은 공직부패의 역사적 이유로 소극적인 관점에서 수탈국가 적 유산과 적극국가 적 유산을 거론하고 있다. 그리고 이러한 수탈국가 적 유산과 적극국가 적 유산의 결합이 공직부패를 더욱 가속시켰다고 주장을 한다.[29)]

우선 수탈국가 적 유산은 조선시대를 비롯해 역사적으로 연원된 공직 부패의 문화가 그대로 답습이 되어 현재까지 지속이 되고 있다는 것이다.

> "수탈국가는 국가기능의 수행보다는 국민들에 대한 강제노역과 재물수탈을 일삼는 국가이다......조선시대까지의 한국도 전형적인 수탈국가였으며, 일제식민시대에는 말할 것도 없다. 1987년의 6 · 29선언 이전까지는 수탈국가 적 성격이 계속되었다. 그만큼 뿌리가 깊다...... 이러한 수탈은 아직도 일부에서 계속되고 있는데, 위생시설을 트집 잡거나 불완전한 소방시설을 문제 삼아 돈을 뺏거나, 공적 행사를 명분으로 대기업으로부터 돈을 거

29) 정정길, 『행정학의 새로운 이해』, 증보판 (서울 : 대명출판사, 2006), 128쪽.

두는 경우도 있다."[30)]

그리고 이러한 수탈국가 적 유산이 남긴 고질적인 병리현상으로 다양한 행정의 횡포와 부패를 예시적으로 제시를 하고 있다.

"통 시대적이며, 고질적인 병리현상으로 많은 지적을 받아 온 것이 행정의 횡포와 부패이다. 국민에 대한 군림과 불친절, 부조리와 부패, 무사안일, 번문욕례(Red Tape), 파벌과 지방색, 권력남용, 탈법과 불법 행정 등이 그 예이다. 이들은 중요하기도 하지만 행정의 대 사회적, 대 국민적 관계에서 발생하여 국민들을 괴롭히는 문제들이므로 쉽게 관찰되기 때문에 많은 지적을 받아 왔다."[31)]

그리고 정정길은 적극 국가적 유산으로 정부주도의 경제발전으로 인해 행정이 국민위에 군림하는 결과를 초래하였을 뿐만 아니라, 경제발전을 위해 노동자나 반대세력의 저항을 탄압하고 목적을 위해 과정의 합리성을 무시한 결과에 기인한다고 보았다.

"경제발전은 민간이 너무나 가난하였기 때문에 정부주도가 될 수밖에 없었다. 재원의 마련을 정부가 책임을 지게 됨으로, 투자대상 결정, 투자사업의 운영 등을 전부 정부가 주도하였다. 정부와 행정이 국민에게 군림하는 관행을 만든 것이다. 여기에

---

30) 『앞의 책』, 128쪽.

31) 『앞의 책』, 121쪽.

더하여 경제발전을 위하여 노동자와 반대세력의 저항을 무자비하게 탄압하는 개발독재 적 관행을 심화시켰다. 이 관행은 발전(목적)을 위해서는 과정의 합리성은 무시해도 좋다는 사고방식을 확산시켰다. 경제발전이 수탈국가 적 유산이 강한 상태에서 시작되었으므로, 수탈국가 적 부조리를 심화시켰다."[32]

그리고 이에 한 발 더 나아가 정경유착이나 관경유착 등을 통해 특혜와 뇌물교환이 성행함으로써 공직부패의 결과를 더욱 강화시키고 가속시켰다고 보는 것이다.

"정부가 주도하여 투자할 산업을 결정하면서, 선정된 업종에 대한 각종 지원을 하게 되자, 지원을 받아 성장하는 기업들은 대가를 수탈세력들에게 지불하게 되었다. 물가상승률보다 낮은 공식이자율로 은행으로부터 막대한 융자를 (정부의 지원으로) 받게 되는 업체는 엄청난 이익을 얻게 된다.......이들 기업이 얻게 되는 혜택의 일부를 수탈세력에게 뇌물로 바치게 된다. 정경유착, 또는 관경유착이 자연스럽게 발생하게 되는 것이다. 특혜와 뇌물의 교환이라는 현대적 양태의 수탈이 등장한 것이다. 뇌물과 특혜의 상승작용은 은밀하게 진행되므로 웬만한 외부적 충격으로 단절되기 어렵다."[33]

정정길의 이러한 주장처럼 우리의 관료조직은 오랜 역사적인 뿌리를 가지는 공직 부패라는 문제로 인해 제대로 작동하지 못했고 이로 인해 정부의 실패를 가질 수밖에 없었다. 1990년대에 신자유주의의 물결을 타고 시장화의 방향으로 나가려는

32) 『앞의 책』, 128-129쪽.

33) 『앞의 책』, 129쪽.

강한 흐름이 형성된 것도 이러한 공직 부패의 늪에서 허우적거리는 관료조직의 문제와 이로 인해 야기되는 정부의 실패[34]를 해결하는 대안으로 시장을 생각했기 때문으로 사료가 된다.

신자유주의 물결을 타고 지난 몇 십 년 동안 세계의 많은 나라들이 민영화(privatization)를 추구해 왔다. 신자유주의자들은 정부의 기본 기능을 시장질서의 공정한 유지에 한정하여야 한다고 보면서, 시장경제의 단순한 보완물이나 교정물에 한정해야 한다고 주장하였다.[35]

이에 반해 진보주의자들은 신자유주의자들과는 달리 정부가 시장을 적절히 규제할 경우 시장 그 자체만으로는 달성하기 힘든 자원의 최적 할당이나 완전고용 상태와 같은 최적 상태를 달성 할 수 있을 것으로 가정하면서, 공공부문이 시장의 잔여 영역으로만 볼 수 없는 좀 더 적극적인 기능을 수행해야 한다고 주장을 한다.[36]

신자유주의의 물결을 타고 있던 많은 나라들에서 시행된 여론 조사의 결과를 살펴보면 많은 시민들이 터무니없는 세금에 분노하고, 정부활동이 비능률적이고 낭비적이란 확산된 신념을 여과 없이 그대로 드러내 놓고 있다. 지미 카터(Jimmy Carter) 대통령과 로널드 레이건(Ronald Reagan) 대통령도 선거유세 시 연방관료제를 맹비난했었다.

이에 그치지 않고 카터 대통령은 이러한 연장선상에서 기업

34) 1997년 11월에 엄습한 외환유동성 부족으로 야기된 환란은 대표적인 정책 실패이며 이로 인한 정부의 실패는 김영삼 정부에 이어 집권을 한 김대중 정부로 하여금 신자유주의의 흐름을 받아들이고 이러한 흐름에서 연원된 신공공관리를 강조하고 이를 수용하는 방향으로 나가게 하였다.

35) 이종수, 『앞의 책』, 23-24쪽.

36) 『앞의 책』, 23-24쪽.

규제완화와 해지, 연방정부의 비효율적인 번문욕례(red tape)의 감소, 그리고 주요한 공무원제도와 관련된 개혁의 필요성 등을 강조하였다. 그리고 카터 대통령은 말로써가 아니라 이를 실행에 옮기기도 하였다. 그러한 사례 중에 대표적인 것이 1978년에 제정된 '공무원제도개혁법'(Civil Service Reform Act)을 들 수 있다.

레이건 대통령 역시 한발 더 나아가 정부를 신랄히 비판하고 많은 연방 프로그램들과 연방기관들이 사용하고 있는 기금이나 권한을 축소시키려고 하였다.[37] 그도 역시 비판으로만 그친 것이 아니라 이를 실행에 옮겼다. 그는 신자유주의 사상을 받아들이고 이를 통해 정부의 시장화 그리고 민영화의 기치를 높이 치켜세웠다.

레이건은 미국 대통령 후보로 입후보했을 때, 세금 삭감을 선거공약으로 내세웠다. 당시 레이건은 미국에서 시행되고 있는 세율이 너무 높아서 사람들이 열심히 일할 의욕을 잃고 있다고 주장했다. 레이건의 생각은 세금을 낮추면 사람들이 더 열심히 일할 동기 유인이 생겨 결과적으로 사람들의 경제적 후생이 증가할 뿐만 아니라 조세수입 역시 증가할지도 모른다는 것이었다.

감세라고 표현되는 세금 인하를 통해 사람들로 하여금 노동공급을 증가하도록 유도한다는 점에서 경제학자 아서 래퍼(Arthur Laffer)와 레이건의 견해는 이후 공급주의 경제학(supply-side economics)이라 불러지게 되었다.[38]

정부지출은 과거 루스벨트 대통령이 당선될 때 총 국민생산

---

37) James L. Perry, *op. cit.*, p.4.

38) 맨큐(N. Gregory Mankiw) 지음. 김경환 · 김종석 옮김, 『앞의 책』, 201쪽.

(GNP)에서 차지하는 비중이 7.4%에 불과하였다. 그러나 1940년에는 11.1%이었고, 1960년에는 15%, 1980년에는 22.5%로 증가하였고 1985년에는 24.5%까지 치솟았다.[39)]

레이건 대통령은 정부가 이러한 문제를 푸는데 있어서 해결의 수단이라기보다는 오히려 문제의 원인이라고 생각하는 정부 안팎의 분위기를 쇄신하고 싶었다. 그는 특히 영국에서 이루어지는 노력에서 해결의 실마리를 찾으려고 하였다. 영국에서는 이미 마가렛 대처(Margaret Hilda Thatcher) 수상의 시장 드라이브 개혁이 1990년대 까지 지속이 되고 있었다.

1995년까지 748,000명에 달하던 영국 공무원을 533,000명 수준으로 축소를 시켰다. 그리고 21세기에 들어서기 전까지 20%를 더 감축시킬 예정으로 있었다. 특히 1991년을 기점으로 하여 공산주의가 무너진 구소련과 동구에서는 힘을 잃은 정부보다는 시장과 사기업에 보다 많은 의존을 하고 있었다.[40)]

이 당시의 많은 사람들이 정부가 지금까지 제공해 오던 행정서비스를 보다 더 풍부하고 신속하게 제공하기 위해서 민간부문과 더 많은 계약을 할 것과 사용자 부담원칙을 지켜 수익과 혜택을 누리는 사용자의 부담비용을 늘려나가고 이로 인한 반사적 이익으로 무임승차(free ride)를 줄여나가야 한다고 생각을 하였다. 이러한 영향으로 주와 지방정부의 민영화는 극적으로 증가를 해나갔다.[41)]

---

39) Chester A. Newland, "The National Government in Transition", in James L. Perry (ed.), *Handbook of Public Administration*, 2nd ed. (San Francisco, CA : Jossey-Bass Publishers, 1996), p.23.

40) *Ibid.*, p.23.

41) James L. Perry, *op. cit.*, p.4.

이러한 시장 그리고 민간기업 주도의 문제해결방안에 결과적으로 더 힘을 실어준 것은 1993년부터 1994년까지 빌 클린턴(Bill Clinton) 대통령에 의해 주도된 국가종합의료체계(Comprehensive National Health System) 정책의 실패였다. 하늘 높은지 모르게 치솟는 의료보험비용을 어떻게 잡는가 하는데 대한 연구를 자극하는 수준 그 이상도 그 이하도 아닌 정도로 실질적인 진전이나 성과도 없이 사업이 끝나버렸기 때문이다.[42]

공공선택이론에 있어서 버지니아 학파를 대표하고 있는 제임스 뷰캐넌(James Buchanan) 등은 "정부가 독점적 지위를 이용한 시장 개입과 지대추구행위(rent-seeking behavior)를 통해 사회적 비용을 초래하게 됨으로써 정부 실패가 야기된다."[43]고 주장하고 있다.

이러한 정부의 실패를 낳는 요인으로 'X비효율성'(X-inefficiency)을 거론 하는 사람들이 많다. X비효율성이란 독점과 같은 제한된 경쟁상황에서 기술적으로 가능한 최소 비용을 달성하지 못하는 것을 의미한다. 정부를 비롯한 공공기관은 경쟁이 없는 독점 상태나 마찬가지이기 때문에 X비효율성이 발생하게 되는 것이다.

여기에서 분명히 이해해야 할 점은 X비효율성의 문제가 배분상의 비효율성 개념과는 달리 기업이나 정부의 운영과 관련되어 나타나는 비효율성의 문제를 대상으로 하는 개념이라는 점이다.[44]

---

42) Chester A. Newland, *op. cit.*, p.23.

43) James M. Buchanan, Robert D. Tollison and Gordon Tullock (eds.), *Toward a Theory of the Rent-Seeking Society* (College Station, Texas : Texas A & M University Press, 1980). ; 이종수, 『앞의 책』, 61쪽에서 재인용.

44) Harvey J. Leibenstein, *Beyond Economic Man* (Cambridge, Mass : Harvard University Press, 1976). ; 김항규, 『행정철학』 (서울 : 대영문화사, 1998), 131쪽에서 재인용.

이종수는 정부가 수행하여야 할 경제적 역할로 독과점 체제가 가져오는 X비효율성 등을 차단하여 경쟁 체제의 유지를 통한 효율성의 확보를 주문하는 것도 이와 맥을 같이하는 것이다.[45)]

김항규 역시 정부의 실패를 낳게 만드는 관료제가 내포하고 있는 여러 문제점들 중에 제한된 경쟁과 X비효율성의 문제를 들고 있는 것도 이와 맥을 같이 하는 것으로 이해 할 수 있다.[46)]

5. 정부의 실패를 설명해 주는 이론들

1) 지대이론(rent theory)

정부의 실패 문제를 설명해주는 이론으로 많이 회자되는 것 중 하나가 '지대이론'이다. 경제적 이익은 특정집단에게 집중되게 하고 경제적 비용부담은 다수에게 부과시키는 현상은 흔히 정부가 시장에 개입할 때 발생하는데 이것을 잘 설명해주는 이론이 지대이론인 것이다.

지대란 어떤 자원에 대해 그 자원을 간섭 없이 자유로이 사용토록 했더라면 지불했을 가격에 덧붙여서 그 자원의 유통에

---

45) 이종수는 정부가 수행하여야 할 경제적 역할로 X비효율성 이외에 시장질서의 유지발전을 위한 경제적 하부구조의 마련, 공공재의 공급, 경제 안정화 및 경제발전, 사회적 불평등의 해소, 외부 효과와 조정, 각종 경제 제도와 규칙을 통해 거래에 따르는 불확실성을 줄임으로써 거래비용의 감축, 경제 집단 간의 갈등 조정 등을 주장하고 있다. 이종수, 『앞의 책』, 47-54쪽.

46) 김항규는 정부의 실패를 낳게 만드는 관료제가 내포하고 있는 문제점으로 첫째, 관료제의 활동에 대한 감독의 문제 둘째, 산출물에 대한 평가의 어려움 셋째, 제한된 경쟁과 X비효율성의 문제, 넷째, 지나친 공무원 보호로 인한 비신축성의 문제 다섯째, 정보의 불균형과 재량예산 여섯째, 공공관료제의 병리현상 등을 들고 있다. 김항규, 『앞의 책』, 127-136쪽.

간섭함으로써 그 자원을 소유한 사람에게 더 지불하게 되는 가격을 의미한다. 이를 좀 더 이해하기 쉽게 풀어서 설명하자면 지대란 자유로운 자원의 흐름에 간섭하게 됨으로써 그 자원을 소유한 사람에게 부여되는 초과이득을 의미하는 것이다.

따라서 지대추구(rent seeking)라 함은 정부의 개입으로 인하여 초과이득을 얻는 자들이 그 이득을 끊임없이 계속적으로 획득하고 유지하기 위해서 정부로 하여금 지속적이고 항구적으로 개입을 하도록 로비활동을 벌이는 것을 의미한다.[47]

2) 주인－대리인 이론(principal-agent theory)

이러한 지대이론 이외에 정부의 실패 문제를 설명해주는 이론으로 주인-대리인 이론을 들 수 있다. 특히 이 이론은 관료제의 활동을 주인인 시민들과 시민들의 주권위임체인 정치가들이 제대로 감시하지 못하는데서 비롯되는 것으로 이해를 하여 정부의 실패를 설명하고 있는 것이 특징이다.

그런 맥락에서 관료제의 활동에 대한 감독의 문제를 제대로 이해하기 위해서는 주인-대리인 이론을 살펴 볼 필요가 있는 것이다.

주인-대리인이론은 정치적으로 선출된 정치인들이 관료제의 운영 실태를 감독하거나 공공기관의 성격상 나타나는 여러 가지 비효율을 감독하는데 한계가 있다는 현상을 잘 설명해주고 있다.

주인과 대리인 관계에서 대리인이 주인의 의도대로 업무를

---

47) James M. Buchanan, Robert D. Tollison and Gordon Tullock (eds.), *op. cit.* ; Anne O. Krueger, "The Political Economy of the Rent-Seeking Society", *American Economic Review*, Vol.64 (1974). ; 김항규, 『앞의 책』, 118-119쪽에서 재인용.

수행하도록 감독을 해야 할 필요성이 있다는 것이다.

그 이유는 첫째, 고용주와 피고용자들이 언제나 똑같은 이해관계를 가지고 있는 것이 아니라는 것이다. 둘째, 주인과 대리인은 모두가 자신들의 이익, 즉 효용의 극대화를 추구하는 존재라는 것이다. 그런데 문제는 주인이 대리인을 감독 하는데에는 많은 비용이 들기 때문에 감독에 한계가 있다는 점이다. 주인들은 피고용자의 직무태만 적 행위들을 통제하기 위해 시간과 비용과 관련 된 노력을 투입하지 않으면 안 된다.

결국 주인들은 대리인들의 바람직하지 못한 행동에 지출되는 비용과 그러한 행동을 통제하기 위해 취해진 활동에 드는 비용의 총액을 될 수 있는 한 최소화하는 조직을 만들어야 한다는 과제에 직면하게 된다. 이러한 비용을 기관손실(agent loss)이라 칭한다.[48)]

물론 이러한 기관손실은 공조직이건 또는 사조직이건 모두 공통적으로 존재한다. 그러나 공조직이 사조직보다 기관손실의 문제가 더욱 심각한 이유는 첫째, 공공기관의 산출 즉 성과를 측정하기가 어렵고 둘째, 기관 사이의 경쟁이 부족하므로 비용 삭감 동기가 희박하다는 점과 셋째, 공무원 체제의 비 융통성의 문제를 들 수 있다.[49)]

6. 마무리 글

정부실패에 대한 시장의 반란으로 나타난 민영화 등은 정부에 대한 실망과 불신 그리고 이로 인해 야기 된 적대감이 팽배

---

48) 김항규, 『앞의 책』, 129쪽.

49) 『앞의 책』, 129쪽.

된 시민정서가 나은 힘이라고도 볼 수 있을 것이다.

에드가 글래든(Edgar N. Gladden)에 따르자면 중세시대에도 정부와 행정공무원들에 대한 적대감이 적지 않았던 모양이다. 그에 따르면 실제로 11세기에 안티오크(Antioch)에서 세무공무원이 살해되는 사건도 발생을 하였다 한다.[50)]

이러한 역사적 유산으로의 정부에 대한 불신풍조는 정부에 대한 부정적 이미지를 심어주는데 큰 몫을 했을 것으로 생각이 된다.

'도 아니면 모'(All or Nothing)라는 극단적 생각이 결국 정부에 대한 반감으로 자리를 잡고 이로 인해 시장화(marketization)나 민영화(privatization)에 대한 선택을 낳게 되었던 것이다.

하버드 대학교 철학과 교수인 마이클 샌델(Michael J. Sandel)은 시장시상주의 시대는 통렬한 최후를 맞았으며 지금은 확실히 시장에 대해 냉철하게 재고하고 도덕적으로 판단을 해야 하는 시대에 살고 있음을 강조하고 있다.[51)] 또한 그는 도덕적 논리가 없이는 어떠한 시장논리도 불완전할 수밖에 없음을 분명히 하고[52)], 도덕적 얼굴을 가진 시장만이 오늘 우리 시대에 맞는 시장으로서 존재할 수 있다는 사실을 확인해 주고 있는 것이다.

분명한 것은 앞에서도 이야기 하였듯이 시장만이 만병통치약(panacea)은 될 수 없다. 시장과 정부, 두 제도가 모두 일장일

---

50) Donald Kettl, "Governing at the Millennium", in James L. Perry (ed.), *Handbook of Public Administration*, 2nd ed. (San Francisco, CA : Jossey-Bass Publishers, 1996), p.5.

51) 마이클 샌델 지음 · 안기순 옮김, 『돈으로 살수 없는 것들 : 무엇이 가치를 결정하는가』 (서울 : (주)미래엔(와이즈베리), 2012), 30-31쪽.

52) 『앞의 책』, 119쪽.

단을 가지고 있는 만치 두 제도의 조화로운 접목만이 최대의 바람직한 결과를 가져 올 수 있는 것이다.

제6장

제한된 정부의 한계

정부의 권력을 제한시켜야 한다는 생각은 토머스 제퍼슨(Thomas Jefferson)과 알렉산더 해밀턴(Alexander Hamilton) 간의 논쟁에서도 잘 나타나듯이 미국의 건국 초기부터 있어왔다. 사실 건국 초기에는 정부의 권력을 증대시켜 주자는 의견보다는 정부의 권력을 어떻게 하면 더 줄여나갈 수 있을까하는 생각이 더 주류를 형성했었다.

이후 20세기에 들어서면서 미국 발 세계 경제 대공황(economic panic)의 위기를 타개하기 위한 방책으로 제 기능을 잃어버린 시장을 다시 복원하기 위해 조심스럽게 정부의 시장 개입을 용인하는 조치가 이루어졌고 이에 힘입어 정부가 커지게 되고 비대화되기 시작하였던 것이다. 제한된 정부관이 다소 느슨하게 풀어지는 시기를 맞게 되는 것이다.

폴 라이트(Paul Light)의 표현을 빌리자면 마천루가 하늘 높은지 모르게 치솟던 것처럼 연방정부도 매우 빠른 속도로 비대화되기 시작했던 것이다. 바로 이러한 흐름은 정부의 권력을 커지게 만드는 직접적인 동인이 되었던 것이다.

현대 시대는 우리가 직접 목격하고 체험하고 있듯이 거대하고 비대화된 정부와 행정을 가지게 되었다. 이러한 흐름은 시장에 대한 정부의 개입을 규모면에서는 더욱 크고 넓게 그리고 속도 면에서는 더욱 빠르게 진행이 되도록 만들고 있다.

그러나 이러한 현상의 이면에는 아직도 거대 정부와 행정에 대한 거부감이 자리를 잡고 있으며, 시장에 대한 개입은 가능한 자제되어야 하고, 어쩔 수 없이 정부가 시장을 개입해야 하는 상황이라면 개입의 정도는 최소화되어야 한다는 최소국가의 교리가 아직 꿈틀거리고 있는 것이다.

여기에서는 우선 최소국가의 교리와 그 한계를 살펴 본 후, 제한된 정부관에 대한 변화의 시각을 고찰코자 한다. 그런 다음 미국에서 최소정부를 위한 노력에서 나타난 한계를 집어본 후, 방임적 세계질서는 더 이상 설자리가 있는지 없는 지에 대해 살펴보고자 한다. 그런 후에 정부관에 있어 토머스 홉스(Thomas Hobbes) 식 시각의 한계와 시장의 자유를 위한 윤리적 주장은 무엇인지에 대해 알아보고자 한다.

1. 최소국가의 교리와 그 한계

최소국가의 교리는 일찍이 훔볼트(von Humboldt)나 허버트 스펜서(Herbert Spencer) 등에 의해 지지되었고 오늘날에는 로버트 노직(Robert Nozick) 등에 의해 지지되고 있다.[1)]

---

1) John Gray, "Limited Government", *Limited Government : A Positive Agenda* (London : Institute of Economic Affairs, 1989), ch.2, 'Theory', pp.20-36," in David Mckevitt and Alan Lawton (eds.), *Public Sector Management : Theory, Critique*

"자유주의 철학자인 노직(R. Nozick)은 개인의 자유를 정치적 가치의 중심에 놓는다. 자유 시장에 의한 가치 분배를 공정한 것으로 보는 그는 무엇보다도 정의가 광범한 경제적 재분배를 요구한다는 가정에 도전한다. 노직은 최소국가에 대해 '최소국가(minimal state)는 정당화 될 수 있는 범위 내에서만 영향력을 행사하는 국가다. 그 보다 더 큰 권능을 행사하는 광능국가(the most extensive state)는 국민들의 권리를 침해한다.'고 주장하면서 개인의 자유를 억압 할 우려가 있는 국가 권능의 확대에 반대했다. 심지어 노직은 정부의 과세권에 대해, 강제의 위협에 의존한 '금전 탈취'로 규정한다." [2)]

물론 이러한 교리 중에는 치명적인 약점이 없지 않다. 예를 들어 '갑'이라는 사람의 자유와 '을'이라는 사람의 자유가 서로 갈등을 일으키고 충돌하고 있다면 이를 어떻게 해소할 수 있을 것인가? 하는 질문에 대해 제대로 답변을 해주기 어렵다는 것이다.

사실 우리의 일상 속에서 이러한 갈등과 충돌은 다반사(茶飯事)로 자주 일어나고 있다. 예를 들어 어떤 사람의 사생활 즉 프라이버시(privacy)에 대한 자유와 국민의 알권리를 충족시키는데 있어 없어서는 안 되는 정보, 언론, 그리고 표현의 자유가 서로 충돌을 일으켜 갈등을 유발하게 된다면 어떻게 이를 해소할 수 있을 것인가?[3)]

이러한 갈등의 내용을 좀 더 현실성 있게 이해하기 위해서

---

and Practice (Thousand Oaks, CA : SAGE Publications, 1994), p.25.

2) 이종수, 『한국 행정의 이해』 (서울 : 도서출판 대영문화사, 2013), 35쪽.

3) John Gray, *op. cit.*, pp.20-36," in David Mckevitt and Alan Lawton (eds.), *op. cit.*, p.25.

는 금연(禁煙)에 관한 법을 제정함에 있어 봉착하게 되는 갈등에 대한 사례를 살펴보는 것이 도움이 될 수 있을 것이다.

요즈음 많은 사람들이 담배를 피우는 것에 대해 부담을 느끼고 있다. 의학적인 임상실험 결과들에 의하면 흡연이 폐암과 매우 높은 상관관계를 갖고 있는 것으로 보고가 되고 있으며 이러한 보고 내용들이 언론매체 들을 통해 발표가 되고 있기 때문이다. 이로 인해 담배를 피우는 것은 건강을 해치는 것으로 생각하는 사람들의 숫자가 점점 늘어나고 있는 것이다.

또한 흡연으로 인한 폐암발병률이 높아짐으로 해서 사적인 의료비용뿐만 아니라 공적인 의료비용 역시 점차 높아지고 있다는 것도 또 하나의 부담스런 문제가 되고 있다. 이에 대해 수세에 몰린 담배회사들은 흡연을 할 때와 흡연을 하지 않을 때의 사회적 비용과 편익에 대한 분석을 통해 결코 흡연을 할 때 소요되는 의료비용 등이 사회적 부담이 되지 않음을 강조하는 기발한 역발상의 아이디어까지 내놓아 사회적 물의를 빚기까지 하였다.

> "필립 모리스는 (담배에 부과하는) 세금 인상을 막기 위해, 흡연이 체코의 국가 예산에 미치는 효과에 대한 비용·편익 분석 작업에 매달렸다. 그 결과, 정부는 흡연으로 손해가 아닌 이익을 본다는 결론이 나왔다. 이유인즉, 흡연자들이 생존 중에는 정부의 의료예산을 높이지만, 결국에는 일찍 죽기 때문에 노년층을 위한 의료·연금·주거 부문에서 상당한 예산 절감 효과를 낳는다는 이야기이다.......이 비용·편익 분석으로 필립 모리스와 대중의 관계는 파국으로 치달았다. 어떤 사람은 이런 논평을 내놓았다. "예전에는 담배 회사들이 담배가 사람을 죽인다는 사실을

부인하기에 바빴다. 하지만 이제는 그 사실을 자랑스럽게 떠벌린다."........ 대중의 분노와 야유가 거세지자 필립 모리스의 최고경영자는 이번 연구가 "인간의 기본 가치를 용납할 수 없을 정도로 철저히 무시했다"며 사과했다."[4]

이와 같은 필립 모리스의 흡연 연구는 도덕적으로 너무나 어처구니없는 분석과 그것을 지탱하는 공리주의 사고를 보여주는 좋은 예이다. 폐암에 따른 사망자 발생을 이익을 챙길 절호의 기회로 보는 사고방식이나 흡연자의 고통, 슬픔에 빠진 가족, 공중 보건과 인간의 행복에 미치는 영향 등을 전혀 고려치 않은 것으로 공리주의적 도덕론의 한계를 보여주는 사례라 할 수 있다.[5]

근자에 미국에서 건강의료보험을 주관하고 있는 주정부가 담배제조회사들을 상대로 하여 의료부담에 대한 보상청구를 요구하는 소송을 내고 연이어 승소하는 것도 이와 무관치 않은 것이다.

흡연과 연관된 문제의 쟁점으로 건강문제뿐만 아니라 의료비용에 관한 문제까지 제기됨으로 해서 더욱 진흙탕 같은 복마전이 벌어지고 있는 것이다.

이와 연관하여 흡연과 관련된 또 다른 이슈를 한번 살펴보기로 하자. 앞에서 살펴보았듯이 건강문제와 의료비용문제까지 제기되는 흡연의 문제는 담배를 피우는 사람도 물론 부담을 느끼지만 그 옆에서 무심결에 간접흡연을 해야만 하는 사람들도 부담을 느끼는 것은 마찬가지이다. 오히려 간접흡연으

4) 마이클 샌델 지음 · 이창신 옮김, 『정의란 무엇인가』 (서울 : 김영사, 2010), 64-65쪽.

5) 『앞의 책』, 65쪽.

로 인한 폐해가 더욱 크다는 사실이 의학적으로 속속 입증이 됨으로 해서 금연을 시키자는 움직임은 더욱 거세지고 있다.

사실 노약자나 영유아 그리고 천식과 같은 호흡기 질환을 앓고 있는 사람들에겐 담배연기는 그야말로 악몽으로 비쳐질 것이다. 건강한 사람조차 비흡연자일 경우 담배연기는 역한 존재로 여겨지는 것이다.

더욱이 흡연자는 자신의 자유로운 선택에 의한 결과로 인해 자신의 건강을 해치는 것이지만, 비흡연자는 다른 사람의 선택에 의해 어쩔 수 없이 자신의 건강을 해치게 되는 피해자의 입장에 서기 때문에, 더욱 이 문제에 대해 민감할 수밖에 없는 것이다.

물론 흡연을 할 것인가 말 것인가는 순전히 담배를 피우고자 하는 사람의 자유에 속하는 문제이다. 그러나 그러한 자유의 허용에 의해 담배를 피우지 않는 사람의 자유가 본의 아니게 침해를 입는다면 그것은 결코 용납될 수 없는 자유의 남용 문제가 발생 할 수도 있는 것이다.

존 롤스(John Rawls)는 진정한 정의가 이루어지기 위해선 다른 사람의 자유를 침해하지 않는 범위 내에서 자신의 자유를 향유할 것을 요구하고 있다.[6] 만약 자신의 자유를 만끽하기 위해 다른 사람의 자유를 침해한다면 그것은 방종이지 결코 자유라고 볼 수는 없을 것이다.

이 점에 있어서 칼 포퍼(Karl Popper)나 임마누엘 칸트(Immanuel Kant)의 생각도 같다. 칼 포퍼는 인류의 공존에는 당연히 모든 개인의 무제한적 자유가 불가능하다고 본다. 내가 원하는 것을 뭐든

---

6) John Rawls, *A Theory of Justice* (Cambridge, Mass. : Harvard University Press, 1971).

자유롭게 행할 수 있다는 건 다른 사람의 자유를 자유롭게 빼앗을 수 있기 때문이라는 것이다.[7] 임마누엘 칸트는 이에 대해 인간의 공존에 필요한 정도까지만 개인의 자유를 제한하며 그 제한은 모든 시민에게 최대한 동등하게 적용되어야 한다는 해답을 내 놓고 있다.[8]

존 롤스를 비롯하여 칼 포퍼나 임마누엘 칸트나 모두 인간이 공존하기 위해선 개인의 자유가 제한을 받을 수밖에 없으며 그러한 불가피한 제한은 모든 시민에게 최대한 동등하게 적용되어야 한다는 생각을 시대는 다르지만 공유하고 있음을 알 수 있는 것이다.

담배를 마음껏 피울 수 있는 흡연의 자유와 타인의 담배연기로 인한 간접흡연의 대상이 되지 않을 자유가 충돌을 할 때, 이를 해소 할 수 있는 방법은 없게 된다. 서부 시대처럼 쌍권총을 휘두르며 황야의 결투를 하는 수밖에 더 있겠는가? 그렇게 된다면 우리가 살고 있는 이 문명사회는 무법천지나 다름없는 세상이 될 것이고 힘이 정의가 되는 세상이 될 것이다.

이러한 그릇됨을 바로 잡을 수 있는 유일한 권위 체는 바로 정부뿐이다. 정부가 공정한 심판자가 되어 담배를 피우는 것을 여러 조건을 달아서 그러한 조건을 충족시키지 못할 경우 이를 불법화하고 규제를 하게 되는 것이다. 이를 통해 담배를 피우지 않는 비흡연자들은 반사적 이익을 보게 되는 것이다.

요즈음 우리 사회에서 볼 수 있는 일정 요건을 전제로 하는 흡연규제는 정부의 개입과 통제를 인정하는 사회적 합의에 기

---

7) 칼 포퍼 지음 · 허형은 옮김, 『삶은 문제해결의 연속이다』 (서울 : 도서출판 부글북스, 2006), 32쪽.

8) 『앞의 책』, 32쪽.

초를 하고 있다. 물론 이러한 사회적 합의를 완전한 것으로 보기는 어렵다. 아직도 정부가 주도하는 금연정책에 대해 이의를 제기하는 사람들이 적지 않고 이에 대해 불만을 가지고 법적 대응을 불사하는 사람도 없지 않기 때문이다. 그러나 정부의 개입을 극소화하는 최소국가에서는 그나마도 이러한 것을 기대하기 어렵다는데 문제의 심각성이 존재하는 것이다.

앞에서 이미 언급을 하였듯이 담배를 피우겠다는 자와 이를 반대하는 자 간에 갈등과 충돌이 일어날 경우 이를 해결할 수 있는 방법이 별로 없게 된다. 방법이 있다면 앞에서 말했듯이 개인 간의 대결을 통해 죽이 되던 밥이 되던 해결할 수밖에 없을 것이다.

즉 최소국가의 교리에 기반을 이루는 자유방임주의 적 원리에 따라 국가의 역할이 정립이 될 때 원리 자체에 내재하고 있는 실질적 모호성에 따라 이러한 갈등해결에서 명쾌하고 뚜렷한 해소방안을 도출해 낼 수 없게 되는 것이다.[9]

실제로 시민사회는 법률적 면책특권, 재산형태, 그리고 개인적인 경제적 자유 등과 같은 매우 복잡한 구조에 의해 구성이 되어있다. 따라서 이 구조는 어떠한 일반적인 이론으로도 명료하게 명세 화를 시킬 수 없는 것이다.

시민들에게 주어지는 독립의 영역이나 자유의 영역 등은 자연적 진리에 의해서가 아니라 인위적인 법과 풍습이나 관례 또는 규칙 등에 의해 주어지는 것이며, 시대에 따라 계속되는 재정의의 필요성과 때로는 서로 경합되는 이해관계나 가치간의 균형을 표현하는 것이다.[10]

---

9) John Gray, *op. cit.*, pp.20-36," in David Mckevitt and Alan Lawton (eds.), *op. cit.*, p.26.

따라서 자유방임주의 사상은 법과 절차들의 역사적 유산들을 평가하는 과업과 개인의 자유와 존엄을 제고시키고 권력의 분산을 증진시키려는 개혁의 노력을 위축시키게 만드는 것이다.[11]

또한 기술혁신과 진정한 지구촌 경제와 같은 외형적인 변화 등이 밀려오는 21세기에 과거 19세기 초의 제한된 국가관 또는 최소국가의 교리로 되돌아가려고 하는 시도는 시대착오적 망상으로까지 비추어질 수 있는 것이다. 따라서 현재는 자유시장의 원리를 절대적인 것으로 받아들이는 교조적 시각에서 벗어나 정부의 개입을 정당시 하는 보다 적극적이고 긍정적인 정부상이 요구되어지고 있는 것이다.

> "현대 자본주의는 이미 자유시장의 원리, 사유재산권의 신성성, 계약의 절대성을 교조적으로 주장하지 않은 지 오래이며 공공의 이익을 확보하기 위해 국가에 의한 시장규제의 필요성이 받아들여지고 있다. 나아가 자본주의 시장경제의 지속적 성장을 위해 그리고 자본주의 체제가 수반하는 경제적 · 사회적 불평등을 해소하기 위해 국가의 적극적 역할이 중요하다는 주장이 받아들여지게 된 것이다.…… 이와 같이 수정된 자유주의가 오늘날 국가 개입의 정당성을 주장하는 진보주의 사상의 밑바탕에 놓여 있다." [12]

이러한 생각의 맥락 속에서 존 그레이(John Gray)는 최소국가의 아이디어를 공허한 것으로 받아들이고 있다.[13]

---

10) *Ibid.*, p.26.

11) *Ibid.*, p.26.

12) 이종수, 『앞의 책』, 22-23쪽.

2. 제한된 정부관에 대한 변화의 시각

어쨌든 정부의 존재나 역할을 크게 보건 또는 작게 보건 간에 국가가 존재하고 그 역할을 수행해야 한다는 당위성만큼이나 국가를 경영해 나가야 하는 정부의 존재나 역할의 중요성이 인정되어질 수밖에 없다면 정부나 행정에 대해서 부정을 하기는 매우 어려울 것이다.

영국에서의 전통에 따르자면 정부의 으뜸가는 의무는 평화를 만들고 이를 유지하는 것이다. 서로 다른 양립할 수 없는 가치와 식견을 가진 사람들로 구성된 시민사회를 파멸적 갈등으로 치닫지 않게 만들고, 서로 공생할 수 있는 사회 기구와 제도로 만들고 다듬고 또 유지해 나가는 것이 바로 정부의 으뜸가는 의무로 이해하는 것이다.

만약 어떤 국가가 안보를 위태롭게 하고 법과 질서의 유지라는 공공재를 제대로 제공하지 못한다면 그것은 정부의 의무를 저버린 것으로 간주 할 수 있는 것이다.[14]

제한된 정부라는 법률적 틀은 고정되거나 변화될 수 없는 것이 아니라 기술이 발전하고 사회조건이 변하면 시민사회를 구성하는 규칙과 헌법 그리고 실제 관례들이 수정과 변화를 요구받게 되는 것이다. 그리고 한 술 더 떠서 시민사회의 새로운 요구는 종전보다 더 강한 정부의 관심과 개입을 요구하게 되는 것이다.[15]

헌법은 가장 필요로 할 때 개인적 자유를 실질적으로 보호

13) John Gray, *op. cit.*, pp.20-36," in David Mckevitt and Alan Lawton (eds.), *op. cit.*, p.26.

14) *Ibid.*, pp.26-27.

15) *Ibid.*, p.27.

해주지 못했는데 이런 점은 최근의 역사가 이를 잘 설명해 주고 있다. 구소련 헌법은 여러 모로 볼 때 가장 잘 고안된 헌법이긴 하나, 독립적인 사법부를 결여하고 있고 공산당의 중앙집권적 권력이 만연되도록 방치함으로써 결과적으로는 헌법의 실질적 의미를 담아내지 못한바 있다.

물론 구소련의 예는 시민사회를 압살한 가장 전형적이고 극단적인 전체주의 모형을 보여준 것으로 일갈할 수 있을지 모르지만 완전히 전체주의 체제로 들어서지 못한 라틴 아메리카나 아프리카의 신생 독립국에서도 헌법이 원래의 의미를 제대로 발휘하지 못하고 단명으로 끝나는 것을 볼 때 이러한 일면을 잘 보여주고 있다.[16]

여기에서 얻을 수 있는 교훈은 헌법의 효능은 이것을 가지고 있는 권력이 얼마만큼 안정적으로 관련 주체들에게 잘 분배가 되어 있느냐 하는 점에 달려있다는 점이다. 그리고 더 나아가 정치적, 경제적 권력의 분배뿐만 아니라 헌법을 지킬 수 있는 시민들의 정치문화가 어느 정도 자리를 잡고 있느냐 하는 정도에 따라서도 결정이 된다는 것이다. 어떠한 헌법도 독재적이거나 야만적인 정치문화에서 제대로 크게 번성한 적이 없다는 것이 이를 잘 대변해 주고 있는 것이다.[17]

3. 미국에서 최소정부를 위한 노력에서 나타난 한계

제임스 매디슨(James Madison) 같은 초기의 헌법 기초자들은 어떠한 권리장전도 개인의 자유를 무시할 수 없다고 주장을

16) *Ibid.*, pp.27-28.

17) *Ibid.*, p.28.

하였지만, 지난 세기 동안 미국에서 이루어진 최소정부의 노력을 되돌아보면 그렇게 성공적이라고만 말 할 수 없는 것 또한 사실이다.

그렇게 볼 수 있는 이유는 건국 초기의 헌법 기초자들이 가지고 있었던 반 국가주의를 실현시키려는 명백한 의도에도 불구하고 미국 헌법은 다른 서구 국가들에서 일어난 것보다 더 사악한 개인의 자유에 대한 침해를 허용해 왔기 때문이다.

산업에 대한 과잉규제로 반 독과점법(Anti-trust Act)[18]을 생각해 낼 필요를 느꼈을 뿐만 아니라, 금융, 재정, 직업소개, 환경입법, 연방 국세청(Internal Revenue Service : IRS)의 과도한 권력 등 주나 연방정부에 의해 자행된 수많은 시도들이 이루어졌던 것이다.[19]

그리고 역사적으로 드러난 실제 사례들은 이보다 더욱 심각하다고 볼 수 있다. 미국에서 낙태, 인종 및 문화적 소수자들에 대한 문제, 여성 등의 권익과 같은 이슈들은 헌법적 문제들로 심각하게 다루어졌다.

이런 결과는 정치영역의 오염이 아니라 법의 정치화를 낳았다. 이런 문제는 예를 들면 적극적 고용정책(affirmative action program) 등과 같은 문제를 낳게 되었다. 그리고 이것은 또 다른 형태의 문제를 야기 시켰는데 그것이 바로 역차별(reverse discrimination)의 문제이다.[20]

---

18) 이러한 반 독과점 법으로는 셔먼 반독과점(Sherman Anti Trust Act) 법과 클레이튼 반 독과점법(Clayton Anti Trust Act) 등이 유명하다.

19) *Ibid.*, p.28.

20) *Ibid.*, p.29.

4. 방임적 세계질서는 더 이상 설자리가 없는 것일까?

우리 시대의 많은 오류를 범한 캐나다 헌법은 우리에게 좋은 타산지석(他山之石)이 될 수 있다. 경제적 자유가 성문화된 헌법을 가지고 있다고 해서 그 자유가 효과적으로 보호되는 것은 아닌 듯하다. 자유의 중요한 보루로서 헌법의 효능에 대한 의구심은 로마조약(the Treaty of Rome)[21]이 보여준 결과에 의해 확실성으로 바뀌었다.[22] 이 조약은 경제적 자유를 보호하기 위한 명시적 의도가 담겨있는 중요항목에서 실제적으로는 기능을 제대로 해내지 못하였던 것이다.

개인적 자유와 관련된 많은 문제들, 예를 들면 이민의 법적 통제[23], 춘화의 규제, 그리고 마약의 규제 등과 같은 문제들에

---

21) "EEC 조약이라고도 한다. 프랑스, 룩셈부르크, 이탈리아, 서독, 벨기에, 네덜란드 등 6개국에 의하여 1957년 3월 25일 로마에서 조인되었으며 1958년 1월 1일 발효되었다. 본문은 28조이고, 부속문서, 유럽투자은행, 동·서 독일 간 무역, 프랑스, 이탈리아, 룩셈부르크 등 각국의 특수문제 등 9개의 의정서, 국외 영역과의 연합, 바나나·커피 수입에 대한 세 가지 협약, 공통기관에 관한 협약 및 최종조서 등으로 구성되어 있다. 로마조약은 EEC라는 단일공동시장을 1969년 말까지 완성할 것을 우선 목표로 삼았으며, 그 밖에도 지역 내의 노동과 자본 이동의 자유, 그리고 농업·운수·통상·금융·사회 등 광범위한 분야에 걸친 공동정책의 수립 등 밀도 높은 경제통합을 지향하여 전후의 국제경제에 새로운 활력을 불어넣었다. 로마조약에 의한 공동시장의 창설은 그 후 순조롭게 진행되어 지역 내 관세의 철폐, 대외 공통관세의 설정은 1968년 7월 달성되었다." 『시사경제용어사전』, 기획재정부, 2010.11.
http://terms.naver.com/entry.nhn?cid=503&docId=299472&mobile&categoryId=503

22) John Gray, *op. cit.*, pp.20-36," in David Mckevitt and Alan Lawton (eds.), *op. cit.*, p.29.

23) 이민정책에 대해서는 그것이 기존의 미국 국민에 중점을 두고 펼쳐져야 한다는 주장과 지금의 미국 국민들도 조상을 거슬러 올라가면 대부분이 이민자이었다고 하면서 새롭게 받아들여지는 이민자들의 개인적 자유와 이익을 기존의 이주자 못지않게 고려해 나가야 한다는 입장이 서로 부딪치고 있다. 기존의 이민자들의 자유와 이익을 더 중요하게 여길 것인지 그렇지 않으면 새로

대해서도 개인적 자유에 관심을 가진 이성적 사고를 가진 많은 사람들 간에 조차 불일치를 낳고 있다.

사람들은 고정된 헌법의 사법적 유권해석에 의하기보단 갈등을 하고 이익과 가치간의 타협을 통해 보다 구체화 된 입법을 적절히 다루려고 한다. 다시 말해 경제적 자유를 위한 많은 제안들이 방임적 세계질서를 전제하고 있다. 그러나 이것은 더 이상 존재하지도 않고 미래에도 존재하지 않을 것이다.[24)]

5. 정부관에 있어 홉스 식 시각의 한계

우리가 살고 있는 오늘에 있어서는 국가를 토머스 홉스(Thomas Hobbes) 식으로 이해를 할 필요는 없다는 것이다. 홉스 식 국가는 오늘의 정치, 경제현실과 대비해 볼 때 너무나 시대에 뒤쳐진 모습을 보여준다는 것이다. 국가는 공공재를 제공하는 주체라는 고전적인 홉스 식 생각과는 상반되게 오늘날 영국이란 국가는 사적 민간재의 최대의 공급자인 것이다.[25)]

정부는 시민들의 안녕과 평화를 위해 공공재를 공급하기 위해 존재한다는 홉스의 생각과는 달리, 오늘날 영국정부는 공

운 이민자의 자유와 이익도 고려해 나가야 한다는 입장과의 갈등이 미국 이민정책의 핵심적 이슈라고 볼 수도 있다. 그래서 윌뱅크스(Dana W. Wilbanks)와 같은 학자처럼 미국의 신고립주의를 통한 국익증대방안보다 개방화 지향으로 국익을 증대하자는 진보적 방향을 제시하여 이민정책의 문호를 더욱 열어나갈 것을 주장하는 반면 이에 반대하는 학자들도 나타나고 있다. Dana W. Wilbanks, *Re-Creating America : The Ethics of U.S. Immigration and Refugee Policy in a Christian Perspective* (Nashville, TN : Abingdon Press, 1996).

24) John Gray, *op. cit.*, pp.20-36," in David Mckevitt and Alan Lawton (eds.), *op. cit.*, p.30.

25) *Ibid.*, p.32.

모하고 있는 이익 집단들의 사적인 선호를 만족시키기 위해 존재하고 있는 것이다.[26)]

한 마디로 정부는 커지고 있고 시민사회는 작아지고 있다. 프리드리히 하이에크(Friedrich Hayek)가 1944년에 발간 한 '노예에의 길'(Road to Serfdom)[27)]에서 우려했던 상황이 그대로 재현이 되고 있는 것이다. 그는 경제에 대한 정부의 역할이 확대되면 불가피하게 개인적 자유의 침해를 가져 올 것이고 그로 인해 경제적 자유 시민들은 모두 노예로 전락할 것이라고 내다보았다.

오늘 날 영국에서 목도하듯이 국가의 확대가 가져 온 시민사회의 축소는 자원을 둘러싼 정치적 투쟁의 폭발을 가져왔다.[28)] 영국정부는 자원을 둘러싼 경쟁에서 가장 강력한 무기를 가지게 된 것이다. 이렇게 됨으로써 새로운 홉스 식 딜레마에 봉착하게 된 것이다. 시민들이 자신들의 이익을 지키고 보호하기 위해 정부정책에 대해 영향력을 모색하려는 노력을 경주하게 되는 것이다.[29)]

홉스 식 시각에서 가장 필수적인 인식은 정부활동이 공공재의 생산으로 국한되어야 한다는 인식이다. 홉스의 시각에서 보자면 이렇게 하는 것이 평화롭다는 것이다. 그러나 이러한 시각은 현재의 여러 상황을 고려해 볼 때 더 이상 설자리를 상실해 가고 있다.

---

26) *Ibid.*, p.32.

27) Friedrich Hayek, *The Road to Serfdom* (London : Routledge, 1944).

28) John Gray, *op. cit.*, pp.20-36," in David Mckevitt and Alan Lawton (eds.), *op. cit.*, p.32.

29) *Ibid.*, p.33.

6. 시장의 자유를 위한 윤리적 주장은 무엇인가?

시장의 자유와 사유재산제는 다른 사람이나 폭력적인 국가에 의한 강제에서 보호받을 수 있는 방패라는 것이다. 그러나 이것은 기껏해야 반 정도의 진실이다. 시장 자유의 가장 기본적인 핵심적 주장은 시민들로 하여금 자신의 목적을 추구하고 자신의 가치와 이상을 적극적으로 표현 할 수 있게 함으로써 개인의 복리에 기여할 수 있도록 하는 것이다.

그리고 이것은 다수의 폭도에 의한 개입과 간섭을 배제시키고 자신의 목적을 이룰 수 있다는 것을 의미하는 것이다. 시장은 자율과 자기 결정권의 자유를 제공해주며 나아가 간섭받지 않을 권리까지 보장하는 것이다.[30]

시장을 위한 윤리적 주장은 서로 다른 전통과 가치가 평화롭게 공존할 수 있을 뿐만 아니라 집합적 의사결정이 이루어낼 수 없는 생각과 실천에 있어 혁신과 새로운 것을 가능케 한다는 것이다. 시민들로 하여금 시장은 그들의 이상과 생각을 집행하고 그들의 목적들을 실현시킬 수 있도록 해주는 역할을 해줄 수 있다는 데서 가장 강력한 도덕적 정당성을 가지게 되는 것이다.[31]

7. 마무리 글

시장을 위한 윤리적 주장을 관철시켜 나가는데 있어 문제가 되는 것은 자유 시장에 완전하게 참여하기 위해서는 그들이

---

30) *Ibid.*, p.34.

31) *Ibid.*, p.35.

가지지 못하는 자원을 때때로 필요로 하게 된다는데 있다.

시장이 제대로 돌아가기 위해서는 부의 확산과 기회균등을 위한 합리적 조치가 선행되어야 하는데 이러한 일은 시장이 자체적으로 할 수 있는 것이 아니라 정부가 해주어야 한다는 것이다.

그러나 문제는 앞서 언급한 방임적 세계관을 지니고 최소국가의 교리를 관철하려는 제한된 정부에서는 이러한 일을 하기가 어렵다는 것이다.[32]

그렇다면 어떠한 방법을 통해 자유시장의 원리를 보존하면서 그 이상이 지속되어질 수 있도록 할 수 있을 것인가? 이에 대해 존 그레이는 이러한 제한된 정부의 한계를 극복하기 위한 방안을 나름대로 제시를 하고 있다.

첫째, 세금을 인상하는 것을 요구하는 헌법석 수정요구는 인플레이션과 같게 국민소득의 증가분을 훔치는 행위로 받아 들여져야한다는 것이다. 둘째, 정부는 균형예산을 이루어 나가도록 가능한 노력해야 한다는 것이다. 셋째, 다소 진보적이지만 화폐가치의 안정화를 유지하기 위해 노력해 나가야 한다는 것이다. 넷째, 과도한 힘을 가진 노동조합이나 정부 관료제에 재갈을 제대로 물릴 수 있도록 제반 법적 노력이 수반되어져야 한다는 것이다.[33]

나름대로 제한된 정부의 한계를 극복하려고 노력하는 사람들이 귀 기울이며 새겨들어야 할 내용이 아닌가 싶다.

---

32) *Ibid.*, p.35.

33) *Ibid.*, pp.30-31.

제7장

정부 개입의 철학

근대국가가 기반을 두고 있는 자본주의적 시장경제체제는 정치와 경제의 분리에 기초하여 정부와 시장의 분업이 이루어지고 있는 사회다. 아담 스미스(Adam Smith)와 같은 초기 자유주의자들은 경제의 영역은 보이지 않는 손(invisible hand)에 의하여 작동이 되는 시장에 맡겨 두고 정부는 국방과 치안 질서 유지 등 시장경제의 외적 조건만을 확보해 주는 기능에 그쳐야 한다고 주장을 하였다.[1)]

1980년대에 등장한 신자유주의자들은 시장의 실패까지 시장에 맡겨 해결해야 한다고 주장하면서, 민간화와 민영화 그리고 규제완화를 통한 정부 기능의 축소 등 감축관리(cutback management)를 처방했다. '작은 정부와 큰 시장'을 지향하는 이러한 신자유주의 이념은 이 당시 거세게 몰아치던 세계화(globalization) 사조와 맞물려 자유주의적 국제 경제 질서 확산 운동으로 전개되었다.[2)]

1) 이종수, 『한국 행정의 이해』 (서울 : 도서출판 대영문화사, 2013), 22쪽.

이러한 세계화 추세 속에서 신자유주의 이념을 추구한 대부분의 국가에서는 공적 기능의 축소를 지향하였다. 그리고 공공 문제를 해결하는 과정에서 국가가 관장하는 역할의 비중을 감소시켰다. 그리고 그 대신 시장과 시민사회의 역할을 증대시킬 것을 강조하였다. 민관 협력에 의한 공공 서비스의 생산 및 전달을 강조하는 뉴 거버넌스(new governance)로서의 행정이 대표적인 예에 속한다.[3]

이종수는 1990년대 들어 사회민주주의와 신자유주의의 변증법적 통합을 주창하는 '제3의 길'이 모색되면서 정부의 기능이 다시 새로운 조명을 받게 되었다고 주장하고 있다.[4] 그리고 2008년 미국 월가(Wall Street)의 금융 시스템이 붕괴되어 금융대란사태가 발발하고, 이러한 일련의 사태가 세계적 경기 후퇴를 초래하게 되자 자유자본주의의 본산인 미국과 영국에서조차 '정부의 귀환'(the return of the state)이 공공연하게 주창되기에 이르렀다고 보고 있다.[5]

이종수는 20세기의 복지경제학자들이 시장의 결과를 사회정의의 구현과 같은 규범적 목표에 적응시키기 위해 정부가 시장에 적극 개입해야 한다고 주장하고 있다고 한다. 즉, 이들은 분배 문제로 인해 국가의 정통성이 훼손되고 민주주의가 위협받지 않도록 하기 위해 정부가 '분배 정의'를 구현하는 적극적인 역할을 수행해야 한다고 하는 '적극 국가론'을 개진하고 있다는 것이다.[6]

---

2) 『앞의 책』, 23쪽.

3) 『앞의 책』, 41쪽.

4) 『앞의 책』, 23쪽.

5) 『앞의 책』, 23쪽.

1. 정부의 시장 개입의 논거

이종수는 정부의 시장 개입의 논거로 공공재의 과소공급, 외부성, 불완전 경쟁, 불완전 정보, 분배의 불평등, 경제 안정의 확보, 그리고 거래 비용 등을 열거하고 있다.[7] 이 중 이곳에서는 외부성과 거래비용을 보다 중요한 논거로 인식을 하고 이들을 중심으로 정부의 시장 개입의 논리적 근거에 대해 알아보고자 한다.

1) 외부성(externality)

정부는 외부성 또는 외부효과(externality)로 인한 시장실패를 치유하기 위해 시장에 개입하게 된다는 것이다.[8]

외부효과는 1890년 알프레드 마샬(Alfred Marshall)에 의해 제시된 개념으로서 한 사람의 행위가 제3자의 경제적 후생에 영향을 미치지만 그 영향에 대한 보상이 이루어지지 않는 경우에 발생한다. 제3자의 경제적 후생수준을 낮추는 외부효과를 부정적 외부효과라고 하고, 제3자에게 이득을 주는 외부효과를 긍정적 외부효과라고 한다.

외부효과가 발생을 하면 사회적 후생을 고려할 때 시장에 참여하는 수요자와 공급자의 경제적 후생뿐만 아니라, 방관자로서 간접적인 영향을 받는 제3자의 경제적 후생까지도 감안을 해야 한다. 이러한 점 때문에 외부효과를 이웃효과(neighborhood effects)

---

6) 『앞의 책』, 24쪽.

7) 『앞의 책』, 55-64쪽.

8) 『앞의 책』, 58쪽.

로도 불리어지기도 한다.

수요자와 공급자가 시장에서 의사결정을 할 때, 자신들의 행위가 다른 사람에게 어떠한 영향을 미치는지 의식하지 않기 때문에 시장균형이 자원의 효율적인 배분을 달성할 수 없다.

원자력 발전소에서 배출하는 냉각수에 인체에 해로운 방사능이 다량으로 섞여 있다거나 대기 중에 다이옥신을 방출하는 것은 분명 부정적 외부효과이다. 사적 이윤을 추구하는 종이회사들은 자신들이 방출하는 오염 물질의 사회적 비용을 고려하지 않고 생산량을 결정하기 때문에 정부가 이를 규제하거나 억제하지 않으면 오염물질 배출량이 사회적으로 과다해질 수밖에 없다.[9)]

자동차의 배기가스 역시 대기를 오염시키기 때문에 부정적 외부효과라고 할 수 있다. 운전자들은 어떤 이도 간섭하거나 통제하지 않는 자유방임상태에서 대기를 지나치게 많이 오염시킨다. 정부는 이 문제를 해결하기 위해 자동차의 배기가스 허용기준을 정해 이를 시행하고, 휘발유에 세금을 부과하여 휘발유 소비를 억제하고 있다.[10)]

로널드 코즈(Ronald H. Coase)라는 경제학자에 의해 이론화된 '코즈의 정리'(Coase theorem)란 민간경제주체들이 자원배분 과정에서 아무런 비용을 치르지 않고 협상을 할 수 있다면, 외부효과로 인해 초래되는 비효율성을 시장에서 그들 스스로 해결할 수 있다는 내용을 담은 정리를 의미한다.[11)]

---

9) 맨큐(N. Gregory Mankiw) 지음 · 김경환 · 김종석 옮김, 『맨큐의 경제학』 (서울 : 교보문고, 2007), 236쪽.

10) 『앞의 책』, 236쪽.

11) 『앞의 책』, 244쪽.

이 정리에 따르자면 당초 법적 권리를 누가 가지고 있는 가와는 무관하게 당사자들은 항상 협상을 통해 양측에게 모두 이득이 되는 효율적인 상생의 결과에 도달 할 수 있다는 것이다.[12)]

이해의 편의를 위해 맨큐(N. Gregory Mankiw)가 제시한 예를 들어보면 딕이라는 사내가 스포트라는 강아지를 키우고 있다는 가정의 예에서 출발을 한다.

> "스포트가 짖는 소리로 인해 이웃에 사는 제인이 피해를 입는다. 이 경우 딕이 강아지를 동물보호소로 보내야 할까, 아니면 제인이 매일 밤 개 짖는 소리를 들으며 밤잠을 설쳐야 할까? 먼저 어떤 결과가 사회적으로 바람직 할지 생각해 보자. 딕이 얻는 혜택과 제인이 받고 있는 고통을 비교해 볼 것이다. 만약 혜택이 고통을 초과한다면 딕은 계속 강아지를 기르고, 제인은 고통을 참는 것이 효율적이다. 그러나 그 반대라면 딕은 강아지를 동물보호소로 보내야 할 것이다." [13)]

코즈의 정리에 따르면 시장은 스스로 효율적인 결과에 도달한다. 그 방법은 제인이 딕에게 강아지를 처분하면 보상하겠다고 제안하는 것이다. 보상액이 강아지를 통해 얻는 혜택보다 크다면 딕은 제인의 제안을 마다할 필요가 없으므로 받아들일 것이다. 따라서 두 사람은 보상액에 대한 원만한 협상을 통해 효율적인 상생의 결과에 도달할 수 있을 것이다. 이렇게 되면 두 사람 모두 전보다 높은 경제적 후생수준을 누릴 수 있는 효율적인 결과에 도달하는 것이다.[14)]

---

12) 『앞의 책』, 246쪽.

13) 『앞의 책』, 245쪽.

딕이 강아지를 기를 권리가 있는지, 제인이 조용한 수면을 취할 권리가 있는지의 여부에 따라 협상결과 최종적으로 누가 누구에게 보상을 해야 하는가가 결정된다. 그러나 어느 경우든 두 사람은 협상을 통해 외부효과를 해소 할 수 있다는 것이 중요한 것이다.[15)]

요약하면, 당초 법적 권리를 누가 가지고 있는 가와는 무관하게 당사자들은 항상 협상을 통해 양측에게 모두 이익이 되는 효율적인 결과에 도달 할 수 있게 되는 것이다.[16)]

외부효과로 인해 시장이 효율적인 성과를 내지 못하고 있을 때, 정부는 명령-통제방식(command-and-control)을 통한 직접 규제나 시장 기능을 활용한 정책(market-based policies) 중 하나를 사용하여 대응 할 수 있다. 시장 기능을 활용한 정책수단이란 민간주체들이 외부효과문제를 스스로 시정하도록 시장유인을 제공하는 것을 말한다.[17)]

우선 직접규제는 정부가 일정한 행위를 의무화하거나 금지함으로써 외부효과문제를 해결하는 것이다. 예를 들어 독성이 있는 화학물질을 상수원에 버리는 것을 범죄행위로 규정하는 것이다. 이 경우는 사회적 비용이 사적 이득을 훨씬 초과하기 때문에 정부는 이러한 행위 자체를 불법화하는 직접 규제수단을 사용하는 것이다.[18)]

다음 시장원리에 입각한 정책으로는 교정적 조세(corrective

14) 『앞의 책』, 245쪽.

15) 『앞의 책』, 246쪽.

16) 『앞의 책』, 246쪽.

17) 『앞의 책』, 247쪽.

18) 『앞의 책』, 247-248쪽.

tax)나 보조금 등을 들 수 있다. 부정적 외부효과를 시정하기 위해 고안된 세금을 교정적 조세라고 한다. 즉, 개별 의사결정자들로 하여금 부정적 외부효과에서 비롯되는 사회비용을 감안하도록 유도하기 위해 고안된 조세이다.[19)]

이 세금의 사용을 오래전에 제창한 경제학자 아서 피구(Arthur Pigou)의 이름을 따서 피구 세(pigovian tax)라고도 한다. 이상적인 교정적 조세는 부정적 효과를 일으키는 행위에서 비롯되는 외부효과비용과 같은 금액이 되어야 하며, 이상적인 교정적 보조금은 긍정적 외부효과를 창출하는 행위에서 비롯되는 외부효과 편익과 같은 금액이 되어야 한다.[20)]

특히 오염문제 등으로 인한 외부효과를 치유하기 위한 시장원리에 입각한 정책으로는 오염배출권 거래제도 등이 있다.

이것 역시 이해의 편의를 위해 맨큐(N. Gregory Mankiw)가 제시한 예를 들어보면 다음과 같다.

> “정부가 두 공장에게 오염물질 배출량을 무조건 연간 300톤 이내로 감소시키도록 규제를 가했다고 하자. 그 결과 두 공장은 규정대로 오염배출을 감축했다. 그런데 어느 날, 두 공장이 공동으로 정부에 다음과 같은 건의서를 제출했다. 철강공장이 배출량을 100톤만큼 더 늘리는 대신 종이 공장이 그만큼 배출량을 줄이고 그 대가로 철강공장은 종이공장에게 500만 달러를 지불하겠다는 것이다. 경제효율성의 측면에서 보면 정부는 당연히 이 제안을 받아들여야 한다. 두 공장의 오염 배출권 거래는 당사자들이 자발적으로 도달한 합의이기 때문에 양자에게 모두 이득

19) 『앞의 책』, 248쪽.

20) 『앞의 책』, 248쪽.

이 된다. 더구나 오염물질의 총배출량은 전과 변함이 없기 때문에 추가적인 사회적 부담도 없다. 따라서 종이공장이 철강공장에 오염 배출권을 팔도록 허용하면 사회적 후생이 증가할 뿐만 아니라 정부는 사실상 오염 배출권이라는 또 하나의 희소자원을 창조하는 것이 된다. 그렇다면 궁극적으로 이 배출권이 거래되는 시장이 자연스럽게 형성될 것이며, 이 시장 역시 수요·공급 원리에 의해 지배될 것이다. 이 새로운 시장은 보이지 않는 손에 의하여 오염 배출권을 효율적으로 배분할 것이다."[21)]

이러한 경제학적 접근에 대해 강한 반발을 하는 것이 환경보호론자 들이다. 1971년 에드먼드 머스키(Edmund Muskie) 상원의원은 "돈 내고 환경을 파괴하는 행위를 허용해서는 안 된다."는 말을 했는데 이 말은 환경보호론자들의 견해를 대변한다고 할 수 있다.[22)]

그들은 깨끗한 공기, 깨끗한 물은 경제적 논리로 설명해서는 안 되는 기본 인권이라고 생각한다. 깨끗한 공기, 깨끗한 물에 어떻게 감히 값을 매긴다는 말인가? 그들은 환경이 너무나도 중요하기 때문에 어떤 대가를 치르더라도 보호되어야 한다고 주장한다.[23)]

맨큐(N. Gregory Mankiw)는 정부가 이러한 외부효과문제를 해결하기 위해 개입을 하더라도 시장 기능을 완전히 무시해서는 안 된다고 주장을 한다. 오히려 정부의 역할은 외부효과의 원인이 되는 경제주체들에게 그들의 행위가 초래하는 사회적

21) 『앞의 책』, 252쪽.

22) 『앞의 책』, 255-256쪽.

23) 『앞의 책』, 255-256쪽.

비용을 부담하게 하는 것이 되어야 한다고 보는 것이다.[24]

앞에서 살펴 본 교정적 조세와 오염 배출권의 거래와 같은 방법이 오염으로 인한 사회적 비용을 내부화 하기 위한 정책 수단이다. 그는 시장 기능을 적절히 사용하면 오히려 시장 실패를 치유하는 최선의 처방이 될 수 있다고 보고 있다.[25]

2) 거래 비용(transaction cost)

거래비용이란 이해 당사자들이 협상을 통해 합의에 도달하는 과정에서 부담하는 비용을 의미한다.[26] 거래비용은 정보비용, 의사결정 비용, 통제 비용과 같이 경제적 거래를 준비하고 감시 하는 데서 발생하는 비용으로 정의할 수 있다.

특히 정보비용과 통제 비용의 존재는 정부 규제의 필요성을 정당화 하는데 사용된다. 만약 정부가 도량형을 규제한다면, 사람들은 옥탄가가 정확한지 그리고 탱크에 주입된 가솔린 양이 얼마인지에 대한 걱정 없이 가솔린을 구매할 수 있을 것이다.[27]

정부의 시장에 대한 개입은 이와 같이 소비자의 정보 획득 비용 및 점검 비용을 획기적으로 줄여줄 수 있다는 논거에서 정당화 된다. 그리고 이러한 정부 규제 정당화의 논리는 시장이 그와 같은 수준의 정보를 제공해 주지 않을 것이라는 가정을 전제한다.[28]

---

24) 『앞의 책』, 257쪽.

25) 『앞의 책』, 257쪽.

26) 『앞의 책』, 246쪽.

27) 이종수, 『앞의 책』, 63-64쪽.

28) 『앞의 책』, 63-64쪽.

예를 들어 어떤 공장이 호수에 오염물질을 배출하고 있다고 하자. 이 공장은 호수에서 생업을 유지하는 어부들에게 부정적 외부효과를 미친다. 앞에서 살펴 본 코즈의 정리에 따르면 공장이 오염물질 배출을 자제하도록 어부들이 보상금을 지불하는 합의에 도달할 수 있을 것이다. 그러나 어부들의 숫자가 매우 많다면, 이들의 의견을 조정하여 공장 측과 협상을 한다는 것은 거의 불가능하다.[29)]

민간주체들 간의 자발적인 협상이 불가능할 때, 정부가 일정한 역할을 할 수 있다. 정부의 제도적 기능 중 하나가 바로 집합적인 행동(collective action)을 취하는 것이다. 앞의 예에서 어부들이 자신을 위해 공동행위를 하는 것이 불가능하다면, 정부가 이들을 대신해 행동을 취할 수 있다는 것이다.[30)]

그런데 여기에서 집합적인 행동에 대해 고민을 해 볼 필요가 발생하게 되는 것이다. 집합적인 행동은 다음과 같은 전제가 성립될 수 있을 때 나름대로의 의미를 가질 수 있는 것이다.

> "각자가 자기 이익만을 열심히 추구하여도 그 집합적 결과로써 공익이 실현되고 사회 전체적으로 최적의 자원배분이 이루어질 수 있을 뿐 아니라, 효율적인 결과가 실현될 수 있다는 것이다."[31)]

그러나 이러한 전제가 만약 성립이 되지 못하는 상황이 도래된다면 어떻게 되겠는가 하는 것이 고민의 중심을 이루는 생각

29) 맨큐(N. Gregory Mankiw) 지음 · 김경환 · 김종석 옮김, 『앞의 책』, 247쪽.

30) 『앞의 책』, 247쪽.

31) 김재한 · 김대진 · 김종욱 · 안도경 · 윤홍근 · 이성규 · 한정훈, 『공공선택』 (서울 : 박영사, 2012), 37쪽.

이다. 개인적인 자기 이익을 위해 열심히 노력을 하였는데 그 결과가 전체의 경제 후생을 증진시키지 않고 그 반대의 현상을 초래하게 된다면 그것은 문제가 될 수밖에 없는 것이다.

바로 이러한 점을 처음으로 제기한 사람이 개릿 하딘(Garret Hardin)이다. 그는 1968년 『사이언스』지에 '공유지의 비극'(The Tragedy of the Commons)[32]이라는 논문을 통해 각자 최선으로 자기 이익에 충실한 합리적 행동을 하였으나 집합적으로 전혀 비합리적인 결과를 낳게 되었다는 점을 지적한 것이다.

그는 이 논문에서 이러한 점을 설명하기 위해 많은 농부들이 공동으로 이용하는 목초지의 사례를 들었다.

그리고 이러한 합리적인 개인들의 개별 선택의 집합적 결과가 전혀 비합리적일 것이라는 점을 지적한 것으로는 메릴 후리드(Merrill M. Flood)와 멜빈 드레서(Melvin Dresher)에 의해 제시되고 프린스턴 대학의 수학자인 앨버트 터커(Albert W. Tucker)에 의해 정식화 된 죄수의 딜레마(prisoner's dilemma)에서도 잘 나타나고 있다.[33]

"A라는 사람과 B라는 사람이 서로 공동모의를 해서 범행을 저질렀다고 가정을 해보자. 이 두 사람의 관계는 공범관계가 된다. 이 둘이 검거가 되었다. 검사는 이 둘을 격리 수용시켰다. 둘이 말을 맞추거나 서로 사실을 은폐하는 행동을 할 가능성이 있어서 이를 하지 못하도록 하기 위해서였다. 검사가 제대로 된 물

---

32) 미국의 미생물학자 하딘(G. Hardin)이 1968년 Science지에 기고한 "공유지의 비극"(The Tragedy of the Commons)이란 논문에서 이 용어가 유래가 되었다. 이준구 · 이창용, 『앞의 책』, 347쪽. ; Garret Hardin, "The Tragedy of Commons," *Science*, 163, (1968), pp.1243-1248. ; 김항규, 『앞의 책』, 92-94쪽.

33) 김재한 · 김대진 · 김종욱 · 안도경 · 윤홍근 · 이성규 · 한정훈, 『앞의 책』, 40쪽.

증이 없어서 공범의 자백에 의존을 해야 한다고 가정을 해보자. 그래서 검사는 이들과 플리바겐(plea-bargain) 협상을 하였다. 자백여하에 따라 형량을 조절해주는 타협조건을 제시했던 것이다. 만약에 둘이 모두 범행을 부인하고 자백을 안 하면 6개월씩 감옥에 있도록 하겠다고 하였다. 그리고 만약에 A가 먼저 자백을 하고 B가 끝까지 침묵을 지킬 경우 A는 자유, B는 10년을 감옥에서 살게 하겠다고 말했다. 그 반대이면 A는 감옥에서 10년을 살고 B는 석방을 시키겠다고 말했다. A와 B가 동시에 자백을 할 경우 5년을 감옥에 살게 하겠다는 조건을 검사가 범인들에게 제시를 하였다. 이것이 바로 죄인 혹은 수인의 딜레마(prisoner's dilemma)를 나타내는 예이다."[34]

이러한 예에서 볼 수 있듯이 합리적 성향을 지닌 개인들은 집합행동의 편익을 향유하려 들지만 그것이 성공하기까지 수반되는 비용을 분담하려 들지 않는 무임승차자(free-rider)의 유혹에 빠지게 되는 것이다. 앞서 살펴 본 공유지의 비극이나 죄수의 딜레마 등은 모두 이와 연관된 설명 모델인 것이다.

"어떤 한 사람을 다른 사람들이 마련한 편익의 향유로부터 배제시키기가 마땅치 않을 때, 각 개인은 공동의 노력에 기여하고자 하는 대신 다른 사람들의 노력에 무임승차하고자 하는 동기를 가진다. 만일 모든 참여자들이 무임승차 동기를 갖는다면, 그 집합적 편익은 생산되지 않을 것이다. 물론 많은 사람들이 무임승차하는 가운데에서도 얼마간의 사람들에 의해서 집합적 편익이 생산될 수도 있다. 하지만 이 경우에는 집합적 편익의 최적 생산수준에 미달하게 된다."[35]

---

34) 이병철, 『행정철학』 (부산 : 도서출판 금정, 2012), 62쪽.

바로 이러한 점들이 시장의 불완전성을 드러내는 것이고 그렇기 때문에 정부가 개입을 하여야 한다는 정당성을 제공해주는 것이라 사료가 되는 것이다.

앞에서 이미 설명을 하였듯이 로널드 코즈(Ronald H. Coase)는 거래비용을 고려하여 사회문제를 해결하는 다양한 제도적 방법들을 분석해야 한다고 주장을 하였다.[36] 그리고 정부의 개입도 필요하다면 받아들여야 한다는 입장도 천명을 하였다.

이상으로 정부가 마땅히 시장에 개입할 수 있는 논거들에 대해 살펴보았는데 사실 이러한 정부의 시장개입에 대한 우려가 없는 것은 아니다. 왜냐하면 정부라고 해서 만능은 아니며 그렇게 때문에 정부의 실패도 얼마든지 발생할 수 있다는 것이다.

제임스 뷰캐넌(James Buchanan)[37] 등은 "정부가 독점적 지위를 이용한 시장 개입과 지대추구행위(rent-seeking behavior)를 통해 사회적 비용을 초래하게 됨으로써 정부 실패가 야기된다."[38]고 주장하고 있다.

또한 과학적 방법의 적용을 강조하는 분야에서 정부실패는 등한시하면서 시장의 불완전성과 실패만을 규명하려는 태도는 잘못된 것이라는 점을 지적하면서 이와 관련된 근거를 실

---

35) 김재한 · 김대진 · 김종욱 · 안도경 · 윤홍근 · 이성규 · 한정훈, 『앞의 책』, 44쪽.

36) Ronald H. Coase, "The Problem of Social Cost," *Journal of Law and Economics*, Vol.3, 1960, pp.1-44.

37) 고든 튤록(Gordon Tullock)과 더불어 공공선택이론의 대표적 학파인 버지니아 학파(Virginia School)를 이끌고 있다.

38) James M. Buchanan, R. D. Tollins, & Gordon Tullock, *Toward a Theory of the Rent-Seeking Society* (College Station, Texas : Texas A & M University Press, 1980). ; 이종수, 『앞의 책』, 61쪽에서 재인용.

질적으로 제공하기도 하였다.[39]

미국의 저명한 경제학자인 조지 스티글러(George Stigler)는 시장에 대한 잘못되고 어설픈 정부의 개입이 오히려 시장의 실패보다 더 큰 해악을 우리 사회에 끼칠 수 있음을 경계하고 있다.

3) 기타

우선 공공재의 과소공급을 들 수 있다. 공공재가 시장 메커니즘을 통해 사회적 적정량만큼 공급되지 않는 문제를 해결하기 위해 정부가 직접 공공재의 생산 및 소비 과정에 개입하게 된다는 것이다. 정부는 공공재의 생산기능을 직접 담당하기 위해 조세라는 강제 수단을 통재 공공재의 생산 비용을 징수하며, 공공재의 무분별한 소비를 억제하는 정책을 추구하게 된다는 것이다.[40]

다음으로는 불완전 경쟁이 일어나거나 일어나지 않도록 하기 위한 예방적 조치를 위해 정부가 개입할 수밖에 없다는 것이다. 독점의 부정적 효과를 상쇄하기 위한 정부의 활동이 요구된다는 것이다.[41]

그리고 정보 부족의 문제를 해결하기 위해 정부는 공급자로 하여금 상품에 대한 정확한 정보를 제공하도록 강제하기도 하고, 생산기술에 대한 정보를 스스로 생산하여 제공하는 등의

---

39) James M. Buchanan et al., *The Economics of Politics,* Readings 18, Institute of Economic Affairs(IEA) (Transatlantic Arts, 1979).

40) 이종수, 『앞의 책』, 57쪽.

41) 『앞의 책』, 59쪽.

활동을 통해 시장에 개입하게 된다는 것이다.[42)]

또한 분배의 불평등을 해소하기 위해 정부가 개입을 하게 된다는 것이다. 소득 불평등은 시장에 대한 정부 개입 정당화의 한 논거가 된다. 소득 불평등에 대한 정부의 주된 개입수단은 조세이다.[43)]

조세를 통해 소득이 높은 사람들한테서 돈을 거두어들이고 이렇게 거두어들인 돈을 소득이 낮은 사람들을 위해 사용을 함으로써 소득의 격차를 완화하거나 해소시키는 방법을 사용하는 것이다. 이러한 방법은 시장에 대한 정부 개입의 정당성을 확보해주기도 하고 소득 불평등을 완화 또는 해지해주는 수단이 되는 것이다.

비유를 통해 쉽게 설명을 하자면 의적(義賊) 로빈 후드(Robin Hood)나 임꺽정이 부자들의 재산을 빼앗아서 이를 가난한 자들에게 나누어주는 것과 비슷한 것이다. 단지 차이점이라면 로빈 후드나 임꺽정은 법적 근거가 없이 물리적 강제력을 통해 부자들의 재산을 빼앗는다는 것이고 정부는 조세법정주의에 의해 법적 근거를 가지고 부자들의 재산을 거두어 들였다는 점이다.

마지막으로 경제 안정의 확보를 위해 정부가 개입을 하게 된다는 것이다. 경기순환의 존재는 정부의 개입이 요구되는 시장실패의 증거로 간주되곤 한다. 경기순환에 대한 정부 개입의 필요성은 존 케인즈(John Maynard Keynes)가 1936년 『고용·이자·통화에 관한 일반 이론』(General Theory)을 출판하기까지 주목받지 못했다.[44)]

---

42) 『앞의 책』, 60쪽.

43) 『앞의 책』, 61쪽.

케인즈는 시장이라는 것은 자기 스스로 교정을 할 수 없기 때문에 경기순환은 정부의 개입 없이는 교정될 수 없다고 주장을 한다. 그는 경기 불황을 탈출하기 위해서는 정부가 소비, 투자, 자본 확장을 자극할 방안을 강구해야 한다고 하였다.[45]

2. 가격에 대한 통제(가격규제)의 정당성

이준구와 이창용은 정부가 시장에 개입하는 유형을 세 가지로 제시를 하고 있는데 그 중 하나가 바로 민간부문의 행동을 규제하는 방식이다.[46] 그리고 제임스 맥키(James Mckie) 역시 정부 개입의 유형을 세 가지로 분류를 하여 제시를 하고 있는데 규칙제정 및 보호, 규제(regulation), 그리고 육성 및 지원이 그것이다.[47]

---

44) 『앞의 책』, 62쪽.

45) 『앞의 책』, 62쪽.

46) 이준구와 이창용은 정부는 개입을 위해 세 가지 중 하나의 개입방법을 선택하게 된다고 한다. 여기에서 세 가지 개입방법은 첫째, 직접적 행동을 통한 방법 둘째, 유인의 제공 셋째, 민간부문의 행동을 규제하는 방법이다. 직접적 행동을 통한 방법으로는 특정한 재화나 서비스를 생산해 국민에게 공급하는 일이다. 국방서비스나 경찰서비스, 도로, 공원 등처럼 공공재의 성격을 가지는 재화나 서비스를 직접 공급해 주는 방식이다. 그리고 유인의 제공은 정부가 직접 행동하는 것이 아니라 민간부문에 단지 유인(incentive)만을 제공해 원하는 방향으로 이끌어 가는 개입방식이다. 투자 촉진을 위해 조세나 금융상의 혜택을 제공하는 것이 그 좋은 예이다. 그리고 민간부문의 행동을 규제(regulation)하는 것은 정부가 개인이나 기업의 행동에 일정한 제약을 가하는 방법이다. 규제의 목적으로는 소득재분배, 소비자 보호, 환경 보호, 국민의 건강 보호, 공정거래질서 유지 등 다양하다. 이준구 · 이창용, 『경제학원론』 (서울 : 법문사, 2006), 337-339쪽.

47) 맥키는 정부가 국민경제에 개입하는 방법으로 규칙 제정자 및 보호자로서의 기능, 규제자로서의 기능, 육성자 및 지원자로서의 기능, 소유자 및 경영자로서의 기능으로 분류하고 있다. James McKie, “Government Intervention in the

랄프 바이른스(Ralph T. Byrns)와 제럴드 스톤(Gerald W. Stone)은 시장실패를 치유하기 위한 정부개입의 유형을 경쟁의 촉진 혹은 장려(promoting competition), 직접적 행동(직접 특정재화를 제공하는 것), 그리고 세금이나 보조금 지원 혹은 규제를 통해 민간부문 산출을 수정하는 것 등을 들고 있다.[48)]

이준구나 이창용, 제임스 맥키, 그리고 랄프 바이른스와 제럴드 스톤 모두 규제를 시장실패를 치유하기 위한 정부개입의 유형 중 하나로 제시하고 있다.

정책당국이 시민들의 흡연 량을 감소시키고자 할 때, 이 목표를 달성하는 데는 두 가지 방법이 있다.

첫째, 담배와 담배 관련 제품에 대해 공익 광고, 담배 갑에 건강 위험을 알리는 경고문이나 경고사진 부착의 의무화, 담배에 대한 TV 광고 금지 등의 조치는 모두 주어진 가격에서 담배의 수요량을 줄이기 위한 시도이다. 또 다른 방법은 담배 가격을 인상하는 것이다. 예를 들어 담배제조에 세금을 부과한다면 담배 생산업체들은 세금의 상당 부분을 소비자들에게 전가하여 담배 가격이 상승하고 이에 따라 소비자들은 담배의 소비를 줄이게 된다.[49)]

휘발유 가격의 상승으로 인해 운전자들의 지갑이 가벼워졌지만, 나쁜 일만은 아니다. 캘리포니아 남부지역의 고속도로와 국도의 정체가 완화되었다고 한다. 이유인 즉 휘발유 가격이

Economy of the United States," in Peter Maunder (ed.), *Government Intervention in the Developed Economy* (London : Croom Helm, 1979), pp.72-88. ; 유훈, 『행정권과 경제』 (서울 : 법문사, 2010), 20쪽.

48) Ralph T. Byrns and Gerald W. Stone, *Economics*, 5th ed. (New York : HarperCollins Publishers Inc., 1992), p.704.

49) 맨큐(N. Gregory Mankiw) 지음 · 김경환 · 김종석 옮김, 『앞의 책』, 87쪽.

급상승하면 사람들은 당연히 불필요한 운전을 자제하고, 가능하면 자동차를 함께 타거나 대중교통수단을 이용하게 되기 때문이라는 것이다.[50)]

소비자들은 당연히 낮은 가격을 원하고 생산자들은 높은 가격을 원하므로 이해가 상충된다. 만일 소비자 단체의 로비가 성공한다면 정부는 아이스크림 판매가격의 최고치를 법으로 정하는 가격상한(price ceiling) 제를 채택할 것이고, 제조업협회의 로비가 관철되면 법정 최저가격을 규정하는 가격하한(price floor) 제가 도입될 것이다.

여기에서 가격 상한은 어떤 재화 판매가격의 법정 최고치를 의미하고 가격 하한은 어떤 재화 판매가격의 법정 최저치를 의미한다.[51)] 임대료 상한제 같은 것은 가격상한제의 좋은 예이고, 최저임금제 같은 것은 가격하한제의 좋은 예이다.[52)]

이를 좀 더 잘 이해하기 위해서 맨큐의 임대료 정책에 대한 생각을 적어보면 다음과 같다.

맨큐를 포함한 대부분의 경제학자들은 임대료 규제가 가난한 사람들의 주거비 부담을 덜어주려는 데 정책목적을 두고 있지만, 오히려 임대료 규제가 저소득층의 생활수준을 향상시키는데 매우 비효율적이라고 비난을 하고 있다.

맨큐는 임대료 규제도 가격 통제의 흔한 예로 보고 있다. 많은 미국 도시의 시정부는 집주인이 세입자들에게서 받을 수 있는 임대료의 상한을 규제하고 있다. 이 정책의 목적은 가난

---

50) 바타베디언(Ralph Vartabedian), *Los Angeles Times*, 2005년 5월 4일. ; 맨큐(N. Gregory Mankiw) 지음 · 김경환 · 김종석 옮김, 『앞의 책』, 117쪽에서 재인용.

51) 맨큐(N. Gregory Mankiw) 지음. 김경환 · 김종석 옮김, 『앞의 책』, 134쪽.

52) 『앞의 책』, 141쪽.

한 사람들의 주거비 부담을 덜어주려는 데 있다.[53)]

그러나 경제학자들은 오히려 임대료 규제가 저소득층의 생활수준을 향상시키는데 매우 비효율적이라고 비난한다. 어떤 경제학자는 '폭격 외에 도시를 파괴하는 가장 확실한 방법'이라고까지 표현하기도 했다. 그러나 임대료 규제의 부작용은 오랜 기간에 걸쳐서 나타나기 때문에 일반인들이 분명히 느끼기는 어렵다.[54)]

단기에는 임대주택의 수가 고정되어 있고 시장여건이 변하는 데는 시간이 걸리므로 단기적으로는 집을 구하는 사람들의 수도 임대료에 민감하지 않을 가능성이 높다. 따라서 단기에는 임대주택에 대한 수요와 공급은 모두 비탄력적이다.[55)]

그러나 시간이 흐름에 따라 임대주택의 수요자와 공급자들이 시장여건에 보다 민감하게 반응하므로 장기효과는 단기 효과와 매우 다르다. 공급측면에서 임대료가 낮아짐에 따라 임대주택 주인들은 임대주택을 새로 짓지 않고, 기존의 임대주택을 제대로 유지하지도 않는다.[56)]

수요 측면에서는 임대료가 낮아짐에 따라 부모님 댁에서 함께 살거나 친구와 방을 함께 쓸 수 있는 사람들도 독채 임대주택을 구하고, 도시로의 인구유입도 늘어난다. 결국 세입자들은 낮은 임대료를 내는 대신 질이 낮은 주택에 사는 것이다.[57)]

정책당국자들은 임대료 규제의 부작용을 해소하기 위해 추

53) 『앞의 책』, 137-138쪽.

54) 『앞의 책』, 137-138쪽.

55) 『앞의 책』, 137-138쪽.

56) 『앞의 책』, 138-139쪽.

57) 『앞의 책』, 138-139쪽.

가적인 규제를 도입하는 경우가 많다. 예를 들어 집주인들에게 임대주택을 최소한 일정 기준 이상의 상태로 유지하도록 의무화한다. 그러나 이러한 법규들은 집행하기가 어렵고 비용도 많이 든다.[58)]

반면에 임대료 규제가 폐지되고 시장경쟁의 힘에 의해 주택시장이 운영되면 이런 법들은 필요가 없다. 규제가 없는 시장에서는 가격변동에 의해 재화의 부족이 해소되므로 집주인들이 바람직하지 못한 행동을 할 수 없다.[59)]

임대료 규제를 지지하는 경제학자는 거의 없다. 임대료 규제를 이무리 정교하게 만들어도, 비효율성과 공급 감소, 그리고 부작용은 불가피하게 발생한다. 암시장과 뇌물수수가 번창하고, 건물관리는 소홀해진다. 건물주인과 임차인 간의 관계는 자발적인 계약관계가 아니라 법에 의한 의무관계로 변질되기 때문에 마찰이 발생하기 쉽다.[60)]

파렴치한 건물주들은 입주자를 쫓아내고 높은 임대료를 받을 수 있는 새 입주자를 받아들이기 위해 위험한 수단을 동원하게 된다. 그 결과 세입자를 보호하기 위한 강력한 법률이 도입되어 이제는 심지어 폭력배조차도 쫓아내지 못하는 상황에 이르렀다. 이런 과정을 통해 임대료 규제를 집행하기 위한 거대한 관료조직이 형성되었다.[61)]

가격통제가 아닌 다른 방법으로 가난한 사람들을 돕는 길이 없는 것은 아니다. 예컨대 저소득층 가구들을 돕기 위해 이들

58) 『앞의 책』, 139쪽.

59) 『앞의 책』, 139쪽.

60) 『앞의 책』, 143쪽.

61) 『앞의 책』, 143쪽.

에게 임대료 보조금을 지급하면 임대료 규제와 달리 임대주택의 공급을 저해하지 않으므로 주택 부족 현상을 야기하지 않는다.[62)]

이와 같이 대체적인 정책수단은 가격통제보다 우월하지만 이들 역시 완벽한 것은 아니다. 임대료 보조에는 재원이 필요하므로 정부가 그 재원을 마련하기 위해 세금을 인상해야 하는 문제에 부닥치게 되는 것이다.[63)]

올리버 웬들 홈스(Oliver Wendell Holmes Jr.)는 "세금은 우리가 문명사회를 유지하기 위해 내는 돈이다."[64)]라고 주장을 하고 있지만 세금을 내는 것을 달가워 할 사람은 그리 흔치 않을 것이다. 가능하다면 세금이라는 소나기는 피하길 원할 것이다.

따라서 정부의 입장에서도 고민이 적지 않다. 세금을 인상한다는 것은 정부 입장에서도 부담으로 작용을 하기 때문이다. 세금이 인상됨으로써 발생하는 조세저항에 대한 부담도 있지만 이러한 세금이 정책적으로 의도하지 않은 현상, 즉 조세의 전가와 귀착이라는 왜곡된 결과가 초래될 가능성도 없지 않기 때문이다.

가장 이러한 현상이 손쉽게 일어나는 분야가 임대료에 대해 세금을 인상했을 때 그 인상분이 고스란히 임차인에게 전가가 된다는 것이다. 결국 세금 인상분을 정책의 타깃(target)으로 삼은 임대인이 내는 것이 아니라 정책의 수혜자인 임차인이 내게 되는 왜곡된 정책 결과를 낳게 된다는 것이다.

따라서 세금을 인상하는 문제는 여러 가지 상황과 그것이

62) 『앞의 책』, 145쪽.

63) 『앞의 책』, 145쪽.

64) 『앞의 책』, 188쪽.

가져올 예기치 않은 정책 효과까지를 고려하여 신중하게 이루어져야 할 것이다.

3. 마무리 글

시장의 실패와 행정국가 그리고 복지국가에 대한 희구는 국민들로 하여금 정부와 행정 관료제에 대한 증대되는 서비스에 대한 요구, 서비스 범위의 확대 요구 등으로 나타나고 있으며 이런 것을 가능하게 하기 위해선 지금보다 좀 더 진일보하게 개선된 테크놀로지가 요구되고 있다.

따라서 이것을 위한 비용은 계속 상승하기만 하고 있다. 그러나 이러한 비용을 지불하는 문제 즉 납세에 대해서는 철저한 외면과 강한 불만을 제기하고 있다. 한 마디로 납세자인 시민들의 세금에 대한 조세저항은 날이 갈수록 더욱 거세지기만 한다. 이런 변화는 서비스를 제공하기 위한 새로운 관리 패러다임을 필요로 한다.[65]

오스본(David Osborne)과 게블러(Ted Gaebler)는 지방정부를 위한 36개의 선택항목들을 제시했는데 이러한 것 중에 하나가 민영화(privatization) 방안이다. 또 그들은 지방정부가 직접 서비스를 전달하는 역할(rowing)을 수행하기 보다는 나아갈 방향만을 제대로 잡아주는(steering) 촉매 적 역할에 더 힘을 쏟을 것을 권고하고 있다.

서비스 전달에 관한 관리는 오스본과 게블러가 제시한 10가

---

65) Beverly A. Cigler, "Adjusting to Changing Expectations at the Local Level", in James L. Perry (ed.), *Handbook of Public Administration*, 2nd ed. (San Francisco, CA : Jossey-Bass Publishers, 1996), p.65.

지 원칙들에 의존을 할 것을 권고하고 있다. 또 그들이 제시한 새로운 패러다임은 분권화 된 권위, 지방정부 내에서의 공공부문과 민간부문의 경쟁 증대, 그리고 기준설정과 성과측정 기법들의 개발 등에 의존을 한다.

그리고 보다 많은 관심들이 임무나 사명 그리고 목적과 연관된 과업에 집중될 것을 강조하고 있으며, 규칙이나 규제의 강도를 좀 더 탄력적이고 신축성 있게 완화를 해 나가야 할 점을 강조하고 있기도 하다. 이에 못지않게 예방 지향적인 프로그램을 강조하기도 한다.

이제 지방정부는 더 이상 단순 소비자가 되어서는 안 되고 다양한 기업 활동을 통해 소득을 올리는 그런 공적 기업이 되어야 한다는 것을 강조하고 있는 것이다. 이와 더불어 질에 관련된 관심도 고조해야 한다는 메시지도 담고 있는 것이다.

이제 공무원들은 오스본과 게블러가 권고한 기업가의 정신을 되새겨 시장을 중심으로 하는 민주주의와 정부를 중심으로 하는 관료제를 조화롭게 접목시키고 이들 간의 관계를 균형 잡아주는 역할을 해주어야 하는 시점에 도달하여 있는 것이다.[66]

정부의 개입은 이러한 맥락에서 볼 때 시장의 흐름과 깊은 연관성을 가지며 이루어져야 할 것이다. 앞에서 살펴 본 것처럼 정부가 시장에 개입하는 것이 궁극적으로는 시민이나 국민을 위한 길이라는 확신이 설 수 있을 때 그 정당성은 의미를 가질 수 있을 것이다.

만약 그렇지 않다면 정부개입의 정당성은 물거품과 같은 것이 될 것이고 그에 따른 반작용이 일어나 오히려 정부실패의

---

66) *Ibid.*, pp.65-66.

결과를 초래할 수도 있을 것이다. 시장과 정부는 어떻게 보면 동전의 양면이다. 모양만 다를 뿐 본질은 같다는 의미로 이해를 해야 할 것이다.

비상과 같은 독약도 어떻게 처방을 잘하느냐에 따라 좋은 약도 될 수 있듯이 시장이 가지는 민주성과 효율성을 극대화할 수 있도록 정부 관료제를 활용할 수 있는 방안들을 지혜롭게 도출해 낼 수 있어야 할 것이다.

'검은 것은 검은 것이요 흰 것은 흰 것'이라는 양 극단론에서 벗어나 시장과 정부가 상호 조화를 통해 상생을 할 수 있는 방안을 강구해 나가야 할 것이다. 그것이 지금까지 살펴 본 시장에 대한 정부개입의 합당한 명분이며 정당성을 확보하기 위한 가장 좋은 묘책이라 사료된다.

제8장

세계화

세계화(globalization)는 진정 인류에게 던져진 축복인가 그렇지 않으면 덫인가? 이에 대해 많은 학자들과 이에 관심을 가지는 많은 세인들이 논쟁의 주된 주제로 삼은 흥미로운 화두이기도 하다.

현재 진행되고 있는 세계화의 커다란 물결은 이제 어느 누구도 이를 거스를 수 없는 상태에 도달하고 있다. 또한 이 커다란 물결은 현재뿐만 아니라 미래에 까지 커다란 영향을 끼치면서 인류 역사의 한 획을 그을 것으로 믿어 의심치 않는다.

거스르거나 또는 부정할 수 있는 것이 아니라면 이 세계화는 분명 인류에게 커다란 축복을 던져줄 수 있는 방향으로 전개되어 나가야 할 것이며 이를 위해 많은 사람들이 관심과 노력을 경주해야 할 것이다. 그러나 현재의 흐름은 그렇지 못한 방향으로 나가고 있다는 경고음이 들리고 있고 이러한 흐름에 대해 비판적인 목소리를 높이는 부류들도 적지 않다.

세계화의 축복이 지구촌에 살고 있는 나라들과 사람들에게 고르게 나뉘어져야 함에도 불구하고 일부 부유한 나라들과 부유한 사람들에게 공평하지 않게 쏠리고 있다는 불평과 위기감이 확산되고 있는 것도 부인할 수 없는 사실이다.

이러한 분위기가 바로 세계화는 정말 인류에게 던져진 축복인지 그렇지 않으면 덫인지에 대한 논쟁을 가열시키게 만드는 중요한 요인이 되고 있는 것이다. 축복이라는 측과 그렇지 않고 덫이라는 측의 논리공방은 치열하다. 그리고 그 논리 속에는 세계화를 바라보는 눈, 즉 철학적 이념의 차이가 내재하고 있는 것이다.

세계화는 인류에게 주어진 축복이라고 보는 눈의 대표적 주자는 『올리브 나무와 렉서스』[1]의 저자 토마스 프리드먼을 손에 꼽을 수 있고, 이에 대해 비판적인 시각을 지닌 자들 중에는 한국인인 장하준을 지목할 수 있다. 그는 『나쁜 사마리아인들』[2]이라는 저서를 통해 세계화를 지지하는 세력들에 대해 비판적인 시각을 견지하고 있다.

이곳에서는 과연 세계화가 인류를 위한 축복인지 그렇지 않으면 덫인지를 살펴보기 위해 세계화를 지지하는 프리드먼의 논리와 그의 철학적 이념을 살펴보고, 이에 대해 비판적인 시각을 견지하는 장하준의 논리와 그의 철학적 이념을 살펴보고자 한다.

이를 위해 우선 창조적 파괴로 표현되는 무한경쟁과 혁신 그리고 새로운 이념적 패러다임으로의 세계화의 대두에 대해

---

1) 토머스 L. 프리드먼 지음 · 신동욱 옮김, 『렉서스와 올리브나무』 (서울 : 창해, 2003). ; Thomas L. Friedman, *The Lexus and the Olive Tree* (New York : Anchor Books, 2000).

2) 장하준 지음 · 이순희 옮김, 『나쁜 사마리아인들』 (서울 : 도서출판 부 · 키, 2011).

간단히 살펴 본 후, 세계화에 앞장 선 미국과 그렇게 하지 못한 일본의 사례를 살펴보기로 한다.

그런 이후에 세계화를 가능케 한 정보화에 대해 언급을 하고, 논쟁의 쟁점이 되고 있는 신자유주의의 무역 자유화 그리고 신자유주의의 국영기업 민영화에 대한 세계화지지 세력과 이에 비판적인 세력 간의 진실공방을 살펴보기로 한다.

그런 다음 세계화와 전자투자가 집단의 양면성을 살펴보고, 이어서 세계화와 특허와 관련된 문제들을 사례 중심으로 살펴보고자 한다. 그리고 마지막으로 소용돌이치는 세계화와 한국경제에 대한 소회를 피력해 보고자 한다.

1. 창조적 파괴와 세계화

오스트리아의 재무부 장관을 역임하고 하버드 대학교 경영대학원 교수를 지낸 조지프 슘페터(Joseph Alois Schumpeter)는 자본주의의 본질은 '창조적 파괴'(creative destruction) 과정이라고 갈파하였다. 즉, 낡고 덜 효율적인 제품 또는 서비스를 파괴하고 새롭고 좀 더 효율적인 것들을 채택하려는 계속적인 순환이 자본주의의 핵심이라는 것이다.[3]

세계화의 신봉자이며 전도사인 토머스 프리드먼(Thomas L. Friedman)은 세계화 시대에는 자본주의 논리에 따라 비효율적인 기업들이 신속히 파괴되도록 하고, 비전 없는 사업에 묶여 있던 돈이 더 혁신적인 사업으로 자유로이 흘러갈 수 있도록 하는 나라들만이 번성하지만, 반면 비효율적 기업들이 창조적

3) 토머스 L. 프리드먼 지음 · 신동욱 옮김, 『렉서스와 올리브나무』 (서울 : 창해, 2003), 49쪽.

파괴의 대상이 되지 않도록 권력의 힘을 빌려 보호하는 나라들은 시대의 낙오자가 될 뿐이라고 주장을 하였다.[4]

독일 사상가 칼 슈미트의 표현에 따르면, 냉전 시대가 친구와 적의 세계였다면, 세계화 시대는 친구건 적이건 모두 경쟁자로 바뀌는 무한 경쟁의 세상이 되었다고 주장을 한다.[5]

창조적 파괴와 무한 경쟁이라는 중심 화두는 세계화가 가지는 이미지일지 모르겠다. 세계화 시대에 있어서 창조적 파괴와 무한 경쟁은 혁신을 요구한다. 그것이 시장이건 또는 정부부문이건 세계화에 부합되는 것이 아니라면 뜯어 고쳐져야 할 것으로 이해가 되는 것이다.

무한 경쟁을 전제로 하는 세계화의 시대에 살아남기 위해서는 스스로의 혁신을 통해 자신의 경쟁력을 확보해야 하는 것이다. 이제 더 이상 영원한 친구도 그리고 영원한 적도 존재하지 않는 약육강식의 밀림에서 믿을 것은 오로지 자기 자신일 뿐이다.

그렇다고 해서 고립적이 되거나 폐쇄적이 되거나 배타적이 되어선 안 된다. 세계화란 세계가 하나의 지구촌이 되어 상호간의 교류와 작용을 통해 더불어함께 살아나가야 된다는 대명제를 전제로 깔고 있다. 따라서 무한 경쟁이라 해서 더불어함께 살아갈 것을 거부하는 것은 아니다. 오히려 상호간의 관계성은 더욱 고조되는 것이다.

토머스 프리드먼은 전통적 프레임에 갇힌 마인드나 시스템을 올리브 나무로 비유를 하고 있는데 이러한 올리브 나무에 대한 집착이 지나칠 경우, 이는 남을 배척하는 행위로 이어진

4) 『앞의 책』, 49쪽.

5) 『앞의 책』, 51쪽.

다고 보고 있다. 그래서 인위적으로 특정 집단만의 정체성과 연대감 그리고 공동체 의식을 강조하는 삐뚤어진 방향으로 나아가기도 한다고 지적하고 있다.[6]

독일의 나치정권과 일본의 이단 종교집단인 옴 진리교, 또는 현대판 인종청소로 악명을 떨쳤던 유고슬라비아의 세르비아(Serbia)족 등의 사례에서 보듯 자기 올리브나무에 대한 극단적인 집착은 종종 용납할 수 없는 인종청소로까지 비화된다고 주장을 하고 있다.[7]

2. 세계화에 앞장 선 미국과 그렇게 하지 못한 일본

미국이 주도를 한 브레턴우즈 체제(Bretton Woods system)는 제2차 세계대전이 채 끝나지 않은 1944년 7월, 미국 뉴햄프셔주 브레턴우즈에서 44개 연합국 대표들이 모여 국제연합 통화금융회의를 열어 합의한 결과 출범이 되었다. 이 체제는 고정환율제와 자본의 국제간 이동을 엄격히 통제하는 것을 주요내용으로 하고 있었으며 전 후의 세계의 경제 질서를 새롭게 재건하기 위한 의도로 구성이 되어졌다. 하지만 시간이 흘러 고정환율제와 자본통제 체제가 해체되면서 선진국들은 점차 자국의 자본시장을 민주화해 나갔다.[8]

또한 이 회의의 결과에 의해 창설된 '관세 무역 일반 협정'(General Agreement on Tariffs and Trade : GATT)에 의거하여 다자간 교역규범의 가장 중요한 원칙인 비 차별성을 강조함으로

6) 『앞의 책』, 81쪽.

7) 『앞의 책』, 81쪽.

8) 『앞의 책』, 125쪽.

써 자유 무역의 발판을 마련하였다. 여기에서 비 차별성이란 가장 혜택을 입는 국가에 적용되는 조건이 모든 다른 국가에도 적용되어야 한다는 것을 의미한다.

이렇게 금융의 민주화, 국제 차관의 민주화 그리고 투자의 민주화 등에 촉매제 역할을 한 정크본드(junk bond)는 다른 한편으로 미국의 기업인수 붐을 촉발시키기도 했다. 이러한 기업인수 붐은 또한 1980년대 미국 경제에서 비효율을 제거하고 산업구조를 재정비시키는 원동력이 되었다.[9]

이로써 미국은 세계화시대를 세계 다른 어떠한 국가들보다 더 일찍 맞이할 수 있었을 뿐만 아니라 더 잘 맞이할 수 있었다. 물론 일부 기업들은 이 과정에서 퇴출되는 비운을 겪기도 했지만 말이다. 하지만 훨씬 더 많은 미국 기업들의 효율이 향상되었던 것이다.[10]

한편 일본의 많은 기업들이 오늘날 국제경쟁에서 뒤지고 있는 까닭은 무엇인가? 또한 잃어버린 10년 또는 20년이라고 자조하는 목소리가 일본 국내에서 높아만 가는 이유는 무엇일까? 여러 가지 관점에서 그 원인을 찾아 볼 수 있겠지만, 그 주요 원인가운데 하나는 일본의 금융 산업이 1990년대 말엽에 이르기까지 전혀 민주화되지 않았다는 점을 프리드먼은 지적을 하고 있다.[11] 시대가 완전히 바뀌어 가고 있는데 아직도 전통적인 낡은 프레임을 가지고 이러한 시대 변화상을 담아내고자 하는데 문제의 소지가 있다는 지적인 것이다.

이 뿐만 아니라 일본에서는 적대적 이업인수는 일본이 전통

---

9) 『앞의 책』, 125-126쪽.

10) 『앞의 책』, 125-126쪽.

11) 『앞의 책』, 126쪽.

적으로 가지고 있는 각종 문화적 이유는 물론 은행자본과 산업자본 사이의 밀착관계 때문에 더더욱 성사하기 힘들다는 것[12]도 이유 중에 하나가 될 수 있을 것으로 프리드먼은 보고 있다. 이것이 의미하는 것은 선진화 된 많은 나라들이 금산분리의 원칙을 지켜나가고 있건만 아직도 일본은 낡은 틀인 금산밀착의 관계를 유지하고 있는 것이 현재의 일본이 안고 있는 문제 중에 하나라는 지적인 것이다.

3. 세계화와 정보화

또한 프리드먼은 인터넷을 통한 정보의 민주화로 인해 지구촌이 만들어졌고 이러한 지구촌에서는 원하건 또는 원치 않건 간에 다른 나라와의 격리가 사실상 불가능하게 되었다는 점을 세계화의 한 특성으로 제시를 하고 있다.

> 인터넷을 통한 정보의 민주화로 인해 한 나라 정부나 지방정부가 국경선 또는 마을 경계를 넘어선 다른 세상의 삶이 어떠한지 관련 정보를 차단해 자국민이나 자기 마을 사람들을 완전히 격리시킬 수 있었던 시대가 완전히 끝났음을 의미한다. 이제는 바깥세상의 삶은 폐기 처분될 수도, 실제보다 형편없는 것으로 과소평가될 수도 없게 되었다. 또한 자국의 삶이 실제보다 훨씬 더 좋은 것으로 과대평가될 수도 없게 되었다.[13]

이렇게 되었기 때문에 폐쇄적이고 권위적인 경찰국가나 독

12) 『앞의 책』, 126쪽.

13) 『앞의 책』, 138쪽.

재국가의 입장에서 볼 때 인터넷은 실로 위험스런 존재가 될 수밖에 없다는 것이다. 왜냐하면 경찰국가나 독재국가의 입장에서 볼 때 이것을 거부하자니 경제적 손실이 너무나 크고, 그렇다고 이것을 받아들이자니 전처럼 정부가 정보를 마음대로 통제할 수 없게 되었기 때문이다.[14)]

폐쇄적이고 권위적인 경찰국가나 독재국가가 자신의 체제를 안정시키고 유지하기 위해선 정보를 제한해야 하고 그럴 수 있는 통제 및 관리 능력을 갖추어야 하는데 그것이 여의치 않게 된 것이다. 인터넷의 개방이 가져오는 득과 실은 체제유지라는 관점에서 너무나 엄청난 것이기에 이들에게 있어서는 커다란 고민거리가 하나 더 생기게 된 것이다.

이러한 국가들로서는 개혁과 개방으로 나가는데 따르는 너무나 많은 비용과 위험을 부담으로 고스란히 떠안아야 하기 때문에 선뜻 인터넷의 개방을 허용할 수 없게 된다는 것이다. 또한 폐쇄체제를 통한 국민에 대한 세뇌와 이를 위한 통제 그리고 정보의 왜곡 등이 명약관화하게 거짓으로 드러나게 될 경우 갖게 될 커다란 부담을 감당하기 벅차기 때문에 섣부른 정보공개를 꺼리고 있는 것이다. 이런 상황에서 인터넷의 개방은 어불성설이 될 수밖에 없다.

세계화 시대에 있어 가장 먼저 정보면역 결핍증(Microchip Immune Deficiency Syndrome)에 감염된 체제가 구소련이나 IBM처럼 상층부가 경직되어있고 조직이 화석화 되고 비만인데다, 행보가 느려터진 국가나 기업들이었음은 그리 놀랄 일이 아니다.[15)]

이미 1991년에 와해된 구소련의 예를 들어 보면 이들의 의

14) 『앞의 책』, 139쪽.

15) 『앞의 책』, 170쪽.

사결정권은 철저하게 중앙집권적인 것이었다. 즉, 모든 의사결정은 최고통치자에 의해 이루어졌고, 최고 통치자는 개개의 사람들에게 무엇을 생각할 것이며, 무엇을 만들 것이며, 무엇을 인생의 지향점으로 삼을 것이며, 또 무엇을 좋아해야 할 것인지를 일일이 지시했고 이를 감시하고 통제했다.[16]

구소련은 또한 정보를 한 곳으로 집중을 시켰다. 모든 정보는 최고위층으로 흘러가도록 만들어졌고, 오직 최고위층 몇 사람들만이 무엇이 어떻게 돌아가는지 전모를 알 수 있게 했다. 구소련은 또 전략 역시 집중을 시켰다. 나라가 어디로 갈 것인지에 관한 모든 전략적 결정이 최고위층에서 내려졌던 것이다.[17]

그리고 이들 다음으로 바이러스에 감염된 체제는 강력한 중앙계획제도를 실행해 온 곳들이었다. 관치경제에 익숙해져 있던 남미의 국가들, 복지제도 운영으로 재정이 멍들어 있는 캐나다와 서유럽 국가들 그리고 북미기업들 가운데 중앙집중식 운영과 굼뜬 행동을 하던 기업들이 모두 이에 해당된다고 프리드먼은 주장을 하고 있다.[18]

토머스 프리드먼은 워렌 베니스의 말을 인용하면서 세계화 시대에는 무엇보다 팀워크가 매우 중요하다고 보았다.

> "워렌 베니스(Warren Bennis)는 "우리 중 어느 누구도 우리들 모두만큼 똑똑할 수는 없다."고 주장하였다……… 따라서 조직을 꾸려 나가기 위해서는 팀워크를 바탕으로 하지 않으면 안 된다."[19]

---

16) 『앞의 책』, 170쪽.

17) 『앞의 책』, 170쪽.

18) 『앞의 책』, 169쪽.

팀워크는 팀원들 간의 수평적 협조와 조정이 무엇보다 중요하며 이러한 팀워크가 제대로 운영이 된다면 여기에서 나타나는 생산성이나 효율성 그리고 파트너십을 존중하는 팀 운영방식에 대한 민주성은 향상 될 수밖에 없는 것이다.

그럼에도 불구하고 이를 간과하거나 의도적으로 무시한 구소련이나 중앙집중식 운영과 굼뜬 행동을 하던 기업들은 정보의 독점과 왜곡 그리고 의사결정권을 철저하게 중앙집권적으로 운영한 업보로 인해 결국 스스로 몰락하고 말았던 것이다.

4. 신자유주의의 무역 자유화에 대한 진실공방

'철의 여인'으로 더 잘 알려져 있는 마가렛 대처(Margaret Hilda Thatcher) 영국 총리와 로널드 레이건(Ronald Wilson Reagan) 미국 대통령의 혁명이 현실화될 수 있었던 까닭은 두 주요 서방국의 과반수이상의 국민들이 구식 관치 경제로는 만족할 만한 경제성장을 이룰 수 없다고 결론을 내렸기 때문이다.[20]

대처 총리와 레이건 대통령은 당시 정부수중에 들어 있던 여러 가지 경제적 의사결정 권한을 대거 자유 시장으로 이전시켰으며, 또한 위대한 사회와 전통적인 케인즈(John Maynard Keynes)의 신봉자들에게서 의사결정 권한을 대거 박탈해 버렸다고 프리드먼은 주장을 하였다.[21]

프리드먼의 주장에 의하면 이들은 방만해진 정부 관료조직의 규모를 축소시킬 것과 국가재정을 흑자는 못 낼지언정 적

19) 『앞의 책』, 171-174쪽.

20) 『앞의 책』, 202-203쪽.

21) 『앞의 책』, 202-203쪽.

자로 만들지 말 것, 외국인 투자를 저해하는 규제를 폐지할 것, 공기업과 수도, 전기, 가스 등 국유산업이나 공익사업을 민영화 할 것, 규제를 완화해 시장 내 경쟁을 최대한 촉진시킬 것, 정부의 부정부패와 보조금, 그리고 뒷돈 관행을 최대한 줄일 것, 금융 시스템과 통신 시스템을 개방해 민간과 경쟁을 허용할 것 등을 주장하고[22] 이를 정책으로 밀고 나갔다고 한다.

이들의 신자유주의(neoliberalism)적 신념은 정부 부문에서 신공공관리론(new public management)의 탄생을 가져다주었다. 그리고 이러한 새로운 관리 철학은 시장지상주의를 낳았고 이로 인해 정부부문의 시장화를 가속시켜 주었던 것이다.

사바스(E. S. Savas)[23] 등이 주도한 민영화(privatization), 민간위탁(contracting-out), 아웃소싱(out-sourcing), 제3섹터(the third sector) 등의 이론체계들이 이러한 흐름을 더욱 체계화하고 조직화하는데 도움을 주었다.

그리고 작은 정부와 큰 시장의 등식을 새롭게 만들어 주었다. 이로 인해 정부는 보다 더 작아지게 만들고 시장은 좀 더 크게 그리고 많은 역할을 수행하도록 새로운 프레임이 짜여지게 되었던 것이다. 이전까지 일반적인 등식이었던 큰 정부[24]와 작은 시장 프레임은 이러한 새로운 프레임에 의해 가려지게 되었던 것이다.

프리드먼은 올리브 나무 세상에 있는 나라들은 그가 '황금

---

22) 『앞의 책』, 203쪽.

23) 사바스의 민영화와 관련된 책으로는 다음과 같은 것이 있다. E. S. Savas, *Privatization and Public-Private Partnerships* (New York : Seven Bridges Press, LLC, 2000).

24) Nicholas L. Henry, "Big Democracy, Big Bureaucracy", *Public Administration and Public Affairs*, 3rd edition (Englewood Cliffs, New Jersey : Prentice-Hall, 1986), pp.1-18.

구속복'(golden straitjacket)이라고 일컫는 특정한 경제정책에 맞게끔 스스로를 변화시키지 않으면 새로운 시대의 새로운 프레임인 렉서스 세상에 발을 들여놓을 수 없다고 하였다. 그가 내놓은 생각은 바로 신자유주의 경제학의 정통적인 견해를 그대로 반영하는 것이었다.[25)]

프리드먼은 황금 구속복을 입고 싶은 나라는 국영기업의 민영화, 안정된 물가수준, 정부조직의 규모 감축, 재정 균형의 달성, 무역의 자유화, 외국인 투자와 자본시장에 대한 규제 해제, 외환 자유화, 부정부패의 감소, 연금의 민영화 등을 달성해야 한다고 주장을 하면서, 이것이 새로운 세계화 경제에서 성공을 달성할 수 있는 유일한 방법이라고 주장한다.[26)]

그러나 장하준 등 프리드먼의 견해에 비판적인 학자들은 제2차 세계대전 이후 한국, 대만, 싱가포르 등 경제개발에 성공한 개발도상국들은 거의 모두 보호관세와 보조금 그리고 각종 규제[27)] 등을 비롯한 갖가지 형태의 정부개입을 활용하는 민족주의적 정책을 통해 성공을 거두었지[28)] 신자유주의자들이 주장하는 것처럼 무역의 자유화 등과 같은 조치에 의해 성공을 거둔 것은 아니라는 점을 분명히 하고 있다.

또한 멕시코처럼 대대적인 무역 자유화의 때 이른 도입으로

---

25) 장하준 지음 · 이순희 옮김, 『나쁜 사마리아인들』 (서울 : 도서출판 부 · 키, 2011), 43쪽.

26) 『앞의 책』, 43쪽.

27) 실제 역사적으로 경제발전에 성공한 나라들의 대부분이 가혹하다 싶을 정도로 외국인 직접 투자를 규제해 왔다. 그리고 미국 역시 19세기에서 20세기 초까지 외국인 투자를 가장 많이 받았던 나라였음에도 불구하고 외국인 투자에 대해 다방면으로 엄격한 통제를 실시했으며, 이는 최근 중국의 경우와 비슷하다. 『앞의 책』, 146쪽, 148쪽.

28) 『앞의 책』, 54쪽.

실패를 한 사례 등이 이를 잘 대변해 준다고 주장하고 있다.[29] 그러면서 역사적으로 살펴 볼 때 무역 자유화는 경제 발전의 원인이 아니라 경제 발전의 결과라는 다른 견해를 제시하고 있다.[30] 신자유주의자들이 주장하는 견해와는 완전히 차별화되는 견해라 할 수 있다.

이에 그치지 않고 장하준은 시카고 대학에서 공부한 칠레 출신의 경제학자 그룹인 '시카고 군단'에 의해 주도 된 칠레의 초기 신자유주의 실험이 완전한 실패로 끝났음을 상기시키면서 1950년대부터 1970년대에 이루어진 국가주의적 정책에 의해 뒷받침되던 통제된 세계화 시기의 세계 경제를 현재와 비교해 볼 때 훨씬 빠르게 성장했고, 훨씬 안정적이었으며, 소득 분배도 훨씬 균등했다고 주장을 하여 프리드먼과는 현격한 시각 차이를 보여주고 있다.[31]

그리고 이런 현상은 특히 개발도상국들에서 두드러졌다고 하면서 역사적 기록이 이렇게 왜곡된 이유를 신자유주의 정책의 실패를 감추기 위한 의도에서 이루어진 것으로 비판하고 있는 것이다.[32]

또한 이러한 잘못된 인식은 역사를 이론에 맞추어 왜곡하는 태도에서 나왔다고 하면서 자유 무역은 대개 약소국 스스로 선택한 것이 아니라 억지로 강요된 것이었으며, 선택권을 가지고 있던 나라들의 대부분은 짧은 예외 기간을 제외하고는 자유 무역을 선택하지 않았다고 주장을 하는 것이다.[33] 세계를 제패하

---

29) 『앞의 책』, 112쪽.

30) 『앞의 책』, 119쪽.

31) 『앞의 책』, 57쪽.

32) 『앞의 책』, 57쪽.

여 '대영제국은 해질 날이 없다.'는 유명한 말을 남긴 영국 역시 19세기 중반까지 고도의 보호 무역 국가였다는 것이다.[34)]

실상을 들여다보면 장기간 지속되어 온 높은 관세 장벽 뒤에 숨어 경쟁국들을 누르며 기술적 우위를 획득하고 나서야 자유 무역을 채택하는 수순을 밟았다는 것이다.[35)]

장하준은 1930년대의 스페인을 제외한다면 오늘날의 부자 나라 가운데 영국이나 미국만큼 강력하게 보호 무역 정책을 실시했던 나라도 없다고 보고 있다.[36)]

> "한마디로 자유 무역의 옹호국인 영국과 미국 두 나라의 경우 세계를 지배하는 산업 강국이 되기 전까지는 자유 무역 경제가 아니었을 뿐만 아니라, 부자 나라들 가운데서도 가장 심하게 보호 무역을 실시했던 나라였다."[37)]

장하준은 이렇듯 오늘날의 부자 나라들은 모두 유치산업을 장려하기 위해 관세, 보조금, 외국무역에 대한 규제와 같은 국가주의적 정책을 사용했다고 주장을 한다.[38)]

장하준은 이렇게 자유 무역 정책에 대해 비판을 한 뒤 개발도상국은 우월한 외국의 생산자들과 경쟁할 수 있는 능력을 갖추기 전까지는 국제경쟁으로부터 격리되는 기간이 필요하

---

33) 『앞의 책』, 67쪽.

34) 『앞의 책』, 77쪽.

35) 『앞의 책』, 81쪽.

36) 『앞의 책』, 92쪽.

37) 『앞의 책』, 94쪽.

38) 『앞의 책』, 97쪽.

다는 점을 분명히 하고 있다.

> "새로운 산업에 진입하는 개발도상국의 생산자들은 우월한 외국의 생산자들과 경쟁할 수 있는 능력을 갖추기 전까지는 (보호 정책, 보조금을 비롯한 여러 가지 방법을 통해서) 국제경쟁으로부터 (부분적으로) 격리되는 기간이 있어야 한다. 물론 유치산업이 자라나서 다른 해외의 생산자들과 경쟁할 수 있게 되면 격리 조치는 사라져야 한다. 하지만 이런 과정은 점진적으로 이루어져야 한다. 만일 지나치게 빨리 격심한 국제 경쟁에 노출된다면 이런 생산자들은 곧 사라지게 될 것이다."[39]

만약 한국이 유치산업을 장려하지 않고 자유 무역주의를 추구했다면 지금과 같은 중요한 무역국가가 되지 못했을 것이라고 주장한다.[40]

> "한국의 성공 비결은 새로운 유치산업이 발전하여 노련해지고 국제적인 경쟁력을 가지게 됨에 따라 보호하는 분야를 끊임없이 바꾸어 가면서 보호와 개방 무역 정책을 적절하게 혼합한 데 있다."[41]

---

39) 『앞의 책』, 118-119쪽.

40) 『앞의 책』, 131쪽.

41) 『앞의 책』, 131쪽.

5. 신자유주의의 국영기업 민영화에 대한 진실공방

장하준은 또한 신자유주의자들이 주장하는 국영기업의 민영화에 대해서도 제동을 걸고 있다. 그는 정부가 국영기업을 설립하는 이유를 세 가지 들고 있다.

첫째, 자본 시장의 실패는 발전의 초기 단계, 즉 자본 시장이 성숙하지 않아 시장의 보수성이 강할 때 더욱 두드러진다. 따라서 역사를 살펴보면 각국은 경제 발전의 초기 단계에서 국영 기업에 의존하는 경우가 많다는 것이다.[42)]

둘째, 국영기업은 자연 독점이 있는 분야에도 설립 될 수 있다. 자연 독점은 기술적인 조건 때문에 공급자를 하나만 두어야 시장의 요구를 가장 효율적으로 충족시킬 수 있는 상황을 이르는데 전기 · 수도 · 가스 · 철도 그리고 전화 같은 것이 자연 독점의 사례라 할 수 있다.[43)]

셋째, 국민들 사이에서 형평성을 유지해야 하기 때문이다. 민간 기업에게 맡겨 둘 경우 외진 지역에 사는 사람들은 우편, 수도, 교통 등의 중요 서비스를 이용하기 어려워진다. 따라서 정부는 모든 국민들이 마땅히 누려야 하는 핵심적인 서비스에 대해서는 손실을 감수하고라도 공기업을 세워 그 사업을 운영하겠다는 결정을 내릴 수 있는 것이다.[44)]

물론 정부는 민간 기업에 대해 정부 소유 은행 등을 통해 자금을 제공하거나 세금 수입을 활용 해 보조금을 지급할 수 있지만, 이 방법은 국영 기업에 비해 관리하기가 어려운 경우가 많

---

42) 『앞의 책』, 176쪽.

43) 『앞의 책』, 176쪽.

44) 『앞의 책』, 177-178쪽.

다.[45] 특히 세금과 규제 능력이 부족한 개발도상국의 경우에는 특히나 그렇다. 국영 기업은 좋은 성과를 올릴 수 있고, 또한 특정한 상황에서는 민간 기업을 앞서가는 성과를 낼 수 도 있다.[46]

또한 국영기업의 비효율로 지적되고 있는 주인-대리인 문제, 무임승차 문제, 연성 예산 제약 등이 모두 실제 하긴 하지만, 이것이 국영기업에만 존재하는 문제는 아니라는 것이다. 민간 기업도 얼마든지 이 문제로 시달릴 수 있다는 점을 분명히 하고 있다.[47]

더 나아가 민영화의 지나친 환상에 빠져 민영화가 가지고 있는 함정에도 빠질 수 있음을 경고하고 있다. 우선, 어떻게 하면 진짜 팔아야 할 만한 기업을 매각하는가 하는 것이다. 어떤 기업을 제대로 선정을 해서 그리고 올바르게 파는 문제는 매우 어려운 문제이다. 또한 적절한 가격으로 매각을 해야 하며, 더구나 이전된 부가 나라 밖으로 빠져 나갈 경우에는 국가적인 차원에서 부의 손실이 발생하게 된다.[48]

실제로 우리나라의 경우 1997년 11월에 내습해 온 외환위기로 인해 국제통화기금(IMF)의 구제 금융을 받을 때 정말로 알토란같은 소중한 국가자산을 외국에 헐값으로 팔아넘긴 사례들이 있다. 그 당시의 위기를 극복하기 위해 어쩔 수 없이 선택해야 했던 조치들이었지만, 외환위기로 초래된 국난을 슬기롭게 진정시키고 난 다음에 엄청난 국부 유출과 이로 인한 부의 손실을 뼈아프게 느껴야 했던 기억이 아직도 생생하게 남

45) 『앞의 책』, 178쪽.

46) 『앞의 책』, 179-180쪽.

47) 『앞의 책』, 180쪽.

48) 『앞의 책』, 180-181쪽.

아있다.

그리고 무엇보다 적절한 구매자에게 파는 것이 무엇보다 중요하다. 잘못해서 공기업이 경영이 뛰어난 사람이 아닌 자금조달에 뛰어난 사람에게 매각이 된다면 민영화 된다 하더라도 그 기업은 생산성을 향상시키지 못해 결국 도산하고 말 가능성이 매우 높기 때문이다.[49] 설상가상으로 전문적인 기업 사냥꾼들에게 포획이 될 경우에는 말로 이루 형용하기 어려운 엄청난 후과를 경험하게 되기 때문이다.

그리고 간과해서는 안 되는 점은 민영화 과정에도 역시 부정부패가 개입될 수 있는 여지가 충분히 존재한다는 점이다. 민간기업 역시 부패 할 수 있으므로 민영화가 부정부패를 줄일 수 있는 확실한 방법이 될 수는 없을 것이다.[50]

장하준은 자신이 사악한 삼총사라고 부르는 다자적 기구인 국제통화기금(IMF), 세계은행(World Bank), 그리고 세계무역기구(WTO)는 세계금융을 손아귀에 쥐고 있는 부자 나라들에 의해 통제가 되고 있으며, 부자 나라들이 원하는 나쁜 사마리아인(Samaritans) 같은 정책을 구상하고 실행에 옮긴다고 비판을 하였다.[51]

그리고 그러한 대표적인 사례로 1997년 국제통화기금이 한국에 구제 금융을 제공하면서 제기한 여러 조건들을 들고 있다. 이런 조건들은 채무국에게 자국 경제를 조정하는 것과는 거의 무관한 것이지만 채권국들에겐 이익이 되는 정책을 채택하도록 강요하는 것이다.[52]

---

49) 『앞의 책』, 181-182쪽.

50) 『앞의 책』, 182-183쪽.

51) 『앞의 책』, 61쪽.

이들은 이러한 조건들을 통해 만약 한국이 이런 불행한 결과를 겪지 않았다면 결코 양보하지 않을 핵심적인 국익과 관련된 내용까지 그들이 원하는 바에 따라 손아귀에 움켜 쥘 수 있었던 것이다. 한국은 한마디로 눈을 뜬 채 그들에게 고스란히 경제주권을 넘겨주어야 되었던 것이다.

이러한 사태를 지켜 본 많은 해외 언론 매체들은 한국이 경제주권을 상실하였다고 보도를 하였다. 그리고 이러한 환난이 없었다면 한국 정부가 결코 내줄 수 없는 것까지 부자 나라들은 국제통화기금을 통해 얻어냈다고 논평을 하였다. 다소 과장된 표현이 없지는 않지만 한국 정부가 더 이상 경제적 부문에 있어 주도권을 상실하고 국제통화기금의 정책을 따라가야만 했던 그 당시의 현실을 적나라하게 지적했던 것이다.

어찌되었든 이제 세계 모든 나라는 좋거나 또는 싫거나 간에 서로가 서로의 운명에 영향을 미치는 세상에 살고 있다. 그야말로 치열한 생존경쟁이 벌어지고 있는 세계화의 한 가운데서 생존해 나가고 있는 것이다.

6. 세계화와 전자투자가 집단의 양면성

프리드먼은 세계화의 가장 큰 원동력으로 전자투자가들을 지목하고 있다. 전자투자가가 탄생한 것은 인터넷 혁명의 덕이라 볼 수 있다. 그런 의미에서 많은 사람들은 인터넷 혁명이 세계 인류 역사를 바꾸어 놓은 산업혁명에 못지않게 인류 사회에 큰 영향을 끼쳤다고 보는 것이다.

---

52) 『앞의 책』, 61쪽.

앨빈 토플러(Alvin Toffler)도 1980년에 『제3의 물결』[53]이란 저서를 통해 인터넷을 통한 정보혁명과 이를 통한 정보화 사회의 도래를 예측하고 있다. 이제 새로운 패러다임이 도래하고 있는 것이며 그런 의미에서 혁명이라고 표현을 해도 전혀 지나침이 없다. 그러한 맥락에서 인터넷 혁명은 우리가 상상할 수 없는 속도와 공간 확대를 통해 세계화를 더욱 촉진시켜 나갈 것이다.

이와 같은 인터넷 혁명의 축복으로 탄생한 이들은 정부의 통제권 밖에 있을 뿐만 아니라 자신들에게 이익이 되는 것이라면 기꺼이 국경을 넘어서까지 투자를 하려는 사람들이다. 반대로 자신들에게 손해가 된다 싶으면 자신이 투자한 돈을 가차 없이 빼서 자신들에게 보다 큰 이익을 줄 수 있는 새로운 투자처로 그 돈을 옮기는 어떻게 보면 합리적이지만 다른 시각으로 보면 매우 냉정하고 매몰찬 사람들을 의미한다. 이들에게 애국심이나 도덕심을 요구한다면 그것은 지나친 기대이며 초인적인 인내를 강요하는 사안이 될 것이다.

물론 이것을 가능하게 한 것은 인터넷을 이용한 전자상거래가 가능해졌기 때문이다. 그리고 이들은 인터넷이나 기타 정보 디바이스를 가지고 시시각각 세계의 돈의 흐름을 모니터링하고 어느 때, 어느 곳에 투자를 하거나 투자한 돈을 빼내는 것이 가장 유리할 것인가를 시시각각으로 판단하고 실행에 옮기는 그야말로 상상하기 어려운 무서운 집단인 것이다.

이들 집단에 의해 정부도 기업도 그리고 시장도 언제나 어떤 장소에서나 감시를 받고 아주 냉정하게 어떻게 보면 아주

---

53) Alvin Toffler, *The Third Wave* (New York : William Morrow and Company, Inc., 1980). ; 앨빈 토플러 지음 · 유재천 옮김, 『제3의 물결』 (서울 : 주우, 1981).

잔인할 정도로 평가를 받고 있는 것이다.

> "민주주의 국가들의 경우, 사람들은 고작 2년에 한 번 내지는 4년에 한 번 정도밖에 정부 정책에 대해 투표하지 않지만, 전자 투자가 집단은 매일, 매시, 매분 투표를 하지요. 귀하는 언제든 전자 투자가 집단의 눈에 비친 스스로의 모습을 확인해 볼 수가 있어요."[54]

아무리 국가의 최고통치권자나 재무부장관이 특정 국가를 비호하고 그 국가를 재정적 어려움에서 구하려고 해도 전자투자가들이 볼 때 경제적 관점에서 희망이 내다보이지 않거나 이들에게 손해를 끼치는 일이라고 판단을 하면 이들은 인정사정 볼 것 없이 자신이 투자한 돈을 그러한 나라들에서 미련 없이 빼버리는 것이다. 이제 세계금융시장의 지배자는 힘 있는 나라의 최고통치자나 재무부 장관이 아니라 바로 이들인 것이다.

> "냉전 시대 중에서도 1970년대 이전, 즉 각국 경제가 상대적으로 매우 폐쇄적으로 운영되었을 때는 정부가 모든 것을 좌지우지했다. 한 나라의 금리수준은 대개 그 나라 정부의 통화정책에 따라 정해졌고, 한 나라의 성장촉진 여부는 단연 그 나라 정부의 재정정책에 의해 정해졌다.……이와 동시에, 많은 개발도상국들은 당시의 3대 강대국인 미국, 소련, 중국 등과 그리고 국제금융기구의 호주머니를 털어 그럭저럭 잘 지낼 수가 있었다.…… 그러나 1970년대 자본통제 장치들이 하나 둘 제거되면서 기술, 금융, 정보의 민주화가 진척되고, 그러다가 결국 냉전체제가 종결되고 모

54) 토머스 L. 프리드먼 지음·신동욱 옮김, 『렉서스와 올리브나무』 (서울 : 창해, 2003), 216쪽.

든 곳의 장벽들이 붕괴되었다. 그러자 뿔뿔이 흩어져 있던 전자투자가 집단이 한데 뭉칠 수 있게 되었다.······· 그들이 무리지어 배를 채우고 번식해 나가는 장소인 초거대 시장이 세계화 체제에서 중요한 역할을 하고 있다. 이들은 물론 여느 국가들처럼 전쟁을 치를 수도, 어느 나라를 침공할 수도 없다. 하지만 이들은 많은 부분에서 세계 각국에게 영향력을 행사할 수 있다."[55)]

1997년에 국난 수준의 위기를 맞이했던 한국도 따지고 보면 이들에 의해 가차 없이 그리고 무자비하게 눈뜬 채 털리고 말았던 것이다. 이들이 생각하고 있는 것은 오직 자신들이 얻게 될 이익의 극대화와 자신들이 지불해야 할 손해 및 비용의 최소화 일 뿐이다. 그 이상도 그 이하도 아니다.

사실 이들의 통제권에서 벗어난다는 것은 현실적으로 생각할 수도 없는 일이 되어 버렸다. 특히 자본시장이나 금융 인프라가 상대적으로 취약한 신흥국들에 게 있어 이들의 통제권을 따돌린다는 것은 상상도 하기 어려운 일이다.

따라서 피할 수 없다면 그들과 친해지는 수밖에 없다. 그래서 이들의 의도나 동향을 정확히 파악하고 이들이 원하는 것이 무엇인지 그리고 어떻게 대처하는 것이 비용을 최소화 하는 것인지를 지혜롭게 잘 헤아릴 필요가 있는 것이다. 속된 말로 이들에게 찍히면 끝장인 것이다.

프리드먼도 이야기 하듯이 현 세계화 시대에 있어 미국과 같은 초강대국 정부조차 더 이상 두툼한 수표책을 쥐고 있지 못하다. 이것이 의미하는 것은 오늘날 현금을 뿌려 댈 여력을 가진 주체는 오직 전자투자가 집단뿐이라는 사실이다.

---

55) 『앞의 책』, 218-220쪽.

"전자투자가 집단과 거래하지 않고서는 오늘날엔 그 어느 나라도 번성할 수 없다. 접속하자마자 필연적으로 맞이하게 될 이들의 쇄도에 압도당하지 않고, 이들을 최대한 활용하는 것이 살아남을 수 있는 유일한 길이다. 전자투자가 집단은 그야말로 집안에 까지 들어와 있는 고압전선과도 같다. 정상적인 상황에서는 난방과 빛, 그리고 여러 가지 에너지 수요를 충족시켜 주지만, 그렇지 못할 경우엔 화를 입힌다. 적절한 전기 제어기를 준비하여 과도하게 높거나 낮은 전압에 대비해 놓지 않으면 감전되어 불구가 되거나 아예 저세상으로 가버릴지도 모른다."[56)]

전자투자가 집단이 세계 각국에 민주화를 향한 압력과 영향력을 행사하고 있는 것은 잘 알려진 사실이다. 물론 이에 대해 다른 시각을 제시하는 사람들도 없지 않다. 그들의 주장은 자유시장과 민주주의는 타고난 짝이 아니라는 것이다.[57)] 자유시장의 보장이 바로 민주주의의 기본적인 전제가 되는 것은 아니며 자유시장 만이 민주주의를 가져다주는 것도 아니라는 시각을 견지하고 있다.

그러나 분명한 것은 이러한 비판에도 불구하고 자유주의와 민주주의가 서로 상당한 상관관계가 있으며 또한 양립할 수 없다는 것은 아닌 만큼 이 양자의 관계에 대해 살펴보는 것은 나름대로 의미가 있을 것으로 사료가 된다.

프리드먼은 전자투자가 집단이 어떻게 민주화를 향한 압력을 행사하는지에 대해 자세히 언급을 하고 있다. 그에 따르자면 우선 이들이 투명성을 강조하고 있다는 것이다. 각 나라의

---

56) 『앞의 책』, 217쪽.

57) 장하준 지음 · 이순희 옮김, 『나쁜 사마리아인들』 (서울 : 도서출판 부 · 키, 2011), 37쪽.

국가경제가 얼마나 건전하게 운영되고 있느냐를 세계만방에 투명하게 확인시켜주는 역할을 한다는 것이다.[58)]

다음으로는 세계적 기준(global standard)의 준수를 감시하고 감독하는 역할을 한다는 것이다. 전자 투자가 집단이 투자활동을 왕성하게 벌이면 벌일수록 그리고 많은 국가와 기업들이 이들에게서 투자받고 초거대시장에 참여하기를 원하면 원할수록 이들은 국제적 회계기준을 준수하라는 압력을 더욱 거세게 받게 된다는 것이다.[59)]

다음으로 들고 있는 것이 전자투자집단의 부패에 대한 혐오이다. 그들은 부패를 결코 사랑하지 않는다. 만약 부패가 있다면, 혹은 부패의 낌새가 느껴진다면 미련 없이 언제나 투자된 돈을 회수하고 그렇지 않은 곳으로 떠날 준비가 되어있는 이들이 바로 그들이다.[60)]

1977년 통과된 부패 관행 방지법은 미국 기업들이 외국에서의 사업 활동을 할 때 뇌물공여를 불법으로 규정하고 있고, 1997년 11월 20일, 세계 29개 선진 산업민주주의 국가들로 구성 된 경제개발협력기구(OECD)는 미국의 부패 관행 방지법을 상당부분 그대로 채택하기로 합의한 것도 이와 맥을 같이 하는 것이다.[61)]

또한 이들은 자유언론을 가장 좋아하고 지지를 한다. 이들이 가장 좋아하는 기관은 효과적인 증권거래위원회로부터 자유

---

58) 토머스 L. 프리드먼 지음 · 신동욱 옮김, 『렉서스와 올리브나무』 (서울 : 창해, 2003), 303-308쪽.

59) 『앞의 책』, 308-314쪽.

60) 『앞의 책』, 314-321쪽.

61) 『앞의 책』, 314-321쪽.

롭고 책임감 있는 언론사들에 이르기까지 법치주의에 기반을 둔 기관들이다.[62)]

그리고 마지막으로 채권시장과 주식시장의 개설과 확대를 좋아한다. 이는 스스로의 투자기회를 확보하기 위한 것이기도 하지만, 잘 관리되는 채권시장과 주식시장은 금융의 민주화와 투명성을 촉진하고 증대시키기 때문이다.[63)]

이와 같은 역할과 선호를 통해 그리고 이러한 것에 투자를 하거나 자금을 회수하는 방식을 통해 전자투자 집단은 각 국가에 대해 민주화를 위한 압력을 행사하고 이를 통해 세계적으로 민주주의를 촉진하고 확대하는 일에 일조를 하고 있는 것이다.

이와 같이 사실 전자투자가 집단이 외부로 부터의 혁명 또는 글로벌루션(globalution)[64)]이라 불리어지는 영향력을 통해 민주화에 기여를 하는 면도 있으나 그것 못지않게 가장 두렵고 무례하게 느껴지는 면도 없지 않다.

프리드먼은 이를 두고 세계화의 패러독스라고 표현을 하였다. 밝음과 어둠이라는 야누스의 두 얼굴을 하고 있는 전자투자집단의 역할과 기능을 세계화를 순 방향으로 이끌려고 하는 사람이라면 반드시 눈여겨보아야 할 것이다.

> "제대로 활용이 될 경우 전자투자가 집단은 어느 국가든 더 좋은 운영 체제와 더 좋은 소프트웨어 등 민주주의의 특질을 더 잘 갖추도록 만든다. 그러나 이와 동시에 전자 투자가 집단과 초

62) 『앞의 책』, 322-324쪽.

63) 『앞의 책』, 324-327쪽.

64) 이것은 세계화(globalization)와 혁명(revolution)의 합성어이다.

거대 시장은 오늘날의 세계에서 가장 두렵고 위압적이며, 가장 무례한 세력이기도 하다......... 이것이야말로 세계화의 패러독스가 아닐 수 없다. 이들 무리는 어느 날 홀연히 나타난 정의의 사도처럼 단신으로 뛰어들어 쌍권총에 불길을 뿜으며 악당들을 내쫓고 무법사회에 법치주의와 질서를 안겨준다. 그러다가는 어느 날 갑자기 킹콩으로 돌변해 마을을 짓밟고 다니며 인정사정 볼 것 없이 사람들을 밟아 죽인다. 미국 독립의 해인 1776년에 이들은 정의의 사도였으며, 조지 오웰의 소설 『1984년』에서 이들은 킹콩이었다. 아울러 이들은 이 같은 양면적인 성향을 일시에 모두 표출하기도 한다."[65]

지금까지의 역사를 살펴보면 사실 많은 나라들에 있어서 도둑정치(kleptocracy)가 판을 쳤던 것을 부인할 수는 없다. 부패하고 탐욕스럽고 무능한 관료제가 이런 악의 먹이사슬 속에 포획이 됨으로써 결국 국민들에게 피해를 입히는 사례들이 비일비재했던 것이다.

"도둑정치는, 개발도상국에서는 늘 발견되고 선진국에서도 종종 발견되는 일상적 뇌물수수 관행과 부정부패의 범위를 훨씬 넘어선다. 도둑 정치에서는 세금 징수에서부터 세관 업무 그리고 민영화와 규제에 이르기까지 정부 시스템의 거의 모든 핵심적 기능이 너무나 부패해서 불법거래가 정상적으로 이루어지고 오히려 합법적인 거래가 예외로 취급되는 체제다....... 이런 상황에서는 지위고하를 막론하고 모든 계층의 공직자들이 각자가 발휘할 수 있는 권력을 총동원해 국민들과 투자자 그리고 정부로부터도 최대한 돈을 긁어모은다."[66]

65) 『앞의 책』, 298-299쪽.

가장 중요하면서도 글로벌한 경쟁우위 가운데 하나는 날렵하고 효율적이며 정직하고 투명한 정부행정서비스다.[67]

관치에 의해 길들여진 경제 국가들의 최대 논란거리 중 하나가 정부 규모를 줄이면서도 과연 정부의 질을 지속적으로 높일 수 있을 것인가의 여부인 것이다.[68]

경제적 세계화에 대해 무조건적인 자유무역정책에 대해 반대를 하고 개발도상국들을 우대해야 한다는 논지를 펴는 면에서 장하준과 같은 시각을 보여주는 하버드 대학의 경제학자 대니 로드릭(Dani Rodrik)은 좀 색다른 이야기를 꺼내 놓았는데 그것이 무언가 하니 중요한 것은 세계화 여부가 아니라 세계화의 방법이라고 주장을 한 것이다.[69]

세련되고 정직하며 신뢰할 수 있는 금융 및 법치 인프라를 구축한 나라들은 자국 통화에 대한 투기적 공격에 대해 훨씬 더 잘 방어할 수 있고, 전자투자가 집단의 갑작스런 자금 회수에 훨씬 더 내성이 있으며, 이로 인한 충격을 최소화하는데 훨씬 더 민첩하게 대응할 수 있다는 것이다.[70]

또한 정치체제가 보다 민주적이고 신뢰할 수 있고 개방적이고 투명화가 이루어질수록, 그 나라의 금융제도는 의외의 사태에 직면 할 가능성이 줄어든다는 것이다. 전자투자가 집단에 접속하고 있었던 아시아 국가들 중에서 1997년 아시아 위기 시 가장 피해가 적었던 나라는 투명하고 부패하지 않고 민

66) 『앞의 책』, 265-266쪽.

67) 『앞의 책』, 284쪽.

68) 『앞의 책』, 284쪽.

69) 『앞의 책』, 289쪽.

70) 『앞의 책』, 289쪽.

주적이며 신뢰할만한 시스템을 갖춘 나라들로 타이완, 홍콩, 싱가포르 등이었다는 사실이 이를 잘 보여주고 있다.[71)]

7. 세계화와 특허와 관련된 문제

세계화가 빚어 낸 또 하나의 문제는 지적 소유권 제도가 기술 혁신을 촉진하는 박차가 아니라 걸림돌이 되기 시작했다는 점이다.[72)] 이점은 정말 아이러니라 말하지 않을 수 없다. 기술 혁신을 촉진하고 보호하기 위한 장치가 이를 막는 걸림돌이 된다니 말이다.

문제는 특허 제도에 내재해 있는데 새로운 아이디어를 개발하려고 하는데 그 과정에서 필요한 아이디어를 다른 사람이 소유하고 있다면, 어떤 대가를 지불하지 않고는 그 아이디어를 사용할 수 없다는 점이다. 결국 새로운 아이디어의 생산비용이 높아지는 것이다.[73)]

또 다른 문제는 당신이 낸 특허와 밀접한 관련을 가진 특허를 소유하고 있는 경쟁자에게서 특허 침해로 고소당할 위험까지 있다는 것이다. 이런 소송은 돈과 시간을 낭비하는 것일 뿐만 아니라, 분쟁이 해결될 때 까지 문제의 기술이 발전하지 못하게 방해하는 것이 되어 특허가 기술 발전을 촉진하는 박차가 아니라 걸림돌이 될 수 도 있다는 것이다.[74)]

---

71) 『앞의 책』, 328-329쪽.

72) 장하준 지음 · 이순희 옮김, 『나쁜 사마리아인들』 (서울 : 도서출판 부 · 키, 2011), 212쪽.

73) 『앞의 책』, 212쪽.

74) 『앞의 책』, 212-213쪽.

이와 연관 지어서 생각해 볼 수 있는 것으로 특허를 남발하는 미국 등 기술 선진국이 가지고 있는 시스템이 특정 산업에서는 경쟁을 제한하는 악영향을 미치고 있다는 점이다. 특허기술을 개발하기 위해 들어간 비용을 보전하는 목적에서 만들어진 특허제도가 경쟁자의 시장 진입을 가로막거나 '특허를 위한 특허'를 노리는 특허 괴물을 잉태하게 된다는 것이다.[75)]

최근의 제도상 변화로 인해 지적 소유권의 경우 관련 비용은 증폭되고, 수익은 감소하고 있다. 독창성의 기준을 낮추고 특허의 수명을 연장하면, 특허에 대해 지불하는 비용은 예전보다 많아지는 반면 특허의 평균적인 품질은 예전보다 낮아지게 된다.[76)]

또한 부자 나라 정부들과 기업들의 태도 변화 역시 공익을 위해 특허권자들의 영리적인 이해관계를 무시하는 것을 더욱 어렵게 만들고 있다.[77)]

또한 특허가 가능한 지식자체가 세분화, 극소화됨에 따라 서로 맞물려 있는 특허 관계의 문제가 심화되며 이것이 결국 기술진보를 늦추고 있다.[78)] 개발도상국의 경우에는 이런 부정적인 영향이 더욱 크다. 미국을 위시한 부자 나라들은 독창성 기준 완화 조치로 인해 예전부터 개발도상국의 전통적 지식을 도용하는 행위가 보다 쉬워진 반면, 개발도상국들이 절실하게 필요로 하는 약품 값은 점점 비싸지고 있는 것이다.[79)]

---

75) http://forum.chosun.com/bbs.message.view.screen?bbs_id=1030&message_id=933232

76) 『앞의 책』, 215쪽.

77) 『앞의 책』, 215쪽.

78) 『앞의 책』, 215쪽.

79) 『앞의 책』, 216쪽.

이와 관련하여 하나의 사례를 살펴보자면, 얼마 전에 뉴스의 각광을 받았던 스위스 바젤에 본사를 둔 노바티스(Novartis)라는 다국적 제약회사의 항암제인 글리벡(Gleevec)[80]의 한국 내 판매가격을 낮추어 달라는 환자들과 그 가족들의 대규모 시위도 이러한 문제점과 깊은 관련성을 가지고 있다.

기술력을 담보로 한 신약이라는 이유로 가격은 고공 행진을 하였고 이로 인해 엄청난 의료비용에 짓눌려 있던 환자나 그의 가족들은 불치의 병인 암과의 투병과 동시에 암치료제와의 사투를 벌여야 하는 이중고를 감내해 나가야 되었던 것이다.

더 큰 문제는 새로운 지적 소유권 제도가 경제발전, 특히 개발도상국들의 경제발전을 더욱 어렵게 만들고 있다는 것이다. 부자나라들이 전체 특허의 97%를, 그리고 저작권 및 상품권의 대다수를 장악하고 있는 상황에서 지적 소유권자들의 권리가 강화되면 개발도상국들의 지식획득 비용은 높아 질 수밖에 없기 때문이다.[81]

최근에 세계적 대결로 뉴스의 각광을 받은 삼성전자와 애플사(Apple Inc.)의 특허권 법적 투쟁을 대표적 사례로 들 수 있을 것이다. 애플사는 삼성전자가 애플의 특허를 침해했다는 소송을 제기함으로써 애플과 삼성전자의 세기의 특허관련 소송이 벌어지게 되었다.

이러한 양 사의 법적 소송은 사안 자체가 가지는 중요성으로 인해 법적 테두리를 벗어나 정치적 무대로 까지 비화가 되

80) 이마티닙(Imatinib) 또는 상품명 글리벡(Gleevec)은 스위스의 노바티스(Novartis) 사가 개발한 만성 골수성 백혈병(CML) 치료제이다.
http://ko.wikipedia.org/wiki/%EC%9D%B4%EB%A7%A4%ED%8B%B0%EB%8B%99

81) 『앞의 책』, 216쪽.

고 언론의 대리전 양상으로 까지 번져 나갔으며 양국의 국민들에 대한 애국심에 까지 호소를 하는 전면전 양태로 확전이 되어 나갔다.

이 소송에서 애플은 창업자 스티브 잡스(Steve Jobs) 생전의 창조적 기술 혁신의 이미지를 저버리고 과거의 유산에 의지하는 허접스럽고 허약한 기업으로까지 폄하가 되기도 하였다. 이제 더 이상 애플은 기술혁신의 선도 주자가 아니라 자신의 유산에 의지하여 버텨나가는 기업으로까지 저 평가를 받는 기업이 되어 애플 신화에 오점을 남기는 결과를 만들어 냈다.

삼성전자도 애플과의 싸움에서 완전한 승리를 거둔 것은 아니다. 삼성전자 역시 천문학적 숫자의 소송비용과 소송에 따른 부대비용을 지불해야 되었고 일정 부문에 있어선 패소함으로써 일부 우월적 지위를 누리던 시장으로부터 퇴출이 되는 위기를 겪고 자신이 개발한 특허를 활용하지 못하게 되었을 뿐만 아니라 애플의 특허와 중복되는 내용에 대해서는 사용권을 더 이상 유지하지 못하게 되었던 것이다.

이러한 것이 삼성전자 측에 끼친 손실과 비용은 엄청나다고 볼 수 있는 것이다. 일부 언론에서는 애플과 법 적 소송을 함으로써 삼성전자의 명성, 즉 브랜드 파워를 더 한층 격상시키는데 도움이 되었다는 평가도 있지만 삼선전자는 애플과의 싸움으로 많은 것을 잃기도 하였다.

결국 세기의 대전을 통해 양 측은 모두 상처뿐인 영광을 가지게 되었으며 이로 인해 삼성전자는 앞으로 더 많은 돈을 새로운 기술투자와 지적 소유권의 사용료를 위해 사용해야 하는 부담을 안게 된 것도 사실이다.

또 이와 유사한 특허권 법적 대결로는 삼성전자와 세계 최대 통신장비 회사인 스웨덴의 에릭슨(Ericsson)을 들 수 있다. 에릭슨은 지난 2012년 말부터 삼성전자와 특허 협상을 진행했지만, 삼성전자가 자사 통신 관련 특허에 충분한 대가를 지급하지 않아 협상이 결렬됐다고 설명했다.[82)]

이에 에릭슨은 삼성전자를 상대로 미국 법원에서 특허소송을 제기했고, 삼성전자 역시 맞소송에 나서면서 두 회사 간의 특허분쟁이 시작됐다. 결국 삼성전자가 에릭슨 측에 로열티(기술사용료)를 다년간 지급하는 글로벌 특허 라이선스 계약을 체결함으로써 분쟁이 해결되었다.[83)]

8. 소용돌이치는 세계화와 한국경제

1997년 11월에 어둡게 닥쳐왔던 환난과 2007년에 발생한 서브프라임 모기지 사태(subprime mortgage crisis) 그리고 2008년 이의 여파로 발생한 1850년에 설립된 국제 금융 회사 리먼 브러더스(Lehman Brothers Holdings Inc.)의 파산[84)]으로 빚어진 금융위기에 따른 경제난국의 어두운 터널을 지나온 경험 등은 우리나라도 소용돌이 치고 있는 세계화의 중심에 서 있다는 것을 확인해 주는 것이다. 이제 우리가 좋건 또는 싫건 간에 세계화는 선택의 문제가 아니라 필수의 문제가 되었다.

수입과 수출을 합쳐서 1조 달러에 달하는 교역량으로 세계

82) http://biz.chosun.com/site/data/html_dir/2014/01/27/2014012703347.html

83) http://biz.chosun.com/site/data/html_dir/2014/01/27/2014012703347.html

84) 미국 연방준비제도이사회(FRB)와 미국 재무부가 도덕적 해이를 우려하여 위기에 빠진 리먼 브러더스에 대한 구제 금융을 불가 한다는 입장을 고수함으로써 결국 리먼 브러더스는 몰락하고 말았다.

교역규모로 볼 때 7위~8위를 하는 우리로서는 세계화를 부정할 수 없으며, 이렇게 열린 세상에서 살아남는 방법을 강구하는 것이 현실적이면서도 현명한 대안이 될 수 있는 것이다.

그러나 세계화와 연관된 경제위기를 호되게 치르고서도 아직 현실을 정확하게 직시하지 못하고 다시 그때 그 시절로 되돌아가려는 것만 같은 퇴행적 모습을 보이는 것은 심히 우려스럽다 아니 할 수 없다. 그나마 한편으로 다행스럽게 생각할 수 있는 것은 최근의 신흥국들을 중심으로 하는 경제위기 시에 이러한 부정적 여파가 우리에게까지 영향을 주는 것을 차단을 하고 수출의 불씨를 꺼트리지 않고 흑자행진을 지속하고 있다는 점이다.

이러한 점들은 환난 당시 보여주었던 정부의 위기관리능력보다 훨씬 개선이 된 일면을 보여주는 것이었고, 우리 경제의 펀더멘탈, 즉 근본 체질이 다른 어느 때보다 더 강하다는 것을 다시 한 번 더 입증해주는 일이다.

그렇다고 해서 이러한 자그마한 성취에 자축을 하기에는 시기상조라는 시각이 일반적이다. 도도히 흐르고 있는 세계화의 소용돌이 속에서 앞으로 보다 더 어렵고 복잡한 도전과 시련이 거듭될 것이 거의 확실시되기 때문이다.

이렇게 앞으로 예상되는 어려운 경제 상황 속에서 이에 대해 커다란 책임을 짊어지고 나가야 할 경제부처를 위시한 일반 행정 관료들이 국민에 대한 책무를 다하는 일에 최선의 노력을 다하고 있는지 그리고 앞으로 다할 것인지에 대해 의문의 여지가 없지 않음이 어떻게 보면 솔직한 국민 된 심정이 아닐까 생각이 된다.

현재 정부의 노력에도 불구하고 성장은 있으되 고용이 없는 상황을 만들어 내고 있고 이로 인해 청년실업인구가 인내할 수 있는 한계선을 넘어서고 있다는 자극적인 언론의 소리외침이 커져 가고 있기도 하다.

그리고 이런 외침은 우리경제를 염려하는 사람들, 그리고 경제부처를 위시한 일반 행정 관료들이 국민에 대한 책무를 다하는 일에 최선의 노력을 다하고 있는지 그리고 앞으로 다할 것인지에 대해 의문을 품고 있는 국민의 마음을 더욱 무겁게 만들고 있다.

과거와는 완전히 다른 세계경제환경은 새로운 경제 질서의 출범으로 기본적인 게임의 룰을 바꾸었을 뿐만 아니라, 그 내용도 이전과는 비교가 되지 않을 만큼 혹독하고 엄격하다. 무한경쟁을 전제로 하는 세계화로 인해 어려워져가는 세계경제환경이 한국경제의 구조적 취약성과 맞물려 종전과 같은 어려운 경제 상황을 촉발시키고 거기에다 시의성 없고 적실성 없는 정책의 실패가 이러한 어려움을 가중시킬 수 있다는 위기감이 더욱 커져만 가고 있는 것이 사실이다.

세계화가 만들어 낸 이러한 거친 세계경제환경 속에서 지금까지 정부에 의해 과보호된 대외경쟁력이 미약하거나 허약한 경제 부문들조차 개방해야하며 이런 취약점을 국제경쟁력을 지닌 외국자본이나 기술들이 비집고 들어설 것은 자명한 사실이다.

이로 인해 자칫하면 기존의 수출시장을 상실할 수 있을 뿐만 아니라 내수시장까지 저들에게 내줄 공산이 크며 이럴 경우 한국경제의 앞날은 어두운 그늘이 지게 될 것이다.

더욱 비관적인 것은 은행으로 대변되는 금융권과 재벌기업들 그리고 상대적으로 영세하고 경쟁력이 높지 않은 중·소기업까지 경쟁력을 갖추고 있는 외국대자본과 전자투자가집단들에게 그대로 노출되어있다는 점이다. 외국대자본과 전자투자집단의 한국경제의 잠식은 경제적 종속성을 심화시킬 우려가 있으므로 경계해야 될 사안이지만 이에 대한 뚜렷한 대안도 없는 것이 현실이다.

이러한 세계화에 따른 경제 질서의 변화와 이로 인한 대외적 환경의 변화에도 불구하고 우리경제는 여러 가지 복잡하게 얽힌 문제로 인해 시의성 있고 적실성 있게 대응을 하지 못하고 있는 것은 아닌지 하는 우려가 높다.

외환유동성부족으로 인해 국란을 겪은 후 많은 개선이 이루어지기는 하였지만 아직도 은행을 중심으로 하는 금융권은 부동산 침체 등 여러 여건 변화에 따른 부실채권에 멍들고 구조조정의 미흡으로 인한 비효율성과 경영부실과 금융운용 노하우의 낙후에 의해 선진 외국금융기관과의 경쟁에서 어려움을 겪고 있는 것 같다.

또한 기업 역시 연구개발 분야에 대한 집중투자와 산업구조조정 등과 같은 뼈를 깎는 자성적 노력을 추진시켜 나가는데 어려움을 겪고 있으며 정부는 정부대로 이러한 금융권과 기업의 새로운 적응을 지원하는데 효율적으로 대처하지 못하는 것 아니냐는 우려의 목소리가 높다.

이와 연관을 해서 한 가지 예를 들어보자면 다른 나라들과 비교해 볼 때 정부규제가 너무나 많고 번거로워 이를 충족시키는데 드는 물질적 그리고 시간적 비용이 엄청나지만 그럼에도 불구하고 우리정부는 대외경쟁력강화 또는 행정개혁차원에서 이러한 정부규제를 축소하거나 개선시켜야 한다는 목소리는 높이면서도 실효성 있게 그러한 조치들을 일구어내고 있느냐

하는데 대해서도 의구심을 떨 출 수가 없는 것이 사실이다.

'전국경제인연합회'에서 건의하는 정부규제완화 또는 해제에 대한 많은 요구와 노력들이 상당부분 수용되지 못하고 있는 것도 이러한 현실을 잘 보여주는 사례라고 생각된다. 그래서 '어려운 경제 상황에 정부가 기업을 도와주는 것이 아니라 오히려 발목을 잡고 있다'는 볼멘 푸념 섞인 항변까지 나오고 있는 것이 아닌지 모르겠다.

그렇다고 해서 모든 경제적 난국이 정부의 무능이나 이에 따른 정책실패 또는 정책부재의 탓이라고 생각하는 것은 아니다. 기업도 이점에 있어서는 일정한 부분 책임을 질 부분이 있다고 할 수 있다.

기업이 지금까지 국가경제의 견인차역할을 한 것은 사실이지만 그 과정에서 경제 질서를 왜곡시키고 국민경제를 어렵게 만든 일면도 없지 않았다. '한국에선 기업은 망하지만 기업인은 망하지 않는다.'는 말이 있는데 이 말을 액면 그대로 받아들이기는 어렵지만 그 말속에 우리가 반성해야 할 기업문화가 있다는 점을 부인하긴 어렵다.

또한 우리경제를 어렵게 하는 원인 중에 코리아 디스카운트 중 하나로 꼽히는 유연성이 부족한 노사관계의 영향을 빼놓을 수는 없을 것 같다. 그리고 이미 객관적인 수치를 통해 우리 노동자들의 노동생산성이 다른 나라들보다 낮은 반면 임금은 상대적으로 높다는 사실이 드러난 바 있다. 이것 역시 우리의 경제를 약하게 만드는 요인이 되는 것이다.

이외에 앞서 언급한 노와 사의 상생을 위한 조화로운 협력의 부족으로 인해 빚어지는 파업 등 노사갈등 등으로 인해 생산차질이 발생하게 되고 이로 인한 대외공신력의 하락도 이러한 면에 일조했음이 분명하다. 그리고 일부 국민들의 과소비 풍조나 이와 연계되는 양극화의 역기능들도 우리의 경제 살림을 어렵게 만든 원인이라고 볼 수 있다.

그리고 이러한 경제적 문제에 있어서 세계화가 가져다 준 다문화에 대한 수용의 문제도 고려해 보아야 할 것이다. 다문화에 대한 대응 여하에 따라 우리 경제현실의 모양새가 달라질 수 있기 때문이다.

현재 우리사회는 높은 실업상태를 걱정하는 단계에 있지만 실상 일자리가 없어서 그런 것만은 아닌 듯 싶다. 단지 남아도는 일자리가 제대로 된 일자리라고 생각하지 않기 때문에 생기는 현상으로 이해를 할 수 있다. 많은 실업상태에 있는 고학력자들이 3D 업종을 기피하는 것은 부인할 수 없는 사실이다. 위험하고 더럽고 힘든 일자리인 만치 대학까지 교육받은 고학력자들로는 선뜻 받아들이기 어려운 일자리임에는 분명하다.

그러나 힘들고 어려운 일자리라고 하더라도 이 일자리는 누군가에 의해 채워져야 하고 그래야만 한국 경제는 제대로 돌아갈 수 있는 것이다. 무한 경쟁의 세계화시대에 국가적 차원에서의 총력이 다른 어느 때보다 필요로 되는 시기이다. 따라서 제대로 된 일자리가 아닌 그 일자리에서도 누군가의 노력이 필요로 되는 것이다. 바로 그 일자리를 메울 수 있는 것이 현실적으로는 외국인 인력이고 따라서 다문화가정의 인력일 수밖에 없다.

이러한 연유 등으로 인해 많은 다문화 가정이 우리와 공존하는 이웃이 되어 우리 사회 속에서 그리고 생활 속에서 자연스럽게 자리를 함께하고 있지만, 우리 사회의 인식과 제도는 시대적 변화에도 불구하고 아직 자연스럽게 이를 받아들일 준비가 제대로 되어있지 않은 듯싶다. 다문화 가정의 자녀들의 교육문제, 그리고 경제적 문제 그리고 문화적 조화의 문제 등이 아직 제대로 정리되지 못하고 있고 심지어 범죄 등의 어두운 그림자 역시 이러한 문제들을 더욱 어렵게 만들고 있다.

그러나 세계화가 일반적인 흐름이 되고 있고 이에 따라 다문화의 흐름이 거스를 수 없는 흐름이라면 이에 적극적이고 전향적으로 대응하는 노력이 필요로 될 것이다. 이러한 맥락에서 다문화 가정이 소외 된 이방인이 아닌 우리의 진정한 이웃으로 받아들여지는 성숙한 시민의식과 제도적 장치가 앞으로도 지속적으로 마련되어야 할 것이다. 그리고 이를 위한 정책은 중앙정부는 물론이고 지방자치단체 그리고 해당 지역사회가 함께 고민하고 해결을 위한 노력을 경주해 나가야 할 것이다.

다문화사회로의 이행에 있어 성공과 실패는 다양한 요인들에 의해서 좌우된다고 볼 수 있다. 소수이주자들의 권리확보를 위한 집단적 노력, 국가의 정책적 지원, 정부와 NGO사이의 성공적인 역할배분과 공조체제 확립, 그리고 보편주의 적 시민권 확보와 문화적 특수주의와 존중 사이의 조화가 필요하다.

그리고 무엇보다도 진정한 다문화주의란 일상생활 속에서 이루어지는 실천이라는 점에서 정체성과 문화적 차이를 유연한 자세로 받아들일 수 있는 열린 감수성과 다른 문화에 대한 관용(tolerance)이 요구되는 것이다.

우리 사회에 편입되고 있는 결혼이민자들의 고유문화와 전통을 이해하고 아직은 소수자들인 이들 결혼이민자들을 우리 사회에 편입시켜 문화적 갈등을 최소화시키는 것이 최대의 과제이다. 특히 안정적인 사회구조를 만들어 가기 위해서는 결혼

이민자에 대한 소극적 대응보다는 적극적인 지원정책을 통하여 다문화사회에 본격적으로 대응해 나가는 노력이 필요하다.

다문화가정의 문제를 해결하기 위해서는 다문화에 대한 성숙된 시각으로의 전환과 체계적이고 통합적인 지원정책 그리고 지역의 특색과 다문화 가정의 욕구를 고려한 차별화된 맞춤형 다문화가정 지원정책이 이루어질 수 있도록 노력을 해나가야 할 것이다.

이러한 노력이 세계화에 의해 새롭게 만들어지고 있는 세계질서에 부합하는 일이 될 것이고 이들의 잠재력과 현재의 역량을 충분히 활용을 하는 일이 될 것이며, 결국에는 우리 사회에서 싹트고 있는 다문화가정의 문제점을 해소해주고 나아가 자연스럽게 다문화가정을 우리의 친근한 이웃으로 받아들이게 만드는 견인차의 역할을 해 주게 될 것이다.

9. 마무리 글

여기에서 생각해 볼 문제는 앞에서 이미 언급을 하였던 전자투자가 집단이나 초거대 시장의 민주화 촉진효과가 역으로 정반대의 효과도 일으킬 수 있다는 점이다. 즉, 전자투자가 집단과 초거대 시장 덕분에 민주주의가 촉진된다 할지라도, 정작 해당국가의 국민들은 자신의 삶에 대한 주체성을 상실 한 것으로 느끼기 쉽다는 점이다. 아무리 국민의 열광적 지지를 받고 선출된 국민의 대표일지라도, 시장의 진정한 지배자들인 전자투자가 집단에게 고개를 숙여야 하기 때문이다.[85]

---

85) 토머스 L. 프리드먼 지음 · 신동욱 옮김, 『렉서스와 올리브나무』(서울 : 창해, 2003), 334쪽.

이에 따라 예전에는 각 나라별로 이루어지던 정책결정들이 어느 한 특정인이나 국가와는 관계없이 전자투자집단이 창궐하고 지배하고 있는 글로벌 시장에서 결정이 되는 경우가 잦아졌다.

"갈수록 사람들은 각종 경제 사안에 대한 통제력과 의사결정권이 국가에서 글로벌 차원으로 이전된다고 느낍니다. 자신들이 통제할 수 있다고 믿었던 사안들이 속속 어느 누구도 통제 할 수 없고, 누구도 책임지고 돌볼 자가 없는 글로벌 차원으로 변해 버립니다. 모든 정치문제가 우리들 차원의 문제라면, 내가 행사하는 한 표가 중요합니다. 그러나 권력이 글로벌 차원으로 이전된 상태에서는 투표란 없습니다. 지지할 후보자도 없습니다."[86)]

래리 서머스(Larry Summers)의 표현대로 세계화가 안고 있는 3중 딜레마로 전자투자가 집단은 매일 같이 전 세계를 대상으로 투표를 하고 있는데 반해, 각 나라들은 이들처럼 직접적이고 즉각적인 방식으로 전자투자가 집단의 행태에 대해 투표를 할 수 없는 세계를 우리는 앞으로 어떻게 다스릴 수 있다는 말인가? 그리고 누가 나와 내 인터넷 사이의 관계를 통치할 것인가? 그리고 누가 나와 초거대 시장 간의 관계, 우리나라 정부와 초거대 시장 사이의 관계를 통치 할 것인가?를 풀기 어려운 딜레마로 설정할 수 있는 것이다.[87)]

이러한 문제를 해소하기 위해선 각국 국민들로 하여금 어떻게 하면 자국 정부에 대해서뿐만 아니라 글로벌 권력의 일부

86) 『앞의 책』, 335쪽.

87) 『앞의 책』, 337쪽.

분에 대해서도 자신이 영향력을 행사할 수 있다는 느낌을 가지게 할 수 있느냐 하는 것이다.

하버드 대학교 경영대학의 마이클 포터(Michael Eugene Porter)는 "한 나라의 부는 대개 그 나라 국민들의 집단적 선택에 달려있다. 지리적 입지, 부존자원, 그리고 심지어 군대까지도 더 이상 결정적 변수가 되지 못한다. 그 대신 정부와 국민이 경제를 어떻게 구성하고 운영하느냐, 즉 어떤 조직과 기구들을 설치하고 자본을 어느 곳에다 어떻게 쓰느냐에 관해 개개인 또는 국가 전체적으로 어떤 결정을 내리느냐가 국가 번영 정도를 결정할 것이다."[88]고 주장을 하였다.

그러나 이러한 주장도 범위를 확대하여 시야를 세계로 돌린다면 한층 더 확장된 의사결정체에 대한 이해가 선행될 필요가 있을 것이다. 한 나라의 부는 그 나라 국민들의 집단적 선택뿐만 아니라 글로벌 권력의 일부분을 내포한 확장된 범위내에서 의미를 갖게 되는 것이다.

그래서 앞으로 행정을 일구어나가는데 있어서 세계화에 대한 이해가 선행되어질 필요가 있는 것이다. 그리고 세계화가 정말 인류에게 던져진 축복인지 그렇지 않고 인류에게 강요된 덫인지에 대한 세계화의 딜레마나 이에 따라 제기되는 여러 문제들을 풀어나가는데 있어 철학적 사고와 이에 따른 지혜가 요구되는 것이다.

이를 위해 스티븐 코비(Stephen R. Covey)가 성공하는 사람들의 일곱 가지 습관을 제시하듯이 프리드먼이 제시하는 성공하는 국가들의 아홉 가지 습관을 열거하면서 글을 마무리한다.

---

88) 『앞의 책』, 344쪽.

첫째, 당신의 나라는 얼마나 빠른가? 둘째, 당신의 나라는 지식을 얼마나 수확하고 있는가? 셋째, 당신의 나라는 얼마나 가벼운가? 넷째, 당신의 나라는 외적으로 자신을 개방할 수 있는가? 다섯째, 당신의 나라는 내적으로 자신을 개방할 수 있는가? 여섯째, 당신 나라의 경영진은 깨어있으며, 그렇지 못할 경우 교체가 가능한가? 일곱째, 당신의 나라는 부상자를 쏘아 죽일 용의가 있는가? MIT대학의 경제학자 레스터 서로우(Lester Thurow)는 "혁신적인 기술이 출현 할 경우 이런 회사들은 새것을 건축하기 위해 오래 된 것을 부수어야만 한다."고 주장을 하였다. 여덟째, 당신의 나라는 친구를 얼마나 잘 사귀는가? 아홉째, 당신 나라의 브랜드는 얼마나 출중한가? 등이다.[89)]

---

89) 『앞의 책』, 368-421쪽.

제9장

정부혁신

정부를 혁신하거나 쇄신하자는 이야기는 어제 오늘의 일이 아니다. 우리나라의 경우에도 정권이 매번 바뀔 때마다 동네 감초처럼 튀어나오는 말이 바로 이 말이었으며 실제로 바뀐 정권은 개혁이다 혁신이다 사정이다 하는 나름대로의 슬로건을 내 세우고 정부 관료제에 대해 요란스럽게 칼을 대었다.

그러나 이러한 요란스런 정부혁신의 의지와 행동은 시간이 흐르면서 용두사미 격으로 꼬리를 슬며시 내리고 마치 그런 일이 언제 있었냐는 모양새를 보이며 혁신 그 자체가 실종이 되기 일쑤였다. 이에 따른 국민의 실망도 컸고 정부 관료제의 개혁에 대한 내성과 눈에 보이지 않는 저항의 강도도 점차 높아만 갔다.

모든 사람들이 혁신의 필요성을 공감하고 또한 인정을 한다. 그러나 그것은 어디까지나 정서적인 측면이나 감정적인 면으로 흘러버리는 면이 많았다. 진정한 정부 혁신이 가능하려면 지금보다는 보다 체계적이고 구조적이며 사전 준비적인 접근이 필요하고 이를 집행하는 과정에도 많은 인내가 요구되는 노력이 필요로 되는 것이다.

그리고 한 걸음 더 나아가 혁신의 집행 결과를 겸허하게 평가하고 여기에서 확인된 미비점이나 문제점들을 개선하여 차기 결정이나 집행에 반영하는 보다 지속적이고 항상성이 유지되는 혁신과정이 필요로 되는 것이다.

이러한 것을 가능케 하려면 지도자의 혁신에 대한 강인한 의지와 지속을 위한 관심과 인내가 필요하고, 국민들도 혁신의 성과에만 너무 급급하지 말고 인내하면서 혁신이 가져오는 결과에 따라 일희일비하는 우를 범하지 말고 정치적 선동이나 선전에 좌지우지 되지 않고 중장기적인 안목을 가지고 이를 거시적으로 지켜보는 그런 자세가 필요로 될 것이다.

그리고 혁신의 대상이 된다고 생각하는 행정 관료들도 발상의 전환을 통해 비록 정치권 등에 의한 타율적 혁신이라고만 생각하지 말고 스스로를 자정 할 수 있는 좋은 기회라고 생각하고, 이를 통해 개과천선(改過遷善)을 할 수 있도록 스스로를 매섭게 채찍질 하는 한편, 보다 나은 내일의 조직건강을 위해 그리고 보다 나은 국민들에 대한 행정서비스를 제공할 수 있는 기회라는 긍정적인 생각을 가지고 혁신을 추진시키고 필요하다면 자신과 자신의 조직을 정화시키는 계기로 삼아야 할 것이다.

이러한 뼈를 깎는 자정과 혁신의 노력이 경주되지 않는다면 그러한 개혁이나 혁신은 반드시 실패 할 수밖에 없을 것이다. 그리고 그 후과는 반드시 국민들의 부담이란 결과로 나타나게 될 것이다.

이곳에서는 행정혁신과 관련된 여러 철학적 논쟁들에 대해 살펴보고자 한다. 이를 위해 우선 외국 정부와 한국 정부의 행정혁신 노력을 간단히 살펴본 후 왜 혁신이 필요한가에 대한 논쟁을 살펴보고 그 다음으로 혁신의 범위와 속도에 대한 논쟁을 살펴보고자 한다. 그런 후 다음에는 정부혁신을 찾는 대안으로 시장에의 의존에 대한 논쟁을 살펴보고자 한다. 그리고 마지막으로 미래를 위한 바람직한 혁신의 방향에 대한 논쟁에 대해 살펴보고자 한다.

1. 외국정부의 행정혁신 노력

우선 미국에서는 행정혁신을 위한 노력이 90년대 접어들면서 본격화되었으며 현재까지 계속 진행되고 있다. 미국은 90년대 들어 어려운 경제 상황을 맞이하게 되었고 이로 인해 연방정부의 재정적자는 미 역사상 유래 없는 기록을 갱신하였다.

이에 병행해 나타난 초고속 인플레이션 상황 하에서의 경기침체는 스태그플레이션(stagflation)이란 신조어를 무색케 할 만큼 경제위기상황으로까지 이어 졌으며 이것은 시민들의 정부에 대한 불신과 조세저항을 불러 일으켰고 이런 국민적 정서는 걸프전을 승리로 이끌었던 조지 부시(George Bush) 대통령의 재선을 불가능하게 만들었다.

이러한 분위기는 결국 정부 및 행정혁신이라는 극약처방을 요구하게 되는 지경에까지 이르게 하였다.

사실 연방정부의 행정혁신을 위한 노력이 80년대 레이건(Ronald Reagan) 행정부시절에도 실시된바 있다. 레이건 대통령은 민간부문으로 하여금 정부운영의 변화를 연구케 하여 이 결과를 가지고 느슨한 정부행정을 기업행정으로 변신시키려고 했던 것이다.[1] 이를 위해 탄생되었던 기구가 '그레이스 위

원회'(the Grace Commission)이다. (<표 1> 참고)

〈표 1〉 20세기 미국의 역대 연방정부 행정개혁

연도	행정개혁위원회 명칭
1905	킵위원회(Keep Commission)
1910	태프트위원회(Taft Commission)
1921	조직개편연합위원회(Joint Keep Committee on Reorganization)
1936	브라운로우위원회(Brownlow Commission)
1947	제1차 후버위원회(First Hoover Commission)
1953	제2차 후버위원회(Second Hoover Commission)
1963	조직개편연구위원회(Study Commission on Reorganization)
1969	애쉬협의회(Ash Council)
1977	카터정부 조직개편위원회(Carter Reorganization)
1982	그레이스위원회(Grace Commission)
1993	국가성과심의회(Nation Performance Review)

그러나 이 위원회는 출범시의 야심과 규모와는 상반되게 너무도 짧은 생애를 마치고 별다른 성과 없이 사라지고 말았다. 지미 카터(Jimmy Carter)행정부 당시 이루어진 1978년의 '공무원제도개혁법'(Civil Service Reform Act)이 그러했듯이 '볼커 위원회'(Volcker Commission)의 개혁의지도 빛을 보지 못하고 명멸해 버렸다.

그리고 주정부차원의 개혁을 위한 '윈터 위원회'(the Winter Commission)도 출범하여 문제점의 지적과 나름대로의 처방전을 제시한바 있으나 근본적인 행정혁신의 성과를 거두는데 는 역부족이었다.[2)]

---

1) 김동현, "미국의 행정개혁", 『행정과 정책논총』, 제3권, (1994). ; Gerald E. Caiden, *Administrative Reform Comes of Age* (Berlin : Walter de Gruyter, 1991).

2) David Osborne and Ted Gaebler, *Reinventing Government : How the Entrepreneurial*

이와 같이 부진하게 명맥을 이어온 행정혁신이란 공은 선거유세를 통해 진정한 변화와 새로운 시각을 국민들에게 약속한 클린턴(Bill Clinton) 행정부로 넘어갔던 것이다. 특히 경제회생을 선거공약으로 내세운 클린턴행정부에 의한 연방정부차원의 행정재창출과 개혁을 위한 노력이 국가성과위원회의 노력에 의해 '정부기관실적평가보고서'(Report of the National Performance Review)로 가시화 되어 실행에 들어갔다.[3)]

이러한 행정혁신에 대한 노력이 행정부만으로 국한되진 않았다. 행정부뿐만 아니라 의회도 1994년 공화당주도의 야심찬 '미국과의 계약'(Contract with America)이란 슬로건 하에 미국인들의 정부서비스에 대한 입맛은 그대로 유지시키면서 정부에 대한 지출을 감소시키는 작은 정부 그리고 비대하지 않은 정부를 건설해 나갈 것을 천명하였다.[4)]

미국만 이러한 혁신적 상황에 있었던 것만은 아니다. 우리와 가까운 환태평양권역만 보더라도 일본 역시 1980년대부터 행정혁신을 위한 노력이 시도되었으며 이러한 것으로는 1981년 설치되어 민영화, 연금 및 건강보험 등 공무원 복지개선, 조직개편 등에 주력한 '임시행정조사회'와 1983년에서 1993년에

Spirit Is Transforminig the Public Sector (Reading, Mass. : Addison-Wesley, 1992). ; Al Gore, "From Red Tape to Results : Creating a Government That Works Better and Costs Less", *Report of the National Performance Review* (Washington, D. C. : Government Printing Office, 1993). ; F. J. Thompson, (ed.), *Revitalizing State and Local Public Service : Strengthening Performance, Accountability, and Citizen Confidence* (San Francisco, CA : Jossey-Bass, 1993).

3) Donald F. Kettl, *Reinventing Government? Appraising the National Performance Review* (Washington, D. C. : Brookings Institution, 1994).

4) John B. Bader, *Taking the Initiative : Leadership Agendas in Congress and the "Contract with America"* (Washington, D. C. : Georgetown University Press.1996).

걸쳐 설치된 제1차, 제2차, 제3차 '공직혁신추진심의회'의 행정혁신 등을 들 수 있다.[5] 내용으로는 규제완화, 지방분권화확대 및 행정의 민주화 등을 담고 있다.

이러한 행정혁신 노력의 뒤를 이어 하시모토총리주도아래 정부 및 행정혁신에 대한 노력이 대내외적으로 천명되어 실천에 옮겨졌으며 이로 인한 예산절감과 인력의 감축이 가시적으로 드러나고 있다. 캐나다나 뉴질랜드 그리고 오스트레일리아 역시 과감한 행정혁신을 실시하여 괄목할만한 가시적인 성과를 거두고 있다.

2. 한국정부의 행정혁신 노력

한국 역시 90년대 들면서 세계개방화의 물결을 타고 거센 경제적 도전이 넘쳐들고 있고 문민정부와 국민의 정부 탄생에 의한 민주화와 개방화의 여파로 정치, 경제, 사회, 문화의 기본틀에 대한 본질적인 개혁이 필요로 되는 시점에 다다르고 있으며 OECD가입과 환란에 따른 IMF구제금융 등은 한층 더 높은 민주화와 개방화를 필요로 하게 되었다.

이에 병행하여 국민수준의 향상과 경제력의 증대 이에 따른 사회구조와 기능의 복잡화는 종전의 행정관리 적 틀로는 그리고 종전의 행정서비스의 질과 양으로는 해결할 수 없는 한계적 상황에 도달했다고 진단 해 볼 수 있는 것이다.

이러한 국내·외적인 현실적 상황을 전제로 할 때 무엇보다 행정의 질적인 대혁신이 절실히 요구된다는데 이견이 없을 것

5) 김판석. "세계화시대의 정부부문경쟁력 제고 : 도전과 기회", 『한국행정학보』, 제28권 제4호, (겨울, 1994).

이다. 우리정부의 민주화와 효율화가 다른 어느 때 보다 절실한 이유도 바로 여기에 있다.

문민정부와 국민의 정부가 들어서 정권의 정통성과 민주주의에 대한 국민적 공감대를 형성시켰고 공직자재산공개와 등록 그리고 부정부패척결, 물리적 통치기관들의 개혁, 정치관계법의 개정 및 제정 등 우리정부의 민주화에 크게 기여하였다.

또한 1993년 대통령령으로 '행정쇄신위원회'를 발족하여 행정혁신의 체감지수를 보다 높이려는 노력도 경주되었다. 또한 참여정부가 들어서서 부패방지에 필요한 법령·제도 등의 개선과 정책의 수립·시행 등을 담당하는 대통령 직속의 합의제 국가기관으로 '부패방지위원회'를 2002년 1월에 신설하고 공직부패와의 전쟁을 수행하였고 '지역균형발전위원회'를 가동시켜 지방화의 정착과 성숙을 위한 노력을 경주하였다.

그러나 아직도 우리 정부 내에는 이러한 노력과 성과에도 불구하고 개혁이 되어져야 할 부분이 너무나 많이 산재해 있다고 볼 수 있다. 또한 개혁의 내용이 지나치게 정치적이라는 데도 문제가 있다. 실제적인 효율적 정부를 만들기 위한 조치들은 간과되었다는 지적도 많다.

3. 왜 혁신이 필요한 것인가?

혁신이 왜 필요한가에 대한 생각은 크게 두 가지로 나누어서 살펴 볼 수 있을 것이다. 하나는 정부나 행정을 꾸려 나가다보니 여러 가지 문제점에 부닥치게 되고 행정서비스의 질이 떨어져 국민들의 불만이 고조되고 이로 인해 국민들의 정부 불신이 날로 높아져 가는 상황에서 이를 해결해야 되겠다는 생각이 이러한 혁신을 필요로 하는 하나의 이유가 될 수 있을 것이다.

다른 또 하나의 이유로는 정치적 이유로 인해 전 정권과 차별화되는 무엇을 국민들에게 보여주어야 되겠다는 새로운 정부 책임자에 의해 혁신이라는 수단이 동원이 된다고 볼 수 있는 경우이다.

새로 들어선 정권은 전의 정권과는 무언가는 다르다는 것을 보여줌으로써, 지금까지 집권했던 정권에 의해 초래된 실망과 이로 인해 정부를 불신하는 무리들을 규합하고 새로운 정권이 원하는 방향으로 국민들을 이끌어 나가는데 힘을 얻을 수 있게 되는 것이다.

이상의 두 가지 내용이 혁신을 필요로 하는 것인데 여기에서 철학적 논쟁이 일어날 수 있는 것으로는 후자를 들 수 있을 것이다.

혁신이 되려면 제대로 된 혁신이 이루어져야 한다는 것이다. 정치적 이유 등으로 왜곡된 혁신이 이루어져서는 안 된다는 입장이다. 지금까지 많은 혁신들을 경험했지만 국민들이 느낄 때 혁신다운 혁신을 제대로 느끼지 못했다는 볼 맨 소리가 터져 나오는 것도 이와 무관치는 않다.

정치적 이익과 이와 관련된 연유로 인해 혁신이라는 보기 좋고 허울 좋은 슬로건을 내 세우고 속으로는 자신들의 정치적 잇속에 따라 혁신을 이용해왔다는 것이다. 이러한 시각은 지금까지 이루어져 왔던 혁신의 부정적 결과에 입각한 생각이라고 볼 수 있다. 혁신의 긍정적 측면보다는 오히려 혁신이 가지는 부정적 효과에 더 치중이 되는 비판적 시각이라고 볼 수 있는 것이다.

그러나 이와 다르게 보는 시각이 없는 것은 아니다. 혁신이라는 것은 실제적으로 필요하다는 입장이다. 물론 정치적인 이유가 없지는 않겠지만 사람이나 조직은 일정한 시간이 지나면 매너리즘에 빠지게 되고 어떠한 조직이나 기구 또는 구조도 완벽할 수 없기 때문에 그리고 상황이 변화됨에 따라 문제점을 드러내게 된다는 것이다. 따라서 이렇게 발생하는 문제점을 해결하기 위해서는 지속적인 혁신이 필요할 수밖에 없다는 것이다.

그래서 지나치게 정치적 의미가 있는 정치성만을 지적하여 혁신을 부정하는 것 보다는 그것이 가져 올 수 있는 순기능적인 측면도 고려하여 혁신에 대해 좀 더 전향적이고 긍정적인 노력이 이루어져야 한다는 것이다.

이러한 양대 시각의 가장 커다란 차이점은 한 쪽은 정치적 이해관계에 의해 혁신이 이루어져서는 안 된다는 것인 반면 다른 한 쪽은 비록 정치적 이해관계가 존재한다고 해도 혁신 그 자체가 가져다 줄 수 나름대로의 의미성이 있기 때문에 이를 선택적으로 수용을 해나가야 한다는 입장인 것이다.

정도의 차이점은 있지만 이런 양대 입장도 혁신이 전혀 필요 없다고 보지는 않는다는 점이다. 양대 입장 모두 혁신의 필요성에 대한 당위성은 인정을 하고 있다는 것이다. 차이점은 정치적 이해관계에 의해 혁신이 왜곡되는 점을 어느 쪽이 더 인정하고 이에 대해 우려하느냐하는 차이점이 이러한 입장의 차이로 나타나고 있다는 것이다.

이러한 양대 입장의 차이를 살펴보면서 나오는 결론은 물론 혁신은 필요하다고 말할 수 있다는 점이다. 그러나 혁신이 제대로 성공적으로 이루어지기 위해선 혁신이 다른 정치적 계산과 관련 없이 진정토록 국민을 위한 것으로 문제해결을 위한 수단으로 활용이 되어져야 한다는 것이다.

4. 혁신의 범위와 속도는?

그러면 혁신은 어느 범위까지 이루어져야 하고 그 속도는 어떠해야 하는 것과 관련된 논쟁이다. 혁신의 범위는 가능한 작게 이루어져야 하고 속도는 완만하여야 한다는 입장이다. 이 입장은 다분히 점진주의적인 속성을 지니고 있다고 말 할 수 있다.

혁신은 점차적으로 상황을 나름대로 판단하고 가용한 인적, 물적 자원의 여유를 살펴보면서 더 나아가 여론의 향방 등을 주시하면서 점차적으로 이루어져 나가야 된다는 시각이다.

도널드 케틀(Donald Kettl) 등은 완전한 변형을 목표로 하는 발명(invention)보다는 지속적인 진화(sustained evolution)가 더 성공을 기약할 수 있다고 내가 보고 있다.

그를 위한 구체적 제안으로 이들은 정부를 시간을 두고 장기적으로 변화시켜야 하며, 관료제를 매끄럽게 다듬고, 보다 풍부한 자원과 혁신 성을 지닌 인물들이 공직자들로 기꺼이 참여하고 등용될 수 있는 매력을 가질 수 있는 정부로 변모시키며, 시민들-행정고객-에 보다 즉응적인 기관으로 탈바꿈시켜야 한다고 주장하고 있다.[6]

21세기 들어와서 사회적 진화론(Social Darwinism)의 원리가 더 이상 유지될 수는 없지만, 찰스 다윈(Charles Darwin)[7], 허버트 스

6) John J. DiIulio, Jr., Gerald Garvey, and Donald F. Kettl, *Improving Government Performance : An Owner's Manual* (Washington, D. C. : The Brookings Institution, 1993).

펜서(Herbert Spencer), 그리고 알프레드 마셜(Alfred Marshall)과 같은 점진주의자들이 제시한 진화적 패러다임은 아직 오늘까지 의미를 가지고 있다.

참고적으로 스펜서가 주장한 사회적 진화론에 대해 설명을 하자면 다음과 같다. 스펜서는 찰스 다윈의 생각을 인간 사회에 적용을 하였다. 그는 변모되는 사회체계에 잘 적응을 하는 사람은 살아남을 수 있고 이러한 체제에 적응을 제대로 하지 못하는 사람은 도태될 수밖에 없다는 주장을 하였던 것이다.

> "한편으로는 발달정도가 가장 뒤늦은 자를 배제함으로써, 또 한편으로는 살아 남은 자에게 끊임없는 시련을 부과함으로써 자연은 생존의 조건을 이해하고 또 거기에 부응해서 행동할 수 있는 인간의 진보를 확고하게 하는 것이다. 무지와 그 귀결 사이에 개입함으로써 이 시련을 어느 정도만이라도 정지한다면 그만큼 진보가 정지되는 것은 불가피한 것이다. 만일 무지하다는 것과 현명하다는 것이 똑같이 안전하다면 누구도 현명하려고 노력하지는 않을 것이다."[8)]

이러한 스펜서의 사상은 자본주의 발달에 커다란 사상적 활력소가 되었다. 사회적 규칙을 지키면서 게임 속에서 얻어내는 물질적 풍요는 바로 청부사상과 연결되어 많은 이들의 존경과 부러움을 사게 되는 것이다. 이에 반해 이러한 게임에서

---

7) 『종의 기원』(the Orgin of Species)이라는 논문을 발표한 근대 진화론을 대표하는 영국의 학자인 찰스 다윈은 자연의 세계는 정글의 법칙이 적용이 되기 때문에 자연에 잘 적응하는 것은 살아남지만 자연에 잘 적응을 하지 못하는 것은 살아남을 수 없다는 적자생존(survival of the fittest)의 원리를 주창하였다.

8) Herbert Spencer, *Social Statics* (New York : D. Appleton and Co., 1865), p.413. ; 이병철, 『행정의 역사와 이론』 (부산 : 도서출판 금정, 2003), 111-112쪽.

패배하는 자는 그 패배를 당연한 것으로 받아들이고 모든 물질적 풍요를 포기하는 것을 당연한 것으로 받아들였다.[9]

게임에서의 승리는 정의이고 선이었으며 패배는 악이었던 것이다. 옳고 그름의 문제보다는 좋고 나쁨이 우선되는 정의관 그리고 동기보다는 결과가 중시되는 정의관이 지배적 사고로서 인간의 행위를 결정 지어 주었던 것이다.[10]

이러한 입장은 옳고 그름의 판단기준을 그 행위의 동기보다는 결과에 두고 있다. 아무리 동기가 옳았다고 하더라도 그 결과가 그러하지 않으면 그에 기인된 행위는 그른 것으로 판단하는 것이다. 이러한 입장의 윤리적 시각을 목적론적 윤리설(teleological ethics)이라 하며 공리주의 등이 이러한 시각을 가지고 있다.[11]

다시 본론으로 돌아와, 현대 사회과학의 기본적 개념가운데 하나이며 허버트 사이몬(Herbert A. Simon)에 의해 개념적으로 정교화 된 제한된 합리성(bounded rationality) 역시 기구 개혁에 진화적 접근이 매우 유용하다는 것을 지지해 주고 있다.[12]

이에 반해 혁신의 범위는 가능한 문제가 된다면 전체 영역까지 확대해서 볼 수 있으며 그 속도는 쾌도난마식으로 신속하게 이루어져야 한다는 시각이다. 혁신이라는 것이 가지는 속성 상 지지부진하게 끌 경우 혁신의 본래의 의미가 저상될

---

9) 이병철, 『앞의 책』, 112쪽.

10) 『앞의 책』, 112쪽.

11) 『앞의 책』, 112쪽 ; 김항규, 『행정철학』 (서울 : 대영문화사, 1999), 207쪽.

12) John J. DiIulio, Jr., Gerald Garvey, and Donald F. Kettl, "Introduction : Two Metaphors of Reform-Invention and Evolution," *Improving Government Performance : An Owner's Manual* (Washington, D. C. : The Brookings Institution, 1993), p.2.

수 있다는 것이 이들이 보는 점진적 혁신의 한계이다.

따라서 혁신은 새로운 술을 새 부대에 담듯이 범위나 속도에 있어서 적당히 타협하는 식의 방식을 취하기보다는 근본적인 문제를 해결하는 방향에서 신속하게 이루어져야 한다는 시각이다.

토머스 제퍼슨(Thomas Jefferson)은 매 20년마다 맞이하는 독립기념일에 정부구조를 폐지하고 새로운 발명으로 새롭게 단장한 정부구조를 만들어 나가야 한다고 촉구하였다.[13]

물론 현재의 시각으로 볼 때는 말 도 안 되는 이야기처럼 들리지만 자유방임적 사고가 대다수의 국민들에게 팽배하고 정부에 혐오적인 사고가 넘쳐나고 정부불신으로 인해 소극적 국가관을 폈던 이 시대의 정서를 잘 반영한 시각의 한 표현으로 볼 때 비록 극단적인 혁신에 대한 의지로 폄하할 수도 있지만 나름대로의 의미를 간파할 수도 있는 것이다.

이러한 시각의 차이는 혁신에 대한 본질의 이해에서 비롯된 차이에 의해서도 기인이 되는바가 크다. 점진적 입장은 현상을 충분히 고려하면서 개선이 가능한 영역부터 차례대로 문제를 풀어나가자는 것으로 혁신의 개념을 이해하고 있는데 반해 보다 급진적인 혁신의 입장은 혁신이란 기존의 틀로서는 해결할 수 없는 문제들을 제대로 실천될 수 있도록 바꾸어 나가는 것을 본질로 이해하고 이를 제대로 성취되기 위해선 현상의 틀에서 벗어나 새로운 틀을 만들어 나가야 한다는 것이다.

따라서 현상의 부정이 이미 전제가 되고 이 위에 새로운 틀을 만들고 그것에 의해 문제를 해결해 나가는 것이어서 혁신

---

13) *Ibid.*, p.1.

의 범위나 속도가 점진주의적인 입장과는 차이를 가질 수밖에 없게 되는 것이다.

이러한 논쟁의 쟁점은 점진주의와 급진주의의 본질과 연관되는 것으로 이러한 시각의 차이에 따라 혁신의 범위와 속도는 차이를 보이는 것이므로 이에 대한 이해가 선행이 되어져야 할 것이다.

5. 정부혁신의 대안은 시장뿐인가?

신자유주의의 열풍과 이에 힘입은 신공공관리(new public management)자들에 의해 비능률적이고 비효율적인 정부의 대안으로 각광을 받은 것이 시장이었다. 시장은 자율성을 전제로 할 뿐만 아니라 보이지 않는 손에 의해 예정 조화적으로 자원배분과 관련된 문제들을 풀어 나갈 수 있기 때문에 민주적 정치과정이나 행정과정에서 가장 각광을 받을 수 있는 메커니즘으로 인정을 받을 수 있는 것이다.

더군다나 정부가 비대하고 비능률적이라면 시장에 의한 균형이 훨씬 더 매력적으로 보일 것은 당연한 일이다.

신자유주의자들이나 신공공관리론자들은 정부가 비대하고 비능률적이고 제대로 작동을 하지 않을 경우 정부가 해야 할 마땅한 책임을 보다 능률적이고 효과적인 시장에 넘겨야 한다는 주장을 하는 것도 이와 맥을 같이 하는 것이다.

만약 정부가 지나치게 비대하거나, 비능률적이거나 부적절한 기능들로 메꾸어져 있다면, 망설이지 말고 능률성을 보다 증진시킬 수 있는 시장이 있는 민간부문에 바로 그 책임과 역할을 이전시켜야 한다는 것이다. 법규 등으로 얽매여져 있는 관료제는 거래비용을 증대시키고 서비스를 제공하는데 있어 매우 비능률적일 수밖에 없다는 논거에 입각하고 있다.[14)]

사실상 정부의 개입은 또 다른 문제를 발생시킬 여지가 너무나 많다. 정부가 시장에 개입하거나 또는 정책을 통해 새로운 규제를 시작할 때 이것이 다행스럽게도 순기능적으로 작동이 된다면 별 문제이겠지만 그렇지 않고 역기능적으로 작용이 이루어진다면 정책의 실패를 낳고 정부개입의 실패를 낳아 어떻게 보면 개입하기 전보다 더 많은 문제를 배태할 수 있게 되는 것이다.

그래서 신자유주의자들이나 신공공관리자들은 정부의 실패를 치유하는 방안에 있어서나 또는 정부의 정책에 대한 시장 규제에 대해서 강력한 반발을 하고 있고 이것이 오히려 시장 질서를 교란하여 문제를 더욱 꼬이게 한다고 생각을 하는 것이다.

미국의 로널드 레이건(Ronald Reagan)이나 영국의 마가렛 대처(Magaret Thather) 등은 가능한 정부의 개입은 극소화하면서 보이지 않는 손에 의해 운영이 되는 시장 메커니즘을 신봉하고 이들에 의해 이루어지는 자원배분을 선호하였던 것이다.

그리고 한 술 더 떠서 정부의 정책결정이나 집행이 시장의 균형을 깨지 않는 방향으로 이루어질 것을 희망했고 그럼에도 불구하고 발생하는 정부실패의 대안으로 시장을 생각하기도 했던 것이다.

물론 도널드 케틀(Donald Kettl)이나 조지 프레데릭슨(H. George Frederickson)은 이러한 신자유주의자나 신공공관리론자들에 의

14) John J. DiIulio, Jr., Gerald Garvey, and Donald F. Kettl, "The Federal Government's Responsibilities," *Improving Government Performance : An Owner's Manual* (Washington, D. C. : The Brookings Institution, 1993), p.33

해 주도되는 시장지배의 원칙에 대해 강한 제동을 걸고 있다. 이들은 어디까지나 정부분야에서는 공공성, 공익성이라는 것이 존재하며 무엇보다도 공공의 가치가 훼손되어서는 안 된다는 주장을 하고 있는 곳이다.

행정은 행정으로서의 고유가치가 존재하는 것이고 이것을 지키지 못하고 시장화를 만능의 보검 식으로 받아들이는 것은 주객이 전도되는 것으로 이해를 하는 것이다.

프레데릭슨은 총체적 품질 정치(Total Quality Politics : TQP)[15]를 주장하면서 자유시장의 원리를 인정은 하되 그것이 행정의 본질인 공공성과 공익성과 같은 공공의 가치를 훼손해서는 안 된다는 점을 분명히 하고 있는 것도 이와 맥을 같이 하는 것으로 이해를 할 수 있는 것이다.

사바스(E. S. Savas) 등을 위시한 많은 시장주의자들이 행정 역시 효율성을 위해 시장의 가치를 인정해야 된다고 주장하면서 기존의 공공의 영역을 민간위탁(contracting-out)이나 민영화 쪽으로 몰아가고 있지만 그렇다고 행정의 고유 본질인 공공의 가치를 훼손시킬 수는 없는 것이다.

어디까지나 행정이 가지는 고유가치인 공공의 가치를 인정

15) 경영학에서 발전된 '총체적 품질관리'(total quality management) 혹은 '전사적 품질관리'라는 용어와 개념에서 따온 것으로 생각이 되며 정치나 행정도 격조 높은 품질관리를 통해 보다 정교하게 다듬어질 필요가 있음을 염두에 두고 총체적 품질정치로 명명한 것 같다. 참고적으로 총체적 품질관리에 대해 이해의 편의를 위해 설명을 하면 다음과 같다. 총체적 품질관리는 기업경영분야에서 개발이 되어 적용이 되다가 공공부문으로 파급이 된 관리기법이다. 조지 부시(George Bush) 대통령에 의해서 총체적 품질관리가 개혁기법으로 보다 적극적으로 적용이 되어 진 이래로 연방정부를 비롯하여 주정부와 지방정부로 빠르게 확산이 되어 나갔다. Mani G. Bonnie, "Old Wine in New Bottles Tastes Better : A Case Study of TQM Implementation in the IRS", *Public Administration Review*, Vol.55 (1995), pp.147-158. ; 이병철, 『앞의 책』, 453쪽.

하는 범위 내에서 문제해결을 위한 하나의 수단으로 능률성이나 생산성을 고려해야 할 것이며 그러한 맥락 속에서 신자유주의나 신공공관리론에서 주장하는 시장주의가 자리를 잡아나가야 할 것이다.

사실 시장이 우선이냐 또는 정부의 실패 시 시장이 유일한 대안이냐 아니냐 또는 정부도 생산적이고 능률적일 필요가 있느냐 없느냐 그리고 공공의 가치를 충족시켜야 한다느니 하는 여러 논쟁들은 결국 행정이념과 무관치를 않다.

결국 민주성이나 공공성과 같은 공익적 가치를 우선시 하느냐 그렇지 않으면 능률성이나 효과성, 생산성과 같은 시장성을 우선시 하느냐 하는 논쟁의 한 연장선으로 도 이해를 할 수 있는 것이다.

행정이나 정부의 관점에서 보았을 때 이러한 행정이념들이 다 필요로 되는 곳은 사실이다. 왜 능률성이 필요하지 않겠으며 또한 효과성이나 생산성이 필요하지 않겠는가. 그러나 행정이 시장과 다른 것은 이것이 공공의 가치를 가지고 있다는 점이다. 능률성이 더 우선적이다 아니다 형평성이 더 우선적이다 라는 이야기는 이런 맥락에서는 의미를 상실 할 수 있다는 것이다.

행정이 공공의 가치를 중시해야 되는 영역이 분명하다면 우선적으로 민주성이나 공공성, 공익성, 그리고 형평성 등이 더 중시될 수밖에 없는 것이다. 그리고 부차적으로 능률성이나 효과성 그리고 생산성 등이 후속적으로 중시되어야 할 것이다.

이러한 맥락에서 본다 해도 행정의 혁신에 있어서 공공의 가치는 존중 될 수밖에 없는 것이며 이러한 가치를 증대시키기 위한 노력이 지속적으로 이루어져야 할 것이다.

따라서 혁신에 있어서도 이러한 가치를 중시하는 공공의 가치가 선행적으로 이루어질 수 있도록 노력해 나가야 할 것이다.

6. 마무리글

미래의 혁신은 반드시 이루어지는 방향으로 나가야 할 것이다. 혁신이 필요하다 필요치 않다 하는 것은 논쟁의 필요조차 없는 것이다. 조직이 존재하고 그 속에서 사람들이 조직을 통해 무언가의 조직목적을 달성하는 인간 협력적 노력이나 활동을 계속하는 한 문제는 계속해서 발생을 할 수 밖에 없을 것이다.

그리고 앞으로 계속 나아가기 위해서는 이러한 문제를 간난없이 해결해 나가려는 노력역시 지속적이고 항구적으로 이루어져 나가야 될 것이다. 바로 지속적으로 항구적으로 혁신이 필요로 되는 이유이다.

더욱이 인간은 발전에 대한 기대를 많이 가지고 있는 존재며 문제해결에 대한 희망과 도전의식을 가지고 있는 존재이기도 하다. 이들이 이러한 기대와 희망과 도전 의식을 가지고 있는 한 혁신으로부터 결코 벗어 날 수는 없을 것이다.

그러한 이유로 해서 혁신이 필요 하냐 그렇지 않고 필요치 않느냐하는 논쟁은 더 이상의 의미를 찾기는 어려울 것이다.

그리고 혁신의 범위와 속도에 대해서는 앞으로 좀 더 이와 관련된 논쟁이 일 것이지만 점진주의나 급진주의나 나름대로의 의미나 장단점을 모두 가지고 있기 때문에 어느 일방을 무의미한 것으로 내칠 수는 없다고 생각이 된다. 따라서 이러한 양자의 입장이 조율이 될 필요가 있지 않나 생각이 든다. 그런 의미에서 사안에 따라 혁신의 범위나 속도를 조절해 나가는 것이 가장 바람직할 것으로 판단이 선다.

데이비드 오스본(David Osborne)이나 테드 게블러(Ted Gaebler)가 제시하는 식의 시장화나 자본주의 정신에 입각한 전반적인 공적 부문의 개혁도 나름의 의미는 가질 수 있으나 조지 프레데릭슨이 지적한 것처럼 자유 시장의 원칙은 지켜나가데 공공의 가치가 훼손되지 않도록 혁신을 유도해 나갈 필요는 있다고 생각을 한다.

좀 더 오스본의 시각이 범위나 속도에 있어 가파른 것이라고 한다면 프레데릭슨의 시각은 이와는 다소 상이점을 보이는 것이라 판단이 된다. 추구하는 사안에 따라 적절히 범위와 속도를 조절해 나가는 것이 훨씬 혁신이라는 문제해결에 도움을 줄 것으로 이해할 수 있을 것이다.

그리고 정부 혁신의 대안으로 시장을 생각하는 것도 어떠한 시각에서 보면 나름대로 의미를 가지는 타당한 생각으로 간주할 도 있는 것이다. 그러나 중요한 것은 시장만이 답이라고 생각하는 폐쇄적 일원적 사고에서는 벗어나야 하지 않을까 하는 생각이다. 시장 역시 완전한 시스템은 아니다. 그리고 얼마든지 시장도 실패를 할 수 있는 것이다.

그렇기 때문에 더욱 그렇다. 정부혁신의 대안이 유일하게 시장일 수만은 없다. 정부혁신으로 인한 문제가 발생했을 때 정부가 자기 자정과 수정을 통해 새로운 정책대안으로 문제를 해결해 나가는 길도 있을 수 있는 것이다.

또한 정부 실패의 경우 시장을 통한 문제해결을 시도했다가 다시 시장의 실패가 발생할 수도 있기 때문이다. 정부실패에 대해 시장이 유일 대안이라는 사고는 이런 맥락에서 타당성을 가지기 어려울 뿐만 아니라 어떻게 보면 위험스런 생각도 드는 것이다.

정부혁신이 내재적으로 담고 있는 정치와 행정의 세계는 정보와 불확실성으로 가득 넘쳐나고 있다. 따라서 일시적으로 또는 모든 것을 다 뜯어 고치려는 구조 개혁 노력은 실패 할 수밖에 없다.[16)]

모든 문제에 유일하고 완벽한 답안이란 있을 수 없다. 인간 그 자체가 불완전하기 때문에 그렇고, 나아가 그런 인간이 만든 제도 자체가 완벽할 수 없기 때문에 그러하다.

앞서 데이비드 오스본(David Osborne)과 테드 게블러(Ted Ga-ebler)가 제시한 제안의 가치나 그들이 가지고 있는 아이디어의 풍요성을 부정할 수는 없다. 그러나 한 가지 분명히 할 것은 이러한 건설적인 변화도 공공부문에 여과 없이 그대로 접목되는 것 보다는 취사선택의 과정을 거치는 것이 더 나을 것이란 점이다.[17)]

따라서 정부 혁신을 둘러싼 이러한 이념 논쟁 그리고 생각의 차이에서 기인된 정부를 바라보는 시각의 차이, 이것을 근본적으로 배태하고 있는 철학적 사고의 차이가 이런 문제들을 야기 시키고 있는 만치 보다 선택적이고 숙고적인 접근이 필요로 되는 것이다.

모범 답안이 없는 만큼 이에 대한 보다 활발한 이념적 그리고 철학적 논의가 이루어져야 할 것이다. 이러한 과정을 통해 정부혁신의 올바른 길은 더욱 강고히 다져질 것이고 그에 따라 정부 혁신의 성공으로의 길은 성큼 한발 짝 더 다가서게 될 것이다.

---

16) John J. DiIulio, Jr., Gerald Garvey, and Donald F. Kettl, *op. cit.*, p.2.

17) *Ibid.*, p.3.

참고문헌(Bibliography)

제1장 서문

김재한 · 김대진 · 김종욱 · 안도경 · 윤홍근 · 이성규 · 한정훈.(2012). 『공공선택』, 서울 : 박영사.

김항규. (2009). 『행정철학』, 서울 : 대영문화사.

마이클 샌델 지음 · 김선욱 감수 · 안기순 옮김. (2012). 『돈으로 살 수 없는 것들 : 무엇이 가치를 결정하는가』, 서울 : 와이즈베리.

마이클 샌델 지음 · 김선욱 감수 · 이목 옮김. (2011). 『마이클 샌델의 하버드 명강의』, 서울 : 김영사.

마이클 샌델 지음 · 안진환 · 이수경 옮김. (2010). 『왜 도덕인가?』, 서울 : 한국경제신문.

마이클 샌델 지음 · 이창신 옮김. (2010). 『정의란 무엇인가』, 서울 : 김영사.

버트란드 러셀 지음 · 최민홍 옮김. (1980). 『서양철학사 : 상』, 서울 : 집문당.

칼 포퍼(Karl Popper) 지음 · 허형은 옮김. (2006). 『삶은 문제해결의 연속이다』(All Life is Problem Solving), 서울 : 도서출판 부글북스.

Arrow, Kenneth. (1963). *Social Choice and Individual Values*, 2nd ed, New Haven, Conn. : Yale University Press.

제2장 행정 철학이란 무엇인가?

김태룡 외. (2014). 『새 한국정부론』, 서울 : 대영문화사.

김항규. (1998). 『행정철학』, 서울 : 대영문화사.

맨큐(N. Gregory Mankiw) 지음 · 김경환 · 김종석 옮김. (2007). 『맨큐의 경제학』, 서울 : 교보문고.

이종수. (2013). 『한국 행정의 이해』, 서울 : 도서출판 대영문화사.
질 들뢰즈 지음 · 박기순 옮김. (2012). 『스피노자의 철학』, 서울 : 민음사.
최평길. (2012). 『국가정보학』, 서울 : 박영사.
키에르케고오르 지음 · 김형석 옮김. (1976). 『죽음에 이르는 병』, 서울 : 삼중당.
프리드리히 니체 지음 · 강윤식 옮김. (2004). 『신은 죽었다』, 서울 : 휘닉스.
프리드리히 빌헬름 니체, M. 하이데거 지음 · 강윤철 옮김. (2011). 『니체의 신은 죽었다』, 서울 : 스타북스.

Ayer, Alfred J. (ed). (1959). *Logical Positivism*, New York : The Free Press.
Balk, Walter L. (1996). *Managerial Reform and Professional Empowerment in the Public Service*, Westport, Connecticut : London : Quorum Books.
Balk, Walter L. (1987). "Pluralism, Corporate Capitalism and the State," in David Held, *Models of Democracy*, Cambridge, UK : Polity Press.
Caiden, Gerald E. (1986). "The Challenge to the Administrative State," in Frederick Lane (ed.), *Current Issues in Public Administration*, New York : St. Martin's.
Denhardt, Robert B. (1984). *Theories of Public Administration*, Monterey, CA : Brooks/Cole.
Dimock, Marshall E. (1965). *A Philosophy of Administration*, New York : Harper & Row.
Frederickson, H. George. (1989). *Finding the Public in Public Administration*, Kansas : Department of Public Administration, University of Kansas.
Frederickson, H. George. (1997). *The Spirit of Public Administration*, San Francisco, CA : Jossey-Bass Publishers.
Fromm, Erich. (1965). *The Sane Society*, Reprint Edition, Fawcett Books.
Fromm, Erich. (1990). *The Sane Society*, New York : An Owl Book, Henry Holt and Company, LLC.
Hempel, Carl G. (1966). *Philosophy of Natural Science*, Englewood Cliffs,

New Jersey : Prentice-Hall, Inc.

Hempel, Carl G. (1965). *Aspects of Scientific Explanation and Other Essays in the Philosophy of Science*, First Edition, New York : Free Press.

Hodgkinson, Christopher. (1978). *Towards a Philosophy of Administration*, New York : St. Martin's Press.

Kaplan, Abraham. (2004). *The Conduct of Inquiry : Methodology for Behavioral Science*, 4th Printing, New Brunswick, New Jersey : Transaction Publishers.

kaufman, Herbert. (1976). *Are Government Organizations Immortal?* Washington, D. C. : The Brookings Institution.

Kierkegaard, Soren (author), Howard V. Hong & Edna H. Hong (eds.). (1983). *The Sickness Unto Death : A Christian Psychological Exposition For Upbuilding And Awakening*, Kierkegaard's Writings, Vol.19, Princeton, New Jersey : Princeton University Press.

Light, Paul C. (1995). *Thickening Government : Federal Hierarchy and the Diffusion of Accountability*, Washington, D. C. : The Brookings nstitution.

Lynn, Laurence E. Jr. (1981). *Managing the Public Interest*, New York : Basic Books.

Meier, Kenneth J. (1987). *Politics and Bureaucracy*, Monterey, CA : Brooks / Cole.

Miller, Arthur. (1976). *Death of a Salesman*, New York : Penguin Books.

Mosher, Frederick C. (1982). *Democracy and the Public Service*, New York : Oxford.

Ostrom, Vincent. (1973). *The Intellectual Crisis in Public Administration*, University, Alabama : University of Alabama Press.

Page, Richard S. (1971). "The Ideological-Philosophical Setting of American Public Administration", in Dwight Waldo (ed.), *Public Administration in a Time of Turbulence*, Scranton : Chandler Publishing Co.

Riesman, David, Nathan Glazer and Reuel Denney. (2001). *The Lonely Crowd : A Study of the Changing American Character*, Revised edition, Yale Nota Bene book, New Haven, Connecticut : Yale University Press.

Robbins, S. T. (1976). *The Administrative Process*, Englewood Cliffs,

New Jersey : Prentice-Hall.
Sennett, Richard. (1976). *The Fall of Public Man*, New York : W. W. Nortom & Company, Inc.
Steinbeck, John. (1939 & 2014). *The Grapes of Wrath*, 75th Anniversary Edition, London & New York : Viking Adult ; Penguin Books.
Waldo, Dwight. (1952). "Development of Theory of Democratic Administration," *The American Political Science Review*, Vol.46, No.8 (March).
Wilson, Woodrow. (1887). "The Study of Administration," *Political Science Quarterly*, Vol.2 (June).

제3장 행정 철학 논의 이유

이병철. (2004). 『행정윤리』, 울산 : 울산대학교 출판부.
Appleby, Paul. (1945). *Big Democracy*, New York : Alfred A. Knopf, Inc.
Friedman, Thomas Lauren. (2000). *The Lexus and the Olive Tree : Understanding Globalization*, New York : Anchor Books.
Harmon, Michael. (1981). *Action Theory for Public Administration*, New York : Longman Inc.
Hodgkinson, Christopher. (1978). *Towards a Philosophy of Administration*, New York : St. Martins Press.
Hook, Sidney. (1980). *Philosophy and Public Policy*, Carbondale, Ill. : Southern Illinois University Press.
Kettl, Donald. (1996). "Governing at the Millennium", in James L. Perry (ed.), *Handbook of Public Administration*, 2nd ed., San Francisco, CA : Jossey-Bass Publishers.
Morgan, E. P. and J. L. Perry. (1988). "Re-orienting the Comparative Study of Civil Service Systems", *Review of Public Personnel Administration*, Vol.8 (Summer)
Osborne, David. (1992). Ted Gaebler, *Reinventing Government : How the Entrepreneurial Spirit is Transforming the Public Sector*, New York : Penguin Books Ltd.

Parris, H. (1969). *Consitutional Bureaucracy : The Development of British Central Administration since the Eighteen Century*, London : Allen & Unwin.

Perry, James L. (1996). "The Challenge of Managing the Changing Public Sector", in James L. Perry (ed.), *Handbook of Public Administration*, 2nd ed., San Francisco, CA : Jossey-Bass Publishers.

Rosecrance, Richard. (1986). *The Rise of the Trading State*, New York : Basic Books, Inc.

Toynbee, Arnold J. (1987). *A Study of History*, Vol.1~2, Oxford, England : Oxford University Press.

Waldo, Dwight. (1947). *Administrative State*, New York : Roland Press.

Walker, N. (1961). *Morale in the Civil Service : A Study of the Desk Worker*, Edinburgh, England : Edinburgh University Press.

제4장 행정의 가치

로버트 메리 지음 · 최원기 옮김. (2006). 『모래의 제국』, 서울 : 김영사.

오석홍 외 편저. (2000). 『행정학의 주요이론』, 제2판, 서울 : 법문사.

이병철. (2004). 『행정윤리』, 울산 : 울산대학교 출판부.

이병철. (2012). 『행정철학』, 부산 : 도서출판 금정.

이종수. (2013). 『한국 행정의 이해』, 서울 : 도서출판 대영문화사.

전종섭 지음 · 윤재풍 외 옮김. (2001). 『행정철학』, 서울 : 도서출판 대영문화사.

한국국정관리학회. (2014). 『새내기를 위한 행정학』, 서울 : 도서출판 대영문화사.

Anderson, James E. (1975). *Public Policy-Making*, New York : Praeger.

Bury, J. B. (1955). *The Idea of Progress : An Inquiry into Its Growth and Origin,* New York : Dover.

Dahl, Robert A. (1947). "The Science of Public Administration", *Public Administration Review*, Vol.7, No.1.

Dunn, William N. (ed.). (1983) *Values, Ethics, and the Practice of Policy Analysis*, Lexington, Mass. : Lexington Books, D. C. Heath and

Company.

Dye, Thomas R. (1978). *Understanding Public Policy*, 3rd ed., Englewood Cliffs, New Jersey : Prentice-Hall

Frederickson, H. G. (1994). "Can Public Officials Correctly Be Said to Have Obligations to Future Generations?" *Public Administration Review*, Vol.54.

Gortner, Harold F. (1991). *Ethics for Public Managers*, New York : Greenwood Press.

Gortner, Harold F. (1994). "Values and Ethics," in Terry L. Cooper, (ed.), *Handbook of Administrative Ethics*, Marcel Dekker.

Guy, M. E. (1990). *Ethical Decision Making in Everyday Work Situations*, Westport, Connecticut : Quorum Books.

Hersey, Paul & Kenneth H. Blanchard. (1982). *Management of Organizational Behavior : Utilizing Human Resources*, 4th ed., Englewood Cliffs, New Jersey : Prentice-Hall, Inc.

Jos, Philip. (1993). "Empirical Corruption Research : Beside the (Moral) Point?" *Journal of Public Administration Research and Theory*, Vol.2.

Kass, H. D. (1990). "Stewardship as a Fundamental Element in Images of Public Administration," In H. D. Kass and B. L. Catron (eds.), *Images and Identities in Public Administration*, Newbury Park, CA : Sage.

Kirk, Russell. (1974). *The Roots of American Order*, LA Salle, Illinois : Open Court.

Maslow, Abraham H. (1954). *Motivation and Personality*, New York : Harper & Row Publishers.

Morgan, D. F. and H. D. Kass. (1991). "Legitimizing Administrative Discretion Through Constitutional Stewardship." In J. S. Bowman (ed.), *Ethical Frontiers in Public Management : Seeking New Strategies for Resolving Ethical Dilemmas*, San Francisco, CA : Jossey-Bass.

Nachmias, David. (1980). *Public Policy Evaluation*, New York : St. Martin's Press.

Simon, Herbert A. (1947). *Administrative Behavior : A Study of Decision-*

Making Processes in Administrative Organization, New York : The Free Press.
Stillman, Richard J. Jr. (2010). *Public Administration : Concepts and Cases*, 9th ed., Boston, MA : Wadsworth, Cengage Learning.
Wildavsky, Aaron. (1979). *Speaking Truth to Power : The Art and Craft of Policy Analysis*, Boston : Little, Brown.
Zey, Mary (ed.). (1992). *Decision Making : Alternatives to Rational Choice Models*, Newbury Park, CA : Sage.
Zimmermann, Ulf. (1996). "Beyond Rational Choice", *Public Administration Review*, Vol.56, No.2, (March/April).
http://news.chosun.com/site/data/html_dir/2013/07/05/2013070503160.html?editorial

제5장 시장과 정부

김재한 · 김대진 · 김송욱 · 안도경 · 윤홍근 · 이성규 · 하정훈. (2012). 『공공선택』, 서울 : 박영사.
김항규. (1998). 『행정철학』, 서울 : 대영문화사.
로버트 맥티(Robert D. McTee, Jr.). (2003). The Wall Street Journal, 2003년 6월 4일.
마이클 샌델 지음 · 안기순 옮김. (2012). 『돈으로 살수 없는 것들 : 무엇이 가치를 결정하는가』, 서울 : (주)미래엔(와이즈베리).
맨큐(N. Gregory Mankiw) 지음·김경환·김종석 옮김. (2007). 『맨큐의 경제학』, 서울 : 교보문고.
이종수. (2013). 『한국 행정의 이해』, 서울 : 도서출판 대영문화사.
이준구 · 이창용. (2006). 『경제학원론』, 서울 : 법문사.
정정길. (2006). 『행정학의 새로운 이해』, 증보판, 서울 : 대명출판사.
정정길 · 최종원 · 이시원 · 정준금 · 정광호. (2012). 『정책학원론』, 서울 : 대명출판사.
Buchanan, James M., Robert D. Tollison and Gordon Tullock (eds.). (1980). *Toward a Theory of the Rent-Seeking Society*, College Station, Texas : Texas A & M University Press.
Byrns, Ralph T. and Gerald W. Stone. (1992). *Economics*, 5th ed., New

York : HarperCollins Publishers Inc.
Kettl, Donald. (1996). "Governing at the Millennium", in James L. Perry (ed.), *Handbook of Public Administration*, 2nd ed., San Francisco, CA : Jossey-Bass Publishers.
Krueger, Anne O. (1974). "The Political Economy of the Rent-Seeking Society", *American Economic Review*, Vol.64.
Leibenstein, Harvey J. (1976). *Beyond Economic Man*, Cambridge, Mass : Harvard University Press.
Newland, Chester A. (1996). "The National Government in Transition", in James L. Perry (ed.), *Handbook of Public Administration*, 2nd ed., San Francisco, CA : Jossey-Bass Publishers.
Perry, James L. (1996). "The Challenge of Managing the Changing Public Sector", in James L. Perry (ed.), *Handbook of Public Administration*, 2nd ed., San Francisco, CA : Jossey-Bass Publishers.

제6장 제한된 정부의 한계

마이클 샌델 지음 · 이창신 옮김. (2010). 『정의란 무엇인가』, 서울 : 김영사.
『시사경제용어사전』, 기획재정부, (2010.11).
이종수. (2013). 『한국 행정의 이해』, 서울 : 도서출판 대영문화사.
칼 포퍼 지음 · 허형은 옮김. (2006). 『삶은 문제해결의 연속이다』, 서울 : 도서출판 부글북스.
Gray, John. (1989). "Limited Government", *Limited Government : A Positive Agenda*, London : Institute of Economic Affairs.
Hayek, Friedrich. (1944). *The Road to Serfdom*, London : Routledge.
Mckevitt, David and Alan Lawton (eds.). (1994). *Public Sector Management : Theory, Critique and Practice*, Thousand Oaks, CA : SAGE Publications.
Rawls, John. (1971). *A Theory of Justice*, Cambridge, Mass. : Harvard University Press.
Wilbanks, Dana W. (1996). *Re-Creating America : The Ethics of U.S. Immigration and Refugee Policy in a Christian Perspective*, Nashville,

TN : Abingdon Press.
http://terms.naver.com/entry.nhn?cid=503&docId=299472&mobile&categor yId=503

제7장 정부 개입의 철학

김재한 · 김대진 · 김종욱 · 안도경 · 윤홍근 · 이성규 · 한정훈. (2012). 『공공선택』, 서울 : 박영사.

맨큐(N. Gregory Mankiw) 지음 · 김경환 · 김종석 옮김. (2007). 『맨큐의 경제학』, 서울 : 교보문고.

유훈. (2010). 『행정권과 경제』, 서울 : 법문사.

이병철. (2012). 『행정철학』, 부산 : 도서출판 금정.

이종수. (2013). 『한국 행정의 이해』, 서울 : 도서출판 대영문화사.

이준구 · 이창용. (2006). 『경제학원론』, 서울 : 법문사.

Buchanan, James M. et al. (1979). *The Economics of Politics*, Readings 18, Institute of Economic Affairs(IEA), Transatlantic Arts.

Buchanan, James M., R. D. Tollins, & Gordon Tullock. (1980). *Toward a Theory of the Rent-Seeking Society*, College Station, Texas : Texas A & M University Press.

Byrns, Ralph T. and Gerald W. Stone. (1992). *Economics*, 5th ed., New York : HarperCollins Publishers Inc.

Cigler, Beverly A. (1996). "Adjusting to Changing Expectations at the Local Level", in James L. Perry (ed.), *Handbook of Public Administration*, 2nd ed., San Francisco, CA : Jossey-Bass Publishers.

Coase, Ronald H. (1960). "The Problem of Social Cost," *Journal of Law and Economics*, Vol.3.

Hardin, Garret. (1968). "The Tragedy of Commons," *Science*, 163.

McKie, James. (1979). "Government Intervention in the Economy of the United States," in Peter Maunder (ed.), *Government Intervention in the Developed Economy*, London : Croom Helm.

제8장 세계화

앨빈 토플러 지음 · 유재천 옮김. (1981). 『제3의 물결』, 서울 : 주우.

장하준 지음 · 이순희 옮김. (2011). 『나쁜 사마리아인들』, 서울 : 도서출판 부 · 키.

토머스 L. 프리드먼 지음 · 신동욱 옮김. (2003). 『렉서스와 올리브나무』, 서울 : 창해.

Friedman, Thomas L. (2000). *The Lexus and the Olive Tree*, New York : Anchor Books.

Henry, Nicholas L. (1986). "Big Democracy, Big Bureaucracy", *Public Administration and Public Affairs*, 3rd edition, Englewood Cliffs, New Jersey : Prentice-Hall.

Savas, E. S. (2000). *Privatization and Public-Private Partnerships*, New York : Seven Bridges Press, LLC.

Toffler, Alvin. (1980). *The Third Wave*, New York : William Morrow and Company, Inc.

http://biz.chosun.com/site/data/html_dir/2014/01/27/2014012703347.html

http://forum.chosun.com/bbs.message.view.screen?bbs_id=1030&message_id=933232

http://ko.wikipedia.org/wiki/%EC%9D%B4%EB%A7%A4%ED%8B%B0%EB%8B%99

제9장 정부 혁신

김동현. (1994). "미국의 행정개혁", 『행정과 정책논총』, 제3권.

김판석. (1994). "세계화시대의 정부부문경쟁력 제고 : 도전과 기회", 『한국행정학보』, 제28권 제4호, (겨울).

김항규. (1999). 『행정철학』, 서울 : 대영문화사.

이병철. (2003). 『행정의 역사와 이론』, 부산 : 도서출판 금정.

Bader, John B. (1996). *Taking the Initiative : Leadership Agendas in Congress and the "Contract with America*", Washington, D. C. : Georgetown University Press.

Bonnie, Mani G. (1995). "Old Wine in New Bottles Tastes Better : A Case

Study of TQM Implementation in the IRS", *Public Administration Review*, Vol.55.

Caiden, Gerald E. (1991). *Administrative Reform Comes of Age*, Berlin : Walter de Gruyter.

DiIulio, John J. Jr., Gerald Garvey, and Donald F. Kettl. (1993). *Improving Government Performance : An Owner's Manual*, Washington, D. C. : The Brookings Institution.

DiIulio, John J. Jr. Gerald Garvey, and Donald F. Kettl. (1993). "Introduction : Two Metaphors of Reform-Invention and Evolution," *Improving Government Performance : An Owner's Manual*, Washington, D. C. : The Brookings Institution.

DiIulio, John J. Jr. Gerald Garvey, and Donald F. Kettl. (1993). "The Federal Government's Responsibilities," *Improving Government Performance : An Owner's Manual*, Washington, D. C. : The Brookings Institution.

Gore, Al. (1993). "From Red Tape to Results : Creating a Government That Works Better and Costs Less", *Report of the National Performance Review,* Washington, D. C. : Government Printing Office.

Kettl, Donald F. (1994). *Reinventing Government? Appraising the National Performance Review*, Washington, D. C. : Brookings Institution.

Osborne, David and Ted Gaebler. (1992). *Reinventing Government : How the Entrepreneurial Spirit is Transforminig the Public Sector*, Reading, Mass. : Addison-Wesley.

Spencer, Herbert. (1865). *Social Statics*, New York : D. Appleton and Co.

Thompson, F. J. (ed.). (1993). *Revitalizing State and Local Public Service : Strengthening Performance, Accountability, and Citizen Confidence*, San Francisco, CA : Jossey-Bass.

찾아보기

내용찾기

(ㅇ)

(ㅈ)

이름찾기

(ㄹ)

(ㅁ)

(ㅌ)

(ㅍ)

(ㅎ)